OEUVRES
DE
COLLIN D'HARLEVILLE

NOUVELLE ÉDITION

ORNÉE DE SON PORTRAIT

ET ENRICHIE D'UNE NOTICE SUR SA VIE.

TOME TROISIÈME.

A PARIS
CHEZ JANET ET COTELLE, LIBRAIRES,
RUE NEUVE-DES-PETITS-CHAMPS, N° 17.

M. DCCCXXI.

OEUVRES

DE

COLLIN D'HARLEVILLE.

DE L'IMPRIMERIE DE P. DIDOT L'AINÉ,
CHEVALIER DE L'ORDRE ROYAL DE SAINT-MICHEL,
IMPRIMEUR DU ROI.

LE VIEILLARD

ET

LES JEUNES GENS,

COMÉDIE

EN CINQ ACTES ET EN VERS,

Représentée pour la première fois sur le théâtre Louvois, le 15 prairial an 11 (1803).

> « Hé bien ! défendez-vous au sage
> « De se donner des soins pour le plaisir d'autrui ?
> « Cela même est un fruit que je goûte aujourd'hui.
> La Fontaine, *fable de l'octogénaire et les trois jeunes hommes.*

A MES TROIS AMIS.

Chers amis, je vous dois bien, et je vous fais de bon cœur la dédicace d'un ouvrage que vous avez vu naître, et qu'en mon absence, vous avez adopté comme l'un de vos enfants. En vous voyant de loin interrompre vos propres succès (1) pour me seconder ou pour m'applaudir, j'en ai mieux senti mon bonheur.

Je ne dirai point, comme Fontenelle le disoit de La Mothe : « Le plus beau trait de ma « vie aura été de n'être point jaloux de *Guil-* « *lard*, d'*Andrieux*, de *Picard* ; » mais j'aime à croire que si, un jour, on parle un peu de nous, on dira peut-être : « Eh bien ! voilà qua- « tre auteurs, dont trois couroient la même « carrière, et qui s'aimoient comme frères. »

Votre ami pour la vie,

Collin d'Harleville.

1 A cette même époque, on donnoit avec un grand succès la *Proserpine* de Quinault, habilement retouchée par Guillard ; la *Suite du Menteur* de Corneille, adaptée à notre scène par Andrieux ; et *M. Musard*, l'une des meilleures comédies de Picard.

PERSONNAGES.

M. DE NAUDÉ.
Mme MERVILLE.
EUPHRASIE, sa fille.
MERVILLE, } frères d'Euphrasie.
JULE,
OLIVIER, leur cousin.
LORSAN, amant déclaré d'Euphrasie.
JULIE, femme-de-chambre de madame Merville.
JASMIN, valet de madame Merville.

La scène est à Paris, chez madame Merville.

Nota. Les acteurs sont en tête de chaque scène, tels qu'ils doivent être au théâtre : le premier inscrit tient la droite des acteurs.

LE VIEILLARD

ET

LES JEUNES GENS,

COMÉDIE

EN CINQ ACTES ET EN VERS.

Le théâtre représente un salon doré, une porte de chaque côté, une autre au fond.

ACTE PREMIER.

SCÈNE I.

JULIE, JASMIN.

JULIE, *un moment seule; elle entre par le fond.*

COMMENT! pas un laquais! a-t-on vu de la vie
Une femme-de-chambre être aussi mal servie?
      (*à Jasmin qui entre.*)
Mais j'en vois un enfin! Que faites-vous là-bas?

JASMIN; *il est entré par la gauche.*
Un brelan, dont j'enrage.
JULIE.
Ah!
JASMIN.
Tu ne croirois pas
Que je perds deux louis : ils m'ont volé, les traîtres!
JULIE.
Deux louis? le maraud! que feront donc les maîtres(1)?
JASMIN.
Mais, ce qu'ils font, bien pis. Vois nos deux jeunes gens;
Ils s'en donnent, j'espère.
JULIE.
Ils déjeunent long-temps.
JASMIN.
Oui, ces déjeuners-là sont des dîners du diable.
Ils font une dépense!... oh! mais c'est incroyable!
JULIE.
Eh bien, de la maman ils sont les favoris.
JASMIN.
Sur-tout l'aîné; leur sœur a cependant son prix.
JULIE.
Cette pauvre Euphrasie, en province élevée,
Et depuis six grands mois en ces lieux arrivée,
Semble étrangère encor; ce Paris lui déplaît.
JASMIN.
Bon! elle s'y fera. Mais sage comme elle est,
Est-ce qu'elle aimeroit ce Lorsan?
JULIE.
Que t'importe?

---

1 *Quid domini facient?* Virg. Ecl. 3.

ACTE I, SCÈNE I.

JASMIN.

Eh! c'est un fat.

JULIE.

D'accord. Va, souvent de la sorte,
Fille sage préfère un fat, un étourdi;
Puis des frères Lorsan est le meilleur ami.

JASMIN.

Moi; je crois qu'Olivier plairoit mieux.

JULIE.

Quel conte!
C'est un petit parent dont on ne tient nul compte.

JASMIN.

Oui, la mère peut-être, et même ses deux fils:
Mais monsieur de Naudé n'est pas de cet avis;
Il en fait cas, lui.

JULIE.

Soit.

JASMIN.

Moi, je ne puis m'en taire,
J'aime ce bon vieillard : d'un ancien militaire
Il a bien l'air franc, noble; il est bon, toujours gai;
Point bizarre, et pourtant original.

JULIE.

C'est vrai.
Il est original, même en rendant service;
Et je l'ai vu souvent, dans son plaisant caprice,
Jouer des tours piquants, parfois même affliger
Tel, qu'il finit toujours, Jasmin, par obliger.
(*On entend des éclats de rire au fond.*)
Mais nos jeunes messieurs ont déjeuné, ce semble.

JASMIN.

On les entend de loin, et la maison en tremble.

Vite un petit baiser.

(*Il l'embrasse.*)

JULIE.

Eh! mais, voyez un peu!

Il le prend d'avance.

JASMIN.

Oui, c'est le plus sûr. Adieu.

(*Il sort par la gauche.*)

SCÈNE II.

JULE, JULIE, LORSAN, MERVILLE.

(*Ils entrent par le fond.*)

MERVILLE, *en entrant.*

Ah! nous troublons, je vois, un galant tête-à-tête.

JULE.

Fort bien! l'heureux Jasmin a donc fait ta conquête?

JULIE.

Allons, quand ces messieurs auront bien plaisanté...

LORSAN.

Plaisanté! non : elle est charmante en vérité.

JULIE.

Laissez-moi m'en aller, messieurs, je vous supplie.

MERVILLE.

Tu ne t'en iras pas comme cela, Julie.

(*Ils l'entourent tous trois d'assez près.*)

JULE.

Eh! non, ma belle enfant!

LORSAN.

Mon cœur,

ACTE I, SCÈNE II.

JULIE.

Joli concert!
Mais de vos déjeuners, moi, je crains le dessert.
(*Elle leur échappe, et sort.*)

SCÈNE III.

JULE, LORSAN, MERVILLE.

MERVILLE.
Eh bien! elle s'enfuit.
LORSAN.
La petite est cruelle.
JULE.
Ami, c'est que déja vous êtes vieux pour elle.
MERVILLE.
Jule est tout fier d'avoir quatre ans de moins que moi.
(*à Lorsan.*)
Mais je voudrois avoir tes vingt-cinq ans, à toi,
Lorsan, et posséder ton bon ton et tes graces.
LORSAN.
Ah! tu vas assez bien.
MERVILLE.
Eh! oui, je suis tes traces,
Mais de loin.
LORSAN.
On n'arrive à tout que par degrés;
Au point où me voilà tous deux vous parviendrez.
JULE.
Oui, je m'en flatte.
MERVILLE.
Un jour, en me voyant paroître

Les connoisseurs diront : « Il eut Lorsan pour maître. »

LORSAN.

Eh ! l'on ne doit avoir d'autre maître que soi ;
Moi, je pense et j'agis, et je vis d'après moi.
Je ne me suis jamais fait un devoir de suivre
L'exemple de personne, ou d'ouvrir un seul livre.
J'ai pour livre le monde, il suffit ; mon desir
Fait ma règle et ma loi ; mon but c'est le plaisir.

JULE.

Bon principe.

MERVILLE, à Jule.

Écoutons.

LORSAN.

Oui, gravez dans vos ames
Qu'il n'est que trois vrais biens ; l'or, le crédit, les femmes :
Tous les moyens sont bons pour ces triples faveurs.
Que le pédant se fâche, et crie : « O temps ! ô mœurs ! »
Que la vieillesse, hélas ! gronde et nous porte envie,
Nous autres jeunes gens, jouissons de la vie ;
Enfin, rions de tout, ne nous refusons rien ;
De ce régime-là nous nous trouverons bien.

JULE.

Bravo !

LORSAN.

Tu ne dis mot, Merville ?

MERVILLE.

Moi ? j'écoute,
Et j'admire.

LORSAN.

A propos, il est trop tôt sans doute
Pour voir l'aimable sœur.

ACTE I, SCÈNE III.

JULE.

Il est un peu matin.

LORSAN.

Ah, çà! (car vous tenez dans vos mains mon destin)
Puis-je enfin espérer?... dis-moi, mon cher Merville...

MERVILLE.

Oh! ma sœur est à toi. Mon ami, sois tranquille :
Je te l'ai promise.

JULE.

Oui, nous te la promettons.

MERVILLE, *à Jule, d'un air important.*

Laisse-nous donc. Tu sais, sans prendre ici de tons,
Que j'ai quelque ascendant sur ma sœur, sur ma mère.
Cela doit être ainsi ; parcequ'enfin, mon père
Étant mort, je suis, moi, le chef de la maison.

JULE, *piqué.*

Comment donc! c'est tout simple, et mon frère a raison.
L'intervalle qu'a mis entre nous la naissance
Me condamne au respect, même à l'obéissance.

LORSAN.

Jule, allons...

MERVILLE, *à Lorsan.*

De tout temps je te la destinai ;
Du fond de la province ici je l'amenai,
Grace à moi, sans reproche, assez bien prévenue :
Elle n'a pas changé de pensée à ta vue.

LORSAN.

Du moins je le présume : au fait, j'espère un peu.
Je n'ai pu d'elle encore obtenir un aveu.

MERVILLE.

Eh! n'as-tu pas le nôtre?

JULE.
Oui.

MERVILLE.
D'ailleurs elle t'aime;
Je t'en réponds.

JULE, à *Merville*.
Crois-tu qu'il en doute lui-même?
(à part.)
Moi, j'en doute.

MERVILLE.
Lorsan, tes dernières amours?...
Tout est fini, j'espère?

LORSAN.
Oh! fini, pour toujours.
J'ai rompu; mais j'ai fait la plus belle rupture!...
Oui, j'ai très brusquement terminé l'aventure,
Pour abréger.

JULE.
J'entends.

LORSAN.
Parbleu! j'en ai bien ri!
On m'a parlé d'un oncle : au défaut du mari,
Il éclate, il s'emporte.

MERVILLE.
Elle n'a point de frères?

LORSAN.
Non... enfin tout cela ne m'inquiète guères.

JULE.
Oh! je le crois.

LORSAN.
Il fait des démarches pourtant :
Mais je m'en moque.

ACTE I, SCÈNE III.

MERVILLE.

Allons, de toi je suis content,
Mon cher Lorsan. Je vais, avec un zèle extrême,
Prier, presser ma mère... Ah! bon, c'est elle-même.

SCÈNE IV.

JULE, LORSAN, Mme MERVILLE, MERVILLE.

MERVILLE, *allant au-devant de sa mère.*
Ma mère...

Mme MERVILLE.
Ah! ah! bonjour.

LORSAN.
Madame, j'ai l'honneur...

Mme MERVILLE.
Les trois amis? fort bien.

LORSAN.
C'est mon plus grand bonheur.

Mme MERVILLE.
Et moi j'aime à les voir dans votre compagnie.

LORSAN.
Madame!... nous parlions de l'aimable Euphrasie.
Vos chers fils me flattoient d'un espoir, ah! bien doux!

MERVILLE.
Tenez, ma mère, au fait, nous sommes entre nous :
Lorsan aime ma sœur, et sans doute a su plaire;
Il vous convient pour gendre, à nous deux pour beau-frère.
Enfin c'est beaucoup trop prolonger leur espoir;
Et l'on pourroit signer le contrat dès ce soir.

Mme MERVILLE.

Dès ce soir? mais, mon fils, vous allez un peu vite.

MERVILLE.

Si l'on doutoit encor, je conçois qu'on hésite ;
Mais lorsque sur un point tout le monde est d'accord...

JULE.

Sans doute.

Mme MERVILLE.

Assurément, monsieur me convient fort.

LORSAN.

Vous me comblez, madame, et cet heureux suffrage...
Tout Paris, je l'avoue, attend ce mariage.
Car il est naturel que je m'en sois vanté ;
Et généralement je vois qu'il est goûté.
Tout cela même ajoute à mon impatience.
Une fois honoré d'une telle alliance,
Et tout fier des beaux noms de beau-frère et de fils,
J'aurai le droit alors de servir mes amis ;
Votre gendre aujourd'hui, dès demain je les place.

MERVILLE.

Eh bien! ma mère, eh bien! a-t-on autant de grace ?

JULE.

On n'est pas plus aimable...

LORSAN, *à Jule.*

Allons, petit flatteur !

Mme MERVILLE.

Je ne puis résister à ce ton-là, monsieur ;
Et j'aurai grand plaisir à vous nommer mon gendre.

LORSAN.

Ah! madame..

Mme MERVILLE.

A vos vœux avant que de me rendre,

ACTE I, SCÈNE IV.

De ma fille pourtant il faut d'abord l'aveu.
MERVILLE.
Cet obstacle, je crois, nous arrêtera peu.
On ne dira pas non.
Mme MERVILLE.
Et puis je suis bien aise
Qu'à monsieur de Naudé cet arrangement plaise;
Et, par égard au moins, je veux le consulter.
MERVILLE.
Encore des délais!
LORSAN.
Je dois les redouter;
Ce cher monsieur Naudé! je ne crois pas qu'il m'aime.
Mme MERVILLE.
Comment?
LORSAN.
Il est pour moi d'une rigueur extrême.
MERVILLE.
Bon! quelle idée!
LORSAN.
Et puis, il pourroit par hasard...
Avez-vous remarqué que ce galant vieillard
Pour l'aimable Euphrasie a beaucoup de tendresse?
Mme MERVILLE.
Bon!
LORSAN.
Sans cesse il en parle avec feu, s'intéresse
Aux progrès qu'elle fait, enfin la suit des yeux.
JULE.
Tu t'imagines donc qu'il en est amoureux?
LORSAN.
Eh! mais?...

Mme MERVILLE.

Que votre sœur après tout lui soit chère,
Rien n'est plus naturel ; tendre ami de son père.

JULE.

Il doit avoir vu naître Euphrasie.

LORSAN.

Oui ; j'entends.
Mais il vaut mieux, je crois, être né de son temps.

Mme MERVILLE.

C'est un digne vieillard, que j'aime, que j'honore,
Qu'on estimoit jadis, et qu'on estime encore ;
J'en fais un très grand cas.

MERVILLE.

J'en suis persuadé.
Mais c'est assez parler de monsieur de Naudé ;
Revenons à Lorsan, que la famille entière
Chérit de tout son cœur, et ma sœur la première.

LORSAN, *voyant paroître Euphrasie.*

Ah !...

SCÈNE V.

JULE, LORSAN, EUPHRASIE, Mme MERVILLE, MERVILLE.

LORSAN.

Charmante Euphrasie, enfin !... jusqu'à ce soir,
J'ai craint d'être privé du bonheur de vous voir.

EUPHRASIE.

Monsieur...

MERVILLE.

Elle s'arrache enfin à sa peinture.

JULE.

A sa harpe.

MERVILLE.

Sur-tout à sa chère lecture.

EUPHRASIE.

Courage !

LORSAN.

En longs travaux pourquoi se consumer?
Eh ! ne sait-on pas tout, lorsque l'on sait charmer?

EUPHRASIE.

De savoir tout alors je suis peu curieuse.

Mme MERVILLE.

Mais l'étude te rend un peu trop sérieuse.

MERVILLE.

Beaucoup trop.

LORSAN.

Vous auriez un sourire si doux !

EUPHRASIE.

Sérieuse, ma mère? en quoi le voyez-vous?
Chacun est dans ce monde heureux à sa manière;
(*regardant ses frères du coin de l'œil.*)
L'un aime à s'occuper, d'autres à ne rien faire.

JULE.

Oui, pour aller au but ma sœur a su choisir
La route de l'ennui, nous celle du plaisir.

MERVILLE.

J'honore les savants; par malheur ils m'endorment.

Mme MERVILLE.

Mes fils sont plaisants.

EUPHRASIE, *souriant.*

Oui ; n'est-ce pas qu'ils se forment?

JULE.

On ne se forme, hélas! que trop avec le temps.

MERVILLE.

Eh! oui; laisse l'étude à ces tristes pédants.

EUPHRASIE.

Voilà votre grand mot. Mais dites, je vous prie,
Ce que vous entendez par la pédanterie,
Et comment on peut fuir, messieurs, ce grand défaut.
Vous raillez votre sœur; conseillez-la plutôt.
On me croiroit vraiment, à vous entendre dire,
Femme savante, moi! parceque j'aime à lire,
Parceque je commence à dessiner un peu,
Et qu'enfin mon piano me plaît mieux que le jeu:
Mais sont-ce là des torts à m'ôter votre estime?
S'instruire, s'occuper, seroit-ce un si grand crime?
Faut-il absolument qu'une femme, aujourd'hui,
Ne soit qu'une ignorante et périsse d'ennui?

Mme MERVILLE.

Mon Dieu! ce n'est pas là ce qu'entendent tes frères.

JULE.

Pure ironie!

EUPHRASIE.

Oh! non, je ne m'en pique guères:
Mais quoi! vous m'attaquez, et moi je me défends.

Mme MERVILLE.

Allons, point de débats entre vous, mes enfants.

MERVILLE.

Soit, chacun a son goût; oui, qu'Olivier s'occupe
De livres, de science...

JULE.

Il est pourtant bien dupe,
Ce pauvre cousin.

ACTE I, SCÈNE V.

EUPHRASIE.

Jule, eh! mais, toi le premier,
Es-tu bien en état de juger Olivier?

LORSAN.

Pour défendre Olivier votre chaleur est grande,
Mademoiselle...

EUPHRASIE.

A-t-il besoin qu'on le défende?

Mme MERVILLE.

Laissons là ces discours et ce petit parent;
Parlons d'un intérêt tout-à-fait différent.
Monsieur, de mes deux fils ami bien cher, intime,
Ma fille, et que moi-même enfin j'aime et j'estime,
Vient...

SCÈNE VI.

JULE, LORSAN, EUPHRASIE, M. DE NAUDÉ,
Mme MERVILLE, MERVILLE, JASMIN.

JASMIN, *annonçant*.

Monsieur de Naudé.

(*Il sort.*)

M. DE NAUDÉ, *entre par la gauche; il a des roses à la main.*

Votre humble serviteur,
Mesdames.

Mme MERVILLE.

Ah! bonjour.

MERVILLE.

Monsieur...

2.

LE VIEILLARD ET LES JEUNES GENS.

LORSAN.

J'ai bien l'honneur...

M. DE NAUDÉ.

Messieurs, je vous salue.

JULE.

Aux fleurs toujours fidèle !

M. DE NAUDÉ.

Toujours ; vous les aimez aussi, mademoiselle ?

EUPHRASIE.

Oui, beaucoup, je l'avoue.

MERVILLE.

Entre vous deux je voi
Un peu de sympathie.

M. DE NAUDÉ.

Eh bien ! tant mieux pour moi.

Mme MERVILLE.

Mais, oui.

LORSAN.

Ces roses-là, quelque beauté, je gage,
Vous en a fait cadeau ?

M. DE NAUDÉ.

Non, monsieur ; à mon âge,
On ne reçoit plus rien, on ose offrir encor.
Je veux entre vous deux partager mon trésor,
Belles dames.

(*Il leur donne à chacune une branche de roses.*)

JULE.

Fort bien.

Mme MERVILLE.

Mais rien n'est plus aimable.

EUPHRASIE.

J'accepte avec plaisir.

ACTE I, SCÈNE VI.

MERVILLE.
C'est touchant!

LORSAN.
Admirable!

M. DE NAUDÉ.
Badiner avec grace, et finement railler!
Bravo!

MERVILLE.
Notre savoir se borne à babiller.

JULE.
Nous n'avons pas le don d'agir comme vous faites.

M. DE NAUDÉ.
Vous persiflez, je vois, jeunes gens que vous êtes...
C'est le ton d'à présent, c'est le talent du jour.
On persifle, je sais, même en parlant d'amour.
J'ai connu, je l'avoue, un temps où près des dames
On étoit moins badin.

JULE.
On ennuyoit les femmes;
Nous, plus heureux peut-être...

M. DE NAUDÉ.
Oh! vous les séduisez!
Votre style, vos airs, près d'elles sont aisés,
Lestes; cela vous sied, messieurs, à la bonne heure...

LORSAN.
Nous réussit, même.

MERVILLE.
Oui, la marche la meilleure
Est, je crois, la plus prompte; et c'est bien celle-ci.

M. DE NAUDÉ.
Soit. Autrefois pourtant on eût mieux réussi
Près d'un sexe où la grace, où la pudeur réside,

Avec un air modeste, et même un peu timide.

LORSAN.

Nous n'étions pas alors; nous nous en consolons.

MERVILLE.

De votre temps, monsieur, les romans étoient longs;
Nous les abrégeons, nous.

JULE.

Oui, comme dit Horace,
« Courez au dénouement : » nous y courons.

M. DE NAUDÉ.

De grace,
Est-ce là bien aimer les femmes?

LORSAN.

Leurs bontés
Sont un peu notre excuse.

M. DE NAUDÉ.

Et vous vous en vantez?

MERVILLE.

C'est par reconnoissance.

M. DE NAUDÉ.

Ah! la preuve est nouvelle!
C'étoit en devenant plus discret, plus fidéle,
Qu'on se montroit jadis reconnoissant.

LORSAN.

Charmant!

JULE.

De quel temps parlez-vous? il est bien loin, vraiment.

M. DE NAUDÉ.

Je parle d'un temps, Jule... où l'aimable jeunesse
Respectoit, consultoit, et croyoit la vieillesse;
Ne tranchoit pas autant, craignoit de se tromper;
Ne couroit point sans cesse, et savoit s'occuper;

Parloit moins, écoutoit, soupçonnant, je suppose,
Qu'elle pouvoit encore ignorer quelque chose.
Mais, vous avez changé tout cela, je le sai.

MERVILLE.

Vous devez, c'est tout simple, exalter le passé,
Dénigrer le présent.

Mme MERVILLE.

Oui, c'est assez l'usage.

M. DE NAUDÉ.

J'en conviens, c'est un peu le défaut de mon âge :
Je sens même qu'au fond je n'en suis pas exempt.
Cependant, autrefois aussi-bien qu'à présent,
Je rencontrois souvent d'assez mauvaises têtes,
D'aimables étourdis, messieurs, tels que vous l'êtes...
Pardon!... Et maintenant, comme du temps passé,
Je vois plus d'un jeune homme estimable et sensé;
Et sans aller plus loin, Olivier, par exemple,
Est de votre âge : eh bien ! de près je le contemple;
Il est rangé, modeste, et fort laborieux;
Près des dames il est poli, respectueux;
Et même il croit devoir honorer la vieillesse :
Que vous dirai-je?...

JULE.

Oh! c'est un des sages de Grèce.

MERVILLE.

C'est votre protégé.

M. DE NAUDÉ (1).

Non, je n'en eus jamais.
C'est mon ami. Son père, avec qui je servois,
Me légua ce jeune homme à son heure dernière;

---

1 Ici Merville passe entre Jule et Lorsan.

Et je m'en ressouviens. Son ame, noble et fière,
N'a de moi jusqu'ici voulu rien accepter :
Mais, par tous ces refus loin de me rebuter,
Je saisirai, j'espère, un instant favorable,
Et je le forcerai de m'être redevable.

Mme MERVILLE.

A quoi bon ces détails sur Olivier?

LORSAN.

C'étoit
Comme modèle, ici, que monsieur le citoit.

M. DE NAUDÉ.

Peut-être. Vous voyez qu'ici je blâme et loue
Le présent, le passé. Je dirai plus : j'avoue
Que de tous temps ainsi, variable et léger,
L'homme changea, je crois, sans trop se corriger.
Chaque âge eut ses défauts, et nous avions les nôtres,
Oubliés aujourd'hui, mais remplacés par d'autres.

EUPHRASIE.

J'en cherche encore en vous.

M. DE NAUDÉ.

Rien de plus obligeant :
Quand on a le cœur pur, on a l'œil indulgent.

MERVILLE, *à Lorsan*.

Hein ! tu l'entends?

LORSAN.

Eh ! oui.

JULE.

Mon ami, que t'en semble?
Si c'étoit?...

LORSAN.

Je l'ai dit ; un rival.

MERVILLE.

Bon !

ACTE I, SCÈNE VI.

LORSAN.

J'en tremble.

MERVILLE (1).

Notre ami sur ce point a l'esprit en repos.

JULE.

Depuis long-temps Lorsan ne craint plus les rivaux.

LORSAN.

Ah! quand on aime bien, on n'est jamais tranquille.

JULE.

Oh! comme il est modeste!

Mme MERVILLE.

Il seroit difficile,
Monsieur, je l'avouerai, qu'un autre eût de l'espoir,
Lorsque l'on peut signer le contrat dès ce soir...

M. DE NAUDÉ.

Dès ce soir, dites-vous? Eh! quoi, mademoiselle,
L'ai-je bien entendu?

EUPHRASIE.

J'apprends cette nouvelle
En même temps que vous, monsieur, dans le moment.

M. DE NAUDÉ, *à part.*

Pas un instant à perdre, agissons promptement;
Écartons, si je puis, un pareil personnage.
(*haut à madame Merville.*)
Madame, permettez...

Mme MERVILLE.

Eh! quoi?

M. DE NAUDÉ.

Ce mariage,
De quelques jours, je crois, pourroit se différer.

---

1 Merville revient à gauche.

MERVILLE, *vivement.*

Cela ne se peut pas, monsieur.

M. DE NAUDÉ.

Puis-je espérer
Que par égard pour moi?...

Mme MERVILLE.

J'en ai beaucoup, sans doute;
Mais, outre que monsieur mérite qu'on l'écoute,
Mon fils aîné me presse ; il tient fort...

MERVILLE.

Il est vrai.

M. DE NAUDÉ.

Quoi! vous ne pouvez pas m'accorder un délai?

MERVILLE, *bas à sa mère.*

Point de délai, ma mère, et soyez inflexible.

Mme MERVILLE, *à M. de Naudé.*

Croyez-moi, mon ami ; cela n'est pas possible.

MERVILLE.

Mais tout est terminé, monsieur, absolument.

M. DE NAUDÉ.

Eh bien! madame, il faut vous parler franchement.

Mme MERVILLE.

Quoi?

M. DE NAUDÉ.

Je vous vais ici faire une autre prière,
Plus importante encor pour moi que la première ;
Et je sens qu'un refus me seroit plus cruel.

Mme MERVILLE.

Mon ami, vous prenez un ton bien solennel.

M. DE NAUDÉ.

Oui, j'ose, comme ami de toute la famille,
Vous demander la main de votre aimable fille.

ACTE I, SCÈNE VI.

Mme MERVILLE.

Pour qui donc?

M. DE NAUDÉ.

Pour moi-même.

Mme MERVILLE.

Ah! Dieu! pour vous?

M. DE NAUDÉ.

Pour moi.

MERVILLE.

Le trait est neuf.

JULE.

Et gai.

Mme MERVILLE.

Vous plaisantez?

M. DE NAUDÉ.

En quoi?

LORSAN, *riant.*

Tout de bon?

M. DE NAUDÉ.

Mon aveu dût-il sembler bizarre,
Oui, pour votre rival ici je me déclare.

LES DEUX FRÈRES.

Ah!

LORSAN.

C'est ce que toujours j'avois su redouter.

M. DE NAUDÉ.

Soit; redoutable ou non, j'ose me présenter.

MERVILLE.

Monsieur persiste enfin; il faudra bien le croire.

JULE.

Cet amour-là, vraiment, va te combler de gloire.

M. DE NAUDÉ.

Pour votre aimable sœur il ne surprendra pas.
Eh! qu'importent les ans? tant de vertus, d'appas,
Doivent charmer, fixer tous les goûts, tous les âges,
Rajeunir les vieillards, comme enflammer les sages.

Mme MERVILLE.

(*à demi-voix à Merville.*)
Oui! mon fils, écoutons: ceci devient piquant.

MERVILLE.

J'écoute.

M. DE NAUDÉ.

Et cet amour ne naît pas dans l'instant,
Belle Euphrasie; oh! non, dès long-temps je vous aime,
Et d'un attachement vrai, pur comme vous-même.

MERVILLE.

Monsieur le disoit bien, il s'enflamme.

JULE.

Oui, vraiment;
Et même il rajeunit: c'est adroit.

EUPHRASIE, *à ses frères.*

Doucement.

M. DE NAUDÉ.

Je leur pardonne tout; ne sont-ils pas vos frères?
Mes vœux, mes sentiments sont honnêtes, sincères;
(*à Lorsan.*)
Il suffit. J'ose ici vous disputer un cœur,
Jeune homme; nous verrons qui sera le vainqueur.

LORSAN.

J'accepte le défi. Vous, charmante Euphrasie,
Jugez entre nous deux. Malgré ma jalousie,
Voyez ma confiance, en cet instant fatal:

ACTE I, SCÈNE VI.

Je sors, et près de vous je laisse mon rival.
(*Il sort.*)

JULE, *en sortant, à M. de Naudé.*
Adieu, beau-frère.

MERVILLE, *de même.*
Allons, heureux début : courage !
(*Ils sortent par le fond.*)

SCÈNE VII.

EUPHRASIE, M. DE NAUDÉ, Mme MERVILLE.

EUPHRASIE.
Ils sont un peu légers.

M. DE NAUDÉ.
Eh ! oui, comme leur âge.

Mme MERVILLE.
Eh ! puis, cela leur sied ; ils ont je ne sais quoi...
(*à M. de Naudé.*)
C'est vous qui plaisantez bien joliment.

M. DE NAUDÉ.
Qui ? moi ?
Non, ce n'est point, madame, une plaisanterie ;
C'est bien du fond du cœur.

Mme MERVILLE.
Comment donc, je vous prie ?

M. DE NAUDÉ.
J'aime mademoiselle, et le dis hautement.

Mme MERVILLE.
D'amitié ?

M. DE NAUDÉ.
D'amitié bien tendre, assurément.

Mme MERVILLE.

Je voulois vous parler de Lorsan, c'est dommage ;
Pourrez-vous maintenant approuver son hommage?

M. DE NAUDÉ.

Franchement avec vous je m'en expliquerai ;
Mais souffrez que d'un jour l'hymen soit différé.

EUPHRASIE.

Ma mère, oui, différons, si monsieur le desire.

Mme MERVILLE.

Eh bien! soit, à vos vœux je consens de souscrire.

M. DE NAUDÉ.

Il suffit, et bientôt nous en reparlerons.
(à Euphrasie.)
Pour vous, j'ose espérer que nous nous entendrons.
Croyez que vous n'aurez jamais, mademoiselle,
De serviteur plus vrai, plus tendre et plus fidéle.
(Il salue, et sort par la gauche.)

SCÈNE VIII.

EUPHRASIE, Mme MERVILLE.

Mme MERVILLE.

Mais, quel feu, quels transports! je l'admire, vraiment :
Ma fille, qu'en dis-tu? Je t'en fais compliment.

EUPHRASIE.

Il est intéressant.

Mme MERVILLE.

Fort bien! il t'intéresse?
A merveille!... mais quoi! j'oubliois... l'heure presse.
Je te laisse rêver à ce touchant aveu ;

A l'amour du vieillard intéressant : adieu.

(*Elle sort par le fond.*)

EUPHRASIE, *seule.*

Sans doute, il l'est bien plus que tel jeune agréable...
Que Lorsan... Olivier! toi seul es plus aimable.

FIN DU PREMIER ACTE.

ACTE SECOND.

SCÈNE I.

EUPHRASIE, JULIE.

JULIE.
Mademoiselle, eh bien, je vous fais compliment.
EUPHRASIE.
Compliment! et sur quoi?
JULIE.
Sur le nouvel amant...
EUPHRASIE.
Ah!
JULIE.
De cette conquête êtes-vous bien charmée?
EUPHRASIE.
Eh! mais, il est, je crois, toujours doux d'être aimée.
JULIE.
Oui, quand on ne feroit que s'amuser...
EUPHRASIE.
De quoi?
De ce qu'un galant homme est amoureux de moi?
JULIE.
Avouez qu'on ne peut s'empêcher de sourire
En voyant à ses pieds un vieillard qui soupire.
Étoit-il bien pressant, en vous parlant d'amour?
EUPHRASIE.
Mais.. plus tendre, du moins, que ces héros du jour,

ACTE II, SCÈNE I.

Qui, même alors, ne sont amoureux que d'eux-même.

JULIE.

J'aurois voulu le voir vous dire, « je vous aime. »

EUPHRASIE.

Ce plaisir, tu l'auras.

JULIE.

Après tout, ce barbon...

EUPHRASIE.

Ah! supprimez ce terme.

JULIE.

Il est riche.

EUPHRASIE.

Il est bon.
Ce qui me plaît en lui, c'est cette politesse,
Cet air respectueux, cette délicatesse,
Si rares à présent!... va, ma chère, aujourd'hui
Il est des jeunes gens moins aimables que lui.

JULIE.

Oh! vraiment, du vieillard vous êtes amoureuse.

EUPHRASIE.

Tu crois?

JULIE.

Oui; sa visite est pour vous dangereuse;
Et s'il vient, moi, d'abord j'assiste à l'entretien.

EUPHRASIE, *souriant*.

Laisse-moi pourtant.

JULIE.

Mais...

EUPHRASIE, *d'un ton ferme*.

Sortez.

JULIE.

Je le vois bien,

34 LE VIEILLARD ET LES JEUNES GENS.
Vous voulez être seule.

    EUPHRASIE, *plus doucement.*
      Allons, sors, je t'en prie.
    JULIE, *à part, en sortant.*
Ce n'est pas le vieillard qu'elle attend, je parie.

SCÈNE II.

EUPHRASIE, *seule.*

Que parle-t-elle ici de monsieur de Naudé?
Ah! mon malheur du moins est par lui retardé :
C'est Lorsan bien plutôt... je deviendrois sa femme!
J'accepterois sa main, lorsqu'au fond de mon ame!...
Mais quoi!... mon cher cousin vient bien tard aujourd'hui.
Deux heures!... je ne suis heureuse qu'avec lui.
Lui seul ici, lui seul m'entend et me devine :
O mon cher Olivier!...

SCÈNE III.

EUPHRASIE, OLIVIER.

OLIVIER, *entrant par la gauche avec empressement.*
    Me voici, ma cousine.
    EUPHRASIE, *surprise.*
Ah! ciel! c'est vous?
    OLIVIER.
    Eh! oui. Bon Dieu! quel cri d'effroi!
Est-ce que par hasard vous auriez peur de moi?
    EUPHRASIE.
Oh! non, ce n'étoit pas un cri d'effroi sans doute :

ACTE II, SCÈNE III.

Vous savez, cher cousin, quelle douceur je goûte...

OLIVIER.

Et moi donc! je n'ai pas de plus touchant plaisir...
Mais, que dis-je *de plus*? je n'ai point à choisir;
Vous parler, vous entendre est mon bonheur unique.

EUPHRASIE.

Ah! je vous crois.

OLIVIER.

Tenez, loin de vous je m'applique,
Sans relâche, aux détails, aux soins de mon état;
Je dévore avec zèle un travail long, ingrat:
Cela même m'est doux; et je jouis d'avance,
En songeant que je vais trouver ma récompense.

EUPHRASIE.

Pour moi, je ne fais pas de ces grands travaux-là,
Mais je m'occupe; eh bien! je me dis: « Il viendra,
« Nous causerons, lirons »: cet espoir me ranime.

OLIVIER.

Est-il bien vrai! je suis si fier de votre estime!
Vous ne dédaignez pas, vous, un pauvre parent.

EUPHRASIE.

Vous dédaigner!

OLIVIER.

Voyez quel air indifférent
Chacun me montre ici! votre maman, vos frères
Me regardent à peine, et ne m'écoutent guères.

EUPHRASIE.

Quelle injustice!

OLIVIER.

A vous seulement je m'en plains;
J'oublie, en vous voyant, tous ces petits chagrins.
Mais vous, qui me plaignez, n'avez-vous pas des peines?

Vous soupirez ; je crains...

EUPHRASIE.

Hélas ! qui n'a les siennes !
Votre tort est ici d'être pauvre ; et le mien,
Ou plutôt mon malheur, c'est d'avoir trop de bien ;
Puisque enfin je ne dois qu'à ma seule fortune
De ce monsieur Lorsan la recherche importune.

OLIVIER.

Quoi !...

EUPHRASIE.

Je n'avois pas vu le danger de si près ;
J'ai peu craint jusqu'ici cet amant : j'espérois
Que ses nombreux défauts, désabusant ma mère,
Lui feroient tôt ou tard abjurer sa chimère ;
J'étois bien dans l'erreur, et je vois aujourd'hui
Qu'elle redouble encor d'affection pour lui.
Mes deux frères, sur-tout Merville, le soutiennent ;
Et je sens trop qu'au point où les choses en viennent,
Il faut que je m'explique enfin ; moi, l'épouser !...
Mais d'un autre côté comment le refuser ?

OLIVIER.

Que cette alternative est pour moi douloureuse !
Je consens à souffrir si vous êtes heureuse.

SCÈNE IV.

EUPHRASIE, JULE, OLIVIER.

JULE, *entrant du fond.*

Ah ! vous voilà tous deux ; nous causerons du moins.
Je ne sais ce qu'ils font ; ils ont de graves soins.
Mon frère a ce matin ses visites en tête ;

ACTE II, SCÈNE IV.

Pour le même sujet ma mère aussi s'apprête,
Et l'on me laisse seul.

EUPHRASIE.

Tu sais t'occuper, toi.

JULE.

Oui, vous savez aussi vous occuper, je voi;
Je viens vous déranger, peut-être? c'est dommage!
Vous lisiez, travailliez : c'est assez votre usage.

OLIVIER.

Et toi, ne lis-tu pas quelquefois ?

JULE.

Mon Dieu! non.
Je ne lis presque plus ; on ne fait rien de bon.

OLIVIER.

Jule tranche, décide... oh! c'est un homme habile.

EUPHRASIE.

Comment donc! il a fait tout seul un vaudeville.

JULE.

Et moi, je vous soutiens (enfin on s'y connoît)
Qu'on pourroit faire mieux que tout ce qu'on a fait;
Oui, nos plus grands auteurs.

EUPHRASIE.

En vérité, mon frère!...

JULE.

Les réputations ne m'en imposent guère.
J'examine et je juge.

OLIVIER.

(*à Euphrasie.*)
Oh! sans doute. Écoutons:
Voici Jule qui va nous faire des leçons.

JULE.

Non, mais ce que je dis, je le prouve sans peine;

(*Il prend un livre.*)

Par exemple, tenez... je trouve La Fontaine...
La Fontaine est charmant ; mais il est négligé,
Le bon homme.

EUPHRASIE.

Voilà La Fontaine jugé.

JULE.

Des poëtes meilleurs, dont le nom seul enflamme,
C'est Boileau, c'est Racine.

OLIVIER.

Oui !

JULE.

Boileau n'a point d'ame ;
C'est dommage.

EUPHRASIE.

Et Racine ?

JULE.

Ah ! comme il parle au cœur !
Ses vers ont une grace, un charme... par malheur,
Il est foible en ses plans.

OLIVIER.

Aimes-tu mieux Voltaire ?

JULE.

Poëte inimitable, unique, un dieu sur terre :
Mais il rime très mal, et toujours de l'esprit,
Et superficiel dans tout ce qu'il écrit.

EUPHRASIE.

Le dieu sur terre ?...

JULE.

Oh ! moi, librement je m'exprime.

OLIVIER.

Tu ne nous parles point de Corneille ?

ACTE II, SCÈNE IV.

JULE.

Sublime !
C'est le père, en un mot... mais il a bien vieilli ;
C'est comme ton Molière, il tombe dans l'oubli.

OLIVIER.

Mais tous ces grands auteurs, que d'abord tu nous vantes,
Sont réduits presqu'à rien par tes notes savantes.

JULE.

On a le droit d'avoir un avis.

OLIVIER.

Pourquoi pas ?

JULE.

Me nieras-tu ?...

OLIVIER.

Moi ? rien.

JULE, *à Euphrasie.*

D'honneur ! à chaque pas,
Il recule.

EUPHRASIE.

Il te craint. Moi, j'attends qu'il te dise :
« Mon ami, permettez d'abord qu'on vous instruise
« Pendant six mois ; après nous pourrons disputer. »

JULE.

Ah ! je sens l'épigramme.

EUPHRASIE.

Eh ! mais, sans plaisanter,
Mon frère, est-ce qu'on peut deviner la science ?
Le goût même a besoin de temps, de patience.
Auroit-on tout l'esprit... que Jule peut avoir ;
Il me semble qu'on doit se piquer de savoir
Les choses seulement que l'on a bien apprises.
Je l'ai cru jusqu'ici.

JULE.

Bah ! préjugés ! sottises !
Pauvre jeunesse ! ainsi, jadis on l'accabloit ;
Même encore du temps d'Olivier, il falloit,
Pendant dix ans et plus, essuyer au collége,
Des auteurs, des pédants le barbare cortége ;
Et du fond de cet antre on sortoit pâle et sec,
Bien chargé, bien nourri de latin et de grec :
On eût de Démosthène expliqué la harangue,
Mais on ne savoit pas un seul mot de sa langue.
Et tenez, en deux ans, moi, j'en ai plus appris,
En observant le monde, en courant dans Paris,
Qu'Olivier dans ses cours, dans ses classes, ses livres...

EUPHRASIE.

Bon Dieu ! de quel fardeau, mon ami, tu délivres
Les enfants de nos jours !

JULE.

Mais ceux des jours passés,
Avec tout leur savoir, sont-ils plus avancés ?
Savent-ils mieux juger d'une pièce nouvelle,
Ordonner une fête, ou charmer une belle ?
Ont-ils dans l'entretien plus de tact, plus de sel,
Plus de grace, en un mot, et d'esprit naturel ?
(*à Olivier.*)
Monsieur l'auteur, ici, voyons, qu'allez-vous dire ?

OLIVIER.

Moi ? je me garde bien de dire un mot ; j'admire.
Je sens que pour s'instruire il n'étoit pas besoin
De tant se fatiguer, de prendre tant de soin ;
Oh ! non, je reconnois que ces longues études
N'étoient que sot ennui, que tristes habitudes ;
Je vois qu'à moins de frais, il est de beaux esprits

Et même des savants, qui, n'ayant rien appris,
N'ignorent nulle chose, et des heures entières
Vont parler, disputer, sur toutes les matières,
Sur des points de science, en affaires de goût;
Dans le monde, au spectacle, en famille, par-tout,
S'érigent en censeurs, en arbitres suprêmes,
Et toujours, en un mot, sont très contents d'eux-mêmes.

JULE.

Mais, Olivier s'avise aussi de persifler !

EUPHRASIE.

Comme un autre, en effet, s'il vouloit s'en mêler...

JULE.

Son discours ironique est le plus fin du monde,
Mais ne répond à rien.

OLIVIER, *un peu animé.*

Que veux-tu qu'on réponde ?
On est tout confondu d'un ton si décidé.
Tu sais tout, à t'entendre; et monsieur de Naudé
Me disoit même hier: « Que de choses j'ignore !
« Mon ami, je vieillis en m'instruisant encore. »

JULE.

Oui ! c'est édifiant.

OLIVIER.

« J'admire, ajoutoit-il,
« Et l'air de confiance, et l'éternel babil
« De ces messieurs, à peine échappés de l'enfance,
« (Car ils ont d'un seul pas franchi l'adolescence.)
« Ils semblent tout savoir, à leur ton, leur maintien :
« Mais ils ne savent rien, n'apprendront jamais rien,
« Parlent avec mépris de tout ce qu'ils ignorent,
« Et de leur nullité publiquement s'honorent;
« Êtres inconséquents, neufs, et blasés, flétris,

« Tels que des fruits sans goût, avant le temps mûris.
« A quinze ans, les voilà déja de petits hommes,
« Plus forts, même plus vieux que tous tant que nous sommes. »

JULE.

Le cher monsieur Naudé te disoit tout cela ?

OLIVIER.

Ce sont ses propres mots.

JULE.

A merveille; voilà
Citer les gens, mon cher, d'une façon heureuse.
La conversation deviendroit sérieuse;
Et ce n'est pas mon genre; adieu... mes chers amis :
Vous et moi différons de sentiments, d'avis,
C'est un malheur; mais, quoi! je tiens à mon système :
Vous jugez sur parole, et moi, d'après moi-même;
Voilà la différence.

(*Il sort en fredonnant.*)

SCÈNE V.

EUPHRASIE, OLIVIER.

EUPHRASIE.

Eh! mais, en vérité,
Je crois le petit Jule un peu déconcerté.

OLIVIER.

Ah! pardonnez; peut-être ai-je été trop sévère;
Un moment j'oubliai qu'il étoit votre frère.

EUPHRASIE.

D'une leçon plus forte il auroit grand besoin.
Jule n'a qu'un défaut, mais qu'il porte un peu loin :
Il veut avoir trente ans, quand il n'en a que seize.

OLIVIER.

Eh! oui; qu'il extravague ailleurs tout à son aise;
Et contre moi, s'il veut, dispute à tout propos,
J'y consens; mais ici qu'il me laisse en repos.
Quoi! me poursuivre auprès de vous, bonne Euphrasie,
Me forcer à parler et vers et poésie!
C'est trop.

EUPHRASIE.
Vous vous fâchez, je crois?

OLIVIER.
Oui, j'en conviens;
S'il perd son temps, du moins qu'il épargne le mien.
Les moments sont si chers!

SCÈNE VI.

EUPHRASIE, Mme MERVILLE, OLIVIER.

Mme MERVILLE, *du fond, à part.*
Allons, encore ensemble!
Eh! mais, ils sont tous deux fort émus, ce me semble.
(*haut.*)
Vous voilà donc?

EUPHRASIE, *un peu embarrassée.*
Oui, nous...

Mme MERVILLE, *à Olivier, assez froidement*
Merville en bas m'attend:
Voulez-vous bien l'aller retenir un instant?
Vous le ramènerez ici dans un quart d'heure;
Seule avec Euphrasie il faut que je demeure.

OLIVIER.
Ma cousine, j'y cours.
(*Il sort par le fond.*)

SCÈNE VII.

EUPHRASIE, Mme MERVILLE.

Mme MERVILLE.

Ma fille, écoutez-moi :
Cet Olivier ici vient fort souvent, je voi ;
Et de son entretien rien ne peut vous distraire :
Cette assiduité commence à me déplaire.

EUPHRASIE.

Cet Olivier !... du moins ainsi vous l'appelez,
Il est notre parent.

Mme MERVILLE.

Il l'est, si vous voulez,
Quoique de loin ; aussi, sans cesse il me prodigue
Le beau nom de *cousine*, au point qu'il m'en fatigue.

EUPHRASIE.

Vous en parlez peut-être avec bien du mépris ;
Si l'esprit, la vertu, les talents ont leur prix,
Je pense qu'Olivier, en qui tout cela brille,
Ne peut faire qu'honneur à toute la famille.

Mme MERVILLE.

Et comment, je te prie ? inconnu, sans crédit...
C'est monsieur de Naudé, c'est lui, sans contredit,
Qui, par son nom, son rang, son état, nous honore ;
Mais Olivier...

EUPHRASIE.

N'est rien ; il est pauvre... Ah ! j'ignore
Si monsieur de Naudé seroit content ici
De s'entendre louer aux dépens d'un ami ;
Il a pour Olivier la plus sincère estime,
Et de sa pauvreté ne lui fait pas un crime.

ACTE II, SCÈNE VII.

Mme MERVILLE.

A la bonne heure : mais parlez-moi de Lorsan ;
Il est connu, fêté ! voilà, convenez-en,
Quelqu'un qu'on peut citer, qui marque dans le monde.

EUPHRASIE.

Mais il faut que les mœurs, que le cœur y réponde.

Mme MERVILLE.

Sans doute ; mais Lorsan est jeune encor : le temps
Mûrit tout ; peut-on être un sage à vingt-cinq ans ?
Il me plaît par son air, ses discours, ses manières ;
Puis, c'est le protégé de mes fils.

EUPHRASIE.

Ah ! mes frères
Protègent !...

Mme MERVILLE.

Pourquoi pas ? mes fils ont...

EUPHRASIE.

Du babil.

Mme MERVILLE.

De l'esprit naturel.

EUPHRASIE.

Soit. Cela suffit-il ?

Mme MERVILLE.

Il ne s'agit pas d'eux, mais de Lorsan, ma fille,
Leur plus intime ami, bientôt de la famille,
Qui, comme tel, par vous doit être regardé.

EUPHRASIE.

Mais vous aviez promis à monsieur de Naudé
D'attendre un peu...

Mme MERVILLE.

Bon ! bon ! pure plaisanterie !
C'est d'un vieillard aimable une galanterie...

SCÈNE VIII.

EUPHRASIE, M.me MERVILLE, MERVILLE, OLIVIER.

MERVILLE.

Me faire ainsi languir, ma mère, y pensez-vous?

M.me MERVILLE.

Je parlois d'une affaire...

MERVILLE.

Et notre affaire, à nous? Elle est plus importante.

M.me MERVILLE.

Eh! mais...

MERVILLE.

Qui vous arrête? Eh! venez donc, de grace.

M.me MERVILLE.

Allons, me voilà prête.

MERVILLE, *à Euphrasie.*

Au revoir.

M.me MERVILLE, *à Euphrasie, à demi-voix.*

Vous, pesez ce que je vous ai dit, ma fille, et songez bien...

EUPHRASIE.

Oui, ma mère, il suffit.

M.me MERVILLE.

Vous m'entendez?

(*à Olivier, en le saluant.*)

Monsieur...

SCÈNE IX.

EUPHRASIE, OLIVIER.

OLIVIER.
Monsieur!... ah! votre mère,
Plus que jamais, pour moi devient froide et sévère.
EUPHRASIE.
Vous croyez?
OLIVIER.
Je le crains, j'ai trop su l'observer:
C'est le plus grand malheur qui me pût arriver.
EUPHRASIE.
Allons! chassez bien loin ces mauvaises pensées.
OLIVIER.
Hélas! un mot de vous les a bientôt chassées.

SCÈNE X.

EUPHRASIE, M. DE NAUDÉ, OLIVIER.

M. DE NAUDÉ.
Je vous trouve tous deux; doux spectacle pour moi!
Pour ta chère cousine, avec plaisir je voi
Ton tendre attachement, les soins que tu lui donnes.
OLIVIER.
J'ai bien peu de mérite...
M. DE NAUDÉ.
Oui: les jeunes personnes
Ont à leurs bons cousins quelque obligation
Pour l'agrément, ainsi que pour l'instruction.

Elles pourroient trouver tout cela chez leurs frères ;
Mais d'elles quelquefois ils ne s'occupent guères ;
Je parle en général : les soins d'un étranger,
Moins commodes, souvent ne sont pas sans danger ;
Le cousin tient des deux et d'abord intéresse ;
Il inspire à-la-fois confiance et tendresse ;
A sa cousine aussi, sans en être amoureux,
Il desire de plaire ; il s'établit entre eux
Un commerce innocent et de jeux et d'études,
D'espérances, de vœux, même d'inquiétudes,
D'où naissent pour toujours ces touchants souvenirs
Des travaux les plus doux et des premiers plaisirs.

EUPHRASIE, *à part.*

Hélas ! oui.

M. DE NAUDÉ.

Moi, sur-tout, juge si j'apprécie
Tes sentiments si purs pour l'aimable Euphrasie !
Car tu sais l'intérêt que j'y prends ;... sûrement,
On t'aura fait l'aveu du tendre sentiment...

EUPHRASIE.

Non, je n'ai pas encore...

M. DE NAUDÉ, *à Euphrasie, en souriant.*

Avouez que vous-même
Vous avez oublié déjà que je vous aime.

(*à Olivier.*)

Oui, mon ami, je l'aime, et de ma passion
J'ai fait ouvertement la déclaration.

OLIVIER.

Quoi ! monsieur, vous avez ?...

M. DE NAUDÉ.

Tu vois qu'à tant de charmes,
A tout âge, Olivier, il faut rendre les armes.

ACTE II, SCÈNE X.

Je me croyois sauvé, mais...

OLIVIER, *à Euphrasie, avec un peu de chagrin.*

Vous n'en disiez rien,
Mademoiselle?

M. DE NAUDÉ.

Ah! ah! mais cela n'est pas bien :
A son cousin, d'ailleurs un ami sûr, intime!...

EUPHRASIE.

Très digne, je le sais, monsieur, de votre estime,
De votre confiance...

M. DE NAUDÉ.

Oh! oui, cet ami-là
Il est fait pour m'entendre, et sans peine il croira
Qu'on puisse vous aimer; il vous rend bien justice.

OLIVIER.

Aussi, ne doutez point qu'Olivier n'applaudisse,
Et ne partage...

M. DE NAUDÉ.

Eh! mais, voyez comme il répond!
Il est tout interdit; et c'est tout simple au fond :
Moi, je lui dis le fait, et non les circonstances;
Reçois, cher Olivier, ces douces confidences,
Apprends...

EUPHRASIE.

Vous permettez? un tel aveu, je crois,
Se passera fort bien de ma présence.

M. DE NAUDÉ.

Eh! quoi!
Vous sortez?

EUPHRASIE.

J'ai besoin d'un peu de solitude.

M. DE NAUDÉ.

Aussi, je vous dérange au milieu de l'étude !
Je suis indiscret.

EUPHRASIE.

Vous ! nous déranger ? jamais.

M. DE NAUDÉ.

Ce n'est pas mon dessein, non, je vous le promets.
Ah ! plutôt dans mon cœur, croyez, chère Euphrasie,
Que vous êtes tous deux réunis pour la vie.

EUPHRASIE, *à part, en sortant.*

Que je suis malheureuse !

OLIVIER, *à part.*

Il l'aime ! ah ! c'en est fait.

SCÈNE XI.

M. DE NAUDÉ, OLIVIER.

M. DE NAUDÉ.

Ceci t'étonne, un peu, je vois :

OLIVIER.

Mais... en effet ;

M. DE NAUDÉ.

Je conçois ta surprise ; une flamme si prompte...
De mes motifs d'abord je veux te rendre compte.

OLIVIER.

Ah !

M. DE NAUDÉ.

Sans les dire tous, au moins pour le moment,
Mon ami, ne crois pas que cet attachement
Que j'annonce aujourd'hui pour la jeune Euphrasie
Soit de ces feux soudains nés de la fantaisie.

Pour elle, dès long-temps, j'eus estime, amitié ;
Mais c'est... te le dirai-je ? une tendre pitié,
Qui fait qu'en ce moment j'éclate et me déclare.

OLIVIER.

La pitié ?

M. DE NAUDÉ.

Ce mot-là te semble un peu bizarre.

OLIVIER.

Je n'aurois jamais cru que la compassion
Fût le motif...

M. DE NAUDÉ.

Écoute ; et cette expression
Dans ton esprit bientôt sera justifiée.
Notre Euphrasie alloit être sacrifiée,
Tu l'as pu voir ; sa mère un peu jeune, entre nous,
Par pure ambition lui donnoit pour époux
Un fat qui n'aime rien, hors lui seul qu'il adore,
Qui, recevant sa main, croit l'honorer encore ;
Sans principes sur-tout, sans mœurs...

OLIVIER.

Il est certain.

M. DE NAUDÉ.

Tranchons le mot : Lorsan est un franc libertin.
Et tiens... car avec toi je n'ai point de mystère,
J'apprends à l'instant même une fâcheuse affaire,
Où Lorsan joue un rôle... oh ! mais des plus vilains ;
Il s'agit d'une femme, hélas ! qu'au fond je plains :
Car d'un moment d'erreur elle est trop bien punie ;
C'étoit peu de l'avoir indignement trahie ;
Il a fait à plaisir un éclat scandaleux,
S'est hautement vanté... Les parents furieux,
Ont de l'époux absent embrassé la querelle ;

4.

Pour l'apaiser, dit-on, l'autorité s'en mêle ;
Mais je ne sais encor les détails qu'à demi ;
De tous ces braves gens je suis l'ancien ami,
Et j'espère calmer leur trop juste colère.

OLIVIER.

Er voilà l'homme, ô ciel ! qui se flatte de plaire !

M. DE NAUDÉ.

Mais en effet, tu vois quel époux ce seroit,
Qu'un homme tout ensemble immoral, indiscret,
Qui séduit une femme, et sans pudeur l'affiche,
N'aspire à celle-ci que parcequ'elle est riche,
Et de cette famille eût détruit le bonheur !

OLIVIER.

Vous me faites trembler.

M. DE NAUDÉ.

Tel est, sur mon honneur,
Mon vrai but, Olivier, le dessein qui m'anime.
Je desire en ce jour sauver une victime.

OLIVIER.

Voilà bien votre cœur et votre loyauté,
Généreux ?...

M. DE NAUDÉ.

Parle moins de générosité :
Mon motif est loyal, mais n'a rien d'admirable.
Franchement, Euphrasie est tout-à-fait aimable ;
Je l'aime, et je sens bien, soyons de bonne foi,
Qu'en voulant son bonheur, je travaille pour moi.
Tu vois que ma démarche est assez naturelle.

OLIVIER, *s'animant par degrés.*

Ah ! sans doute, les vœux que vous formez pour elle
Sont ceux que tout le monde eût faits au fond du cœur.
Qui n'a point en secret admiré sa candeur,

ACTE II, SCÈNE XI.

Ses vertus, son esprit délicat, raisonnable,
Sa grace enchanteresse, et sa sagesse aimable,
Cet enjouement si pur, cette naïveté
Jointe aux plus grands talents, et sur-tout sa bonté?

M. DE NAUDÉ.

Ce portrait est fidèle; il m'excite, il m'enflamme;
J'en sens mieux mon bonheur: ô d'une telle femme
Heureux l'époux, heureux qui peut la mériter!

OLIVIER.

Ce sera vous, monsieur.

M. DE NAUDÉ.

Je n'ose m'en flatter.
Je ne m'aveugle point; je sais quel est mon âge.
Il est vrai qu'Euphrasie est raisonnable et sage;
Et peut-être mes soins, délicats, complaisants,
Me feront pardonner mes soixante-deux ans.
Olivier, le crois-tu? dis-le-moi, sois sincère.

OLIVIER.

Vous lui rendez justice; oui, votre caractère,
Vos vertus, toucheront un aussi noble cœur;
Et vous serez heureux en faisant son bonheur.

M. DE NAUDÉ.

Cher Olivier! pour toi cette bonne Euphrasie
Sera ce que je suis, une sincère amie:
Tu l'aimeras aussi? promets-le-moi.

OLIVIER, *troublé*.

Monsieur...
Oui, je la chérirai comme ma propre sœur.

M. DE NAUDÉ.

Fort bien.

OLIVIER.

J'aurai pour elle une tendresse pure,

Un respect filial... croyez, je vous assure...
Je ne saurois parler... je vais en liberté...

M. DE NAUDÉ.

Va, va...

OLIVIER, *revenant sur ses pas, avec abandon, et ne pouvant retenir ses larmes.*

Mais soyez sûr que je suis enchanté,
Et que votre Olivier goûte une jouissance,
Un délice aussi pur que sa reconnoissance.

(*Il sort.*)

M. DE NAUDÉ.

Oui, je crois tout.

SCÈNE XII.

M. DE NAUDÉ, *seul.*

Je lis dans le fond de ton cœur,
Noble, excellent jeune homme! ô Dieu! que de candeur!
Quel ami! je l'admire autant que je méprise
Cet indigne Lorsan. Suivons mon entreprise,
Hâtons-nous... mais courons d'abord au plus pressé;
Étouffons une affaire où l'honneur est blessé;
Servons et mes amis et ce Lorsan lui-même;
Et bientôt je reviens, en suivant mon système,
Obtenir d'Euphrasie un secret entretien :
Il le faut; il y va de mon bonheur, du sien.
Je sens bien que ma marche est un peu singulière :
Moi-même j'en souris... enfin, c'est ma manière;
A son penchant toujours il faut payer tribut :
Qu'importe le chemin, pourvu qu'on aille au but?

FIN DU SECOND ACTE.

ACTE TROISIÈME.

SCÈNE I.

JASMIN, *seul*.

Quoi! monsieur de Naudé, sur le soir de sa vie,
D'aimer, de plaire encor ressent la douce envie?
La belle occasion! un vieillard amoureux!
Et qui tout à-la-fois est riche et généreux!
Ah! si j'étois à lui, ma fortune étoit faite.

SCÈNE II.

JULIE, JASMIN.

JASMIN, *à Julie qui entre*.
Vous en profiterez, trop heureuse soubrette!
JULIE.
De quoi donc?
JASMIN.
Des amours de monsieur de Naudé.
Pour toi, ma chère enfant, c'est un beau coup de dé,
Je t'en réponds.
JULIE.
Eh! oui, l'affaire est assez bonne,
Et tu m'y fais songer; en effet...
JASMIN.
Ah! friponne!

Tu n'y songeois pas?

JULIE.

Non.

JASMIN.

Non? d'un trésor pareil
Tu devrois me donner moitié pour le conseil.

JULIE.

Je le reçois *gratis*. Vraiment, je conjecture
Que je pourrai tirer parti de l'aventure;
Non pas pour l'intérêt, bien certainement.

JASMIN.

Bon!
Pense-t-on à cela, toi sur-tout!

JULIE.

Qui, moi? non;
Je m'embarrasse peu de l'argent du bonhomme.

JASMIN, *à part*.

Qu'elle prendra fort bien.

JULIE.

Tiens, Jasmin, Dieu sait comme
Il va venir à moi d'un air doux, caressant,
Mais tremblant, modeste!...

JASMIN.

Oui, comme un adolescent.

JULIE.

Implorer mes secours, mon appui secourable;
Et moi qui ne suis pas cruelle, inexorable...

JASMIN.

Non.

JULIE.

Je donne l'espoir de me laisser fléchir;
Mais je demande un peu le temps de réfléchir.

ACTE III, SCÈNE II.

Or lui, qui, franchement, n'a pas le temps d'attendre,
En devient plus pressant, et, d'une voix si tendre,
M'exprime son ardeur, son désespoir, qu'enfin
Je lui prête l'oreille ; et pourtant, d'un air fin,
Je fais envisager des rivaux, des obstacles ;
Mais l'amour, tu le sais, Jasmin, fait des miracles ;
Et, déja trop habile à me persuader,
Notre éloquent vieillard saura me décider
Par quelques traits puissants sur les ames sensibles.

JASMIN.

Oui, de ces arguments qu'on nomme irrésistibles.

JULIE.

Allons... encore !

JASMIN.

Enfin, tout cela, conviens-en,
Te rapportera plus que l'amour d'un Lorsan.
C'est monsieur de Naudé, je te laisse ; courage.

JULIE.

Ce tête-à-tête-là ne te fait point d'ombrage ?

JASMIN.

Ta vertu me rassure.

(*Il sort.*)

SCÈNE III.

JULIE, M. DE NAUDÉ.

M. DE NAUDÉ.

Ah ! puis-je, dites-moi,
Voir ces dames?

JULIE.

Madame est sortie, et, je croi,

N'est pas près de rentrer.

M. DE NAUDÉ.

Et l'aimable Euphrasie?

JULIE.

Mais elle écrit.

M. DE NAUDÉ.

Alors, cette heure est mal choisie.

(*Il va pour sortir.*)

JULIE, *le retenant.*

Elle a bientôt fini ; si monsieur desiroit
Attendre ?

M. DE NAUDÉ.

Auprès de vous on attend sans regret.

JULIE.

Vous êtes bien poli ; mais si mademoiselle
Est absente, du moins nous pourrions parler d'elle.

M. DE NAUDÉ.

En effet...

JULIE.

Entre nous, monsieur, je sais un peu
Vos projets, votre amour.

M. DE NAUDÉ.

Oui, j'en ai fait l'aveu
Hautement ; vous devez en savoir quelque chose.

JULIE.

Et vous m'en voudriez dire un mot, je suppose?

M. DE NAUDÉ.

J'en parle avec plaisir.

JULIE.

Sans doute on vous a dit
Que sur ce jeune cœur j'ai bien quelque crédit ;
Que...

ACTE III, SCÈNE III.

M. DE NAUDÉ.

Cela va sans dire ; à-la-fois douce et vive,
Vous devez, je le vois, être persuasive.

JULIE.

(à part.)

Vous me flattez. Fort bien.

M. DE NAUDÉ.

Mais il n'est pas ici
Besoin de longs détours, de tant d'adresse ; aussi,
Je ne compte employer que ma vieille franchise.

JULIE.

C'est la bonne. Mais, quoi ! s'il faut que je le dise,
De ma jeune maîtresse, au moins jusqu'à ce jour,
Le cœur fut insensible et rebelle à l'amour.

M. DE NAUDÉ.

On pourra l'attendrir.

JULIE.

J'aurois peine à le croire :
Elle est si fière !

M. DE NAUDÉ.

Alors j'en aurai plus de gloire.

JULIE.

Ah ! ah ! vous espérez vaincre cette froideur !

M. DE NAUDÉ.

Les obstacles toujours redoublent mon ardeur.

JULIE.

Vraiment ? je vous admire.

M. DE NAUDÉ.

Oh ! je suis téméraire.

JULIE.

Peut-être ignorez-vous qu'il est un adversaire...

M. DE NAUDÉ.

Un adversaire? eh! mais, n'en est-il qu'un?

JULIE.

Pas mal!

M. DE NAUDÉ.

Oui, mon enfant, pour moi c'est trop peu d'un rival,
Trop peu de deux amants pour la belle Euphrasie.

JULIE.

Ce Lorsan ne vous cause aucune jalousie?

M. DE NAUDÉ.

Il ne me fait pas peur.

JULIE.

Il est pourtant, je croi,
Un peu plus jeune...

M. DE NAUDÉ.

Il a trente ans de moins que moi,
Je le sais; mais je sais à quel cœur je m'adresse:
S'il a plus d'agréments, j'aurai plus de tendresse.

JULIE.

Je ne vous nierai pas qu'il est vif et pressant,
Qu'il m'a sollicitée; il est intéressant.

M. DE NAUDÉ.

Oui, pour lui je vois bien que votre zèle penche.

JULIE.

Il est certain... Monsieur, tenez, moi, je suis franche:
Malgré mille agréments qui préviennent pour lui,
Il ne néglige rien pour gagner mon appui;
Il m'a ce matin même, oh! promis... l'impossible;
Mais à l'intérêt, moi, je suis si peu sensible!
Je servirois bien mieux par amitié, de cœur,
Un galant homme...un homme... oui, tel que vous, Monsieur;
C'est qu'obliger alors est une jouissance

ACTE III, SCÈNE III.

Qui pourroit dispenser de la reconnoissance.

M. DE NAUDÉ.

Croyez-vous que je fusse homme à m'en dispenser?

JULIE.

Mais ce n'est pas à moi qu'il convient d'y penser.
Je suivrois mon penchant en vous rendant service;
Et vous seriez le maître...

M. DE NAUDÉ.

Ah! je vous rends justice;
J'aime des sentiments nobles et délicats,
Mademoiselle.

JULIE, *vivement.*

Eh bien, voulez-vous, en ce cas,
Monsieur, qu'à votre amour ici je m'intéresse,
Que je vous serve auprès de ma jeune maîtresse?
Dites un mot, je cours...

M. DE NAUDÉ, *la retenant.*

Rien de plus obligeant.
L'appui que vous m'offrez, d'un air si prévenant,
Me seroit fort utile, et presque nécessaire;
J'en fais assurément très grand cas; mais, ma chère,
Je vous estime trop pour l'oser mettre à prix (1).

1 Julie un peu déconcertée se retire à droite, et M. de Naudé à gauche, en la regardant malignement.

SCÈNE IV.

JULIE, LORSAN, M. DE NAUDÉ.

LORSAN, *accourant vers Julie, sans voir M. de Naudé.*
Eh bien ! suis-je toujours un de tes favoris,
Ma belle ? mais d'abord, il faut que je t'embrasse.
JULIE, *se défendant.*
Monsieur...
LORSAN.
Tu fais l'enfant !
JULIE.
Laissez-moi donc, de grace
LORSAN.
As-tu bien assuré l'objet de mon amour
Que je meurs ?...
(*Il l'embrasse.*)
JULIE.
Est-ce ainsi ?...
LORSAN.
Chaque chose a son tour.
JULIE.
Laissez...
(*Elle se dégage, et dit à part en sortant.*)
Pour m'enrichir, voyez le beau régime !
Le jeune homme m'embrasse, et le vieillard m'estime.

SCÈNE V.

LORSAN, M. DE NAUDÉ.

LORSAN.

Je ne vous voyois pas, monsieur ; pardon.

M. DE NAUDÉ.

C'est moi,
Dans cette occasion, qui vous dérange.

LORSAN.

En quoi ?
Il faut bien s'égayer.

M. DE NAUDÉ.

Voyez ma maladresse !
Je vous croyois épris de sa jeune maîtresse.

LORSAN.

Mais je le suis. Voyez ! d'elle ici nous causions.

M. DE NAUDÉ.

Ah ! vous vous permettez de ces distractions !
Cette façon d'aimer est un peu plus commode.

LORSAN.

Ce n'est peut-être pas, je crois, l'ancienne mode ;
Nous ne pouvons aimer de même... Ah çà ! monsieur,
Nous sommes donc rivaux ?

M. DE NAUDÉ.

Mais oui, j'ai cet honneur,
Du moins, si vous aimez en effet Euphrasie.

LORSAN.

Ainsi vous persistez dans cette fantaisie ?

M. DE NAUDÉ.

Vous sentez qu'à mon âge on doit être constant :

Je n'aurai pas cessé d'aimer en un instant.

LORSAN.

Eh! mais, vous badinez : car il n'est pas possible...

M. DE NAUDÉ.

Pas possible, monsieur, qu'un vieillard soit sensible?

LORSAN.

Qu'une belle vous charme, eh! oui, je le conçoi;
Mais en être amoureux!... amoureux comme moi!...

M. DE NAUDÉ.

Ce n'est pas comme vous, vous l'avez dit vous-même.

LORSAN.

J'entends bien; je veux dire, aimer... là.... comme on aime.

M. DE NAUDÉ.

C'est à l'âge que j'ai qu'on aime tout de bon.

LORSAN.

Pouvez-vous espérer de plaire?

M. DE NAUDÉ.

Pourquoi non?
Les femmes, vous savez, ont parfois tel caprice;
J'en pourrois profiter.

LORSAN.

Vous leur rendez justice :
Elles ont sûrement leurs caprices, mais quoi!
Elles compareront; alors, dispensez-moi...

M. DE NAUDÉ.

J'entends, je perdrois tout sans doute au parallèle;
Je sais trop bien, monsieur, qu'entre nous une belle
Ne balancera pas, pour peu qu'elle ait des yeux.

LORSAN.

Notre Euphrasie en a.

M. DE NAUDÉ.

Mais, si je l'aimois mieux?

ACTE III, SCÈNE V.

Puis, je veux son bonheur.

LORSAN.

Votre ame est généreuse.
Une femme avec vous doit être plus heureuse.

M. DE NAUDÉ.

Peut-être, grace à moi.

LORSAN.

Bien ! j'ignore entre nous,
Pour moi, si je dois être un excellent époux :
C'est un état nouveau, celui des bonnes ames.
Mais en amour, je crois avoir de quelques femmes,
Soit dit sans vanité, su faire le bonheur ;
Car en épousant, moi, je m'immole, d'honneur !

M. DE NAUDÉ.

Le bonheur, dites-vous ? ah ! ce mot me rappelle
Une affaire, monsieur, qui vous touche.

LORSAN.

Laquelle ?

M. DE NAUDÉ.

J'ai lieu d'être surpris qu'ainsi vous l'oubliez !
(*Lorsan sourit.*)
Une femme en secret gémit... vous souriez ?

LORSAN.

Oui, je vois à présent ce que vous voulez dire.

M. DE NAUDÉ.

Vous vous en souvenez, et vous pouvez en rire !
Monsieur, si c'est pour vous un jeu d'avoir trahi,
Déshonoré l'objet qui vous a trop chéri,
Songez du moins, songez aux suites sérieuses...

LORSAN.

Oh ! les suites, je crois, en sont peu dangereuses.

M. DE NAUDÉ.

Voilà ce qui vous trompe : apprenez donc de moi
Qu'en ce moment...

LORSAN, *avec légèreté*.

On vient ; c'est Olivier, je croi.

M. DE NAUDÉ.

Je me vois à regret obligé de suspendre
Ce sujet important. Nous saurons le reprendre.

LORSAN.

(*à part.*)

A vos ordres, monsieur. Eh ! mais, à quel propos
Vient-il ?

SCÈNE VI.

LORSAN, OLIVIER, M. DE NAUDÉ.

LORSAN.

Eh bien ! mon cher, vous voyez deux rivaux.

OLIVIER.

Et même assez d'accord, si je puis m'y connoître.

LORSAN.

Oh ! oui, le mieux du monde.

M. DE NAUDÉ.

Et cela devoit être ;
Moi, j'espère, et monsieur paroît sûr de son fait :
Nous sommes tous les deux fort contents.

OLIVIER.

En effet.

LORSAN, *à Olivier*.

Puisqu'il faut aujourd'hui mourir de jalousie,
N'êtes-vous pas vous-même amoureux d'Euphrasie ?

ACTE III, SCÈNE VI.

Cela seroit plaisant.

OLIVIER.

En quoi donc?

M. DE NAUDÉ.

Entre nous,
Pour rival, je craindrois Olivier plus que vous.

LORSAN, *du ton de l'ironie et de la suffisance.*

Et moi donc! si j'apprends qu'il est de la partie,
Je cède.

M. DE NAUDÉ.

Je craindrois jusqu'à sa modestie.

OLIVIER.

Il n'est pas question de moi dans tout ceci.

LORSAN.

Non, je n'ai qu'un rival; mais il faut dire aussi
Que son expérience est un grand avantage.

OLIVIER.

Peut-être il en aura plus d'un autre en partage.

M. DE NAUDÉ.

Oui, monsieur, j'avouerai mes soixante-deux ans;
Je ne cacherai point non plus mes cheveux blancs.

LORSAN.

Eh! pourquoi donc? vraiment, ce seroit bien dommage;
Au lieu de les cacher, il faut en faire hommage.

OLIVIER, *à mi-voix, à Lorsan.*

J'ai cru que ces cheveux rappeloient au respect.

LORSAN.

Eh bien! le mien ici peut-il être suspect?
Pour monsieur de Naudé, croyez, je vous conjure,
Que j'ai bien du respect; à l'envi, je vous jure,
Votre cousine et moi nous allons disputer
A qui le mieux des deux saura le respecter.

5.

OLIVIER.

Et répétant le mot, vous oubliez la chose.

LORSAN.

De quel droit Olivier plaide-t-il cette cause?
Est-il le champion de monsieur?

OLIVIER.

Pourquoi non,
Si vous continuez d'en parler sur ce ton?

LORSAN.

Mais, monsieur!...

M. DE NAUDÉ, *à Olivier.*

Mon ami, votre zèle est aimable,
Mais un peu déplacé : ne suis-je pas capable
De répondre à monsieur, si je juge à propos?

OLIVIER.

Je ne puis souffrir...

LORSAN.

Ah!

M. DE NAUDÉ, *à Olivier.*

Va, va, reste en repos;
Crois, mon cher Olivier, qu'en pareil cas je traite,
Moi seul, sans champion, comme sans interprète.

LORSAN.

Oui! traitez-vous souvent de ces matières-là?

M. DE NAUDÉ.

Je ne desire pas qu'on me force à cela.

LORSAN.

Je suis persuadé que vous seriez mon maître,
Et redoutable ailleurs autant qu'ici...

M. DE NAUDÉ.

Peut-être.

LORSAN.
Vous pouvez discourir librement : en tout cas,
Vous savez bien qu'au mot on ne vous prendra pas.
M. DE NAUDÉ, *passant à côté de Lorsan.*
Et si moi-même au mot ici j'allois vous prendre?
LORSAN.
Celui-là, par exemple, auroit de quoi surprendre :
Vous ne voudriez pas m'exposer, cher rival,
A l'embarras cruel d'un combat inégal.
M. DE NAUDÉ.
Ah! monsieur, c'en est trop; il ne m'est pas possible
De vous passer cela.
LORSAN.
Non?
M. DE NAUDÉ.
Je suis doux, paisible;
Mais, quoi! tout a son terme; en deux mots, vous savez
Ce que j'ai droit d'attendre et ce que vous devez.
LORSAN.
Quoi! sérieusement, vous voulez une affaire?

SCÈNE VII.

LORSAN, M. DE NAUDÉ, OLIVIER, MERVILLE, JULE.

LORSAN.
Soyez témoins d'un fait rare, extraordinaire,
Mes amis.
MERVILLE.
Lequel donc?

LORSAN.
Monsieur n'a que vingt ans.
JULE.
Bon !
LORSAN.
Il aime, il se bat comme en son jeune temps.
(*Il rit et les deux frères aussi.*)
M. DE NAUDÉ, *un peu animé, aux deux frères.*
Oui, messieurs les rieurs, je vous ferai connoître,
Que je suis jeune encor, quand on me force à l'être.
(*à Lorsan, à demi-voix.*)
Mais un devoir sacré vous appelle d'abord ;
Le véritable honneur est d'expier un tort.
Une famille entière est par vous offensée ;
Votre liberté même est, je crois, menacée.
LORSAN, *à demi-voix.*
Ma liberté, monsieur ?
M. DE NAUDÉ, *bas.*
Oui, mais parlons plus bas.
OLIVIER, *à part.*
Il faut se taire, ô ciel !
JULE, *bas à Merville.*
On ne les entend pas.
MERVILLE, *de même.*
Ils conviennent entre eux...
JULE, *de même.*
Il a du caractère,
Ce vieillard !
MERVILLE, *de même.*
C'est tout simple, un ancien militaire.
M. DE NAUDÉ, *bas à Lorsan.*
Venez, je veux d'abord servir vos intérêts,

Vous rendre libre, et puis nous nous battrons après.
(*haut.*)
Marchons, monsieur.

LORSAN.
(*à part.*)
Marchons. Eh! mais, quel homme étrange!

MERVILLE.
Nous serons les témoins du combat.

SCÈNE VIII.

LORSAN, EUPHRASIE, M. DE NAUDÉ, OLIVIER, MERVILLE, JULE.

EUPHRASIE, *qui a entendu les derniers mots.*
Ah! qu'entends-je? Un combat?

JULE.
Eh! mais oui, ma sœur.

M. DE NAUDÉ, *bas.*
Jule, paix donc.
(*haut à Euphrasie.*)
Ce n'est rien, rien du tout.

EUPHRASIE.
Mais, cependant...

M. DE NAUDÉ.
Pardon... C'étoit... rassurez-vous. Croyez, je vous conjure...

LORSAN.
Sans doute... il s'agissoit d'une simple gageure.

M. DE NAUDÉ.
Monsieur plaisante, et moi je réponds...

EUPHRASIE.

Ah! messieurs,
Vous me trompez, sans doute.

LORSAN, *d'un air suffisant.*

Eh! calmez vos frayeurs :
Je vous réponds de tout.

M. DE NAUDÉ.

Adieu, mademoiselle;
Une affaire pressée un moment nous appelle.

LORSAN.

C'est un mot.

OLIVIER, *à demi-voix à M. de Naudé, se disposant à le suivre.*

Mon ami!...

M. DE NAUDÉ, *bas, mais d'un ton ferme.*

Restez là, je le veux.

(*Il sort à gauche avec Lorsan; les deux frères le suivent.*)

SCÈNE IX.

EUPHRASIE, OLIVIER.

EUPHRASIE.

Cher cousin, ce combat... il est donc sérieux?

OLIVIER.

Oui, Lorsan a si loin poussé la raillerie!...
Mais les moments sont chers; permettez, je vous prie...

EUPHRASIE.

Quoi! malgré la défense, irez-vous?...

OLIVIER.

Ah! j'irai,

ACTE III, SCÈNE IX.

Et j'y cours : mon ami m'en saura mauvais gré ;
Mais l'amitié, l'honneur, un pouvoir invincible,
Tout m'entraîne.

EUPHRASIE.

Empêchez, hélas ! s'il est possible,
Le plus grand des malheurs.

OLIVIER.

Oui, je vois qu'en secret
Votre cœur à l'un d'eux prend un tendre intérêt.

EUPHRASIE.

Ah ! bien tendre ! Olivier, j'en fais l'aveu sincère,
Je dois aimer celui qui vous tient lieu de père.
J'en ai trop dit : adieu.

(*Elle sort toute confuse.*)

OLIVIER, *seul.*

Quels mots viens-je d'ouïr !
O ma pauvre raison ! que vas-tu devenir ?

FIN DU TROISIÈME ACTE.

ACTE QUATRIÈME.

SCÈNE I.

EUPHRASIE, M#### MERVILLE.

EUPHRASIE.

Pas encor de retour! quelle pénible attente!

M#### MERVILLE.

Sans doute, comme toi, tout ceci me tourmente,
Et qui pouvoit prévoir un tel événement?

EUPHRASIE.

Monsieur Naudé n'est pas l'agresseur, sûrement.

M#### MERVILLE.

Oh! cela, je le crois; et Jule ni Merville
N'ont pu les empêcher?...

EUPHRASIE.

     Non, effort inutile.

M#### MERVILLE.

Tu ne vois rien, j'espère, à craindre pour mes fils?

EUPHRASIE.

Ah! ma mère!...

M#### MERVILLE.

   Olivier, dis-tu, les a suivis?

EUPHRASIE.

Oui, de bien près.

M#### MERVILLE.

    Heureux du moins s'il les sépare!
Il faut en convenir, un tel combat est rare...

Il n'est pas dangereux : non, Lorsan, par égard,
Aura certainement ménagé le vieillard.
Ils reviendront bientôt ; une telle querelle,
J'en suis persuadée, est une bagatelle :
Sais-tu que je me trouve en un grand embarras ?

EUPHRASIE.

Vous, ma mère ?

Mme MERVILLE.

Et bientôt tu le partageras.

EUPHRASIE.

Qu'est-ce donc ?

Mme MERVILLE.

Eh mais ! oui, s'il faut que je le dise,
Ce monsieur de Naudé, qui tout-à-coup s'avise
De te prendre, ma fille, en belle passion !
Sais-tu bien que cela mérite attention ?

EUPHRASIE.

Son hommage, sans doute, et me flatte et m'honore.

Mme MERVILLE.

J'ai cru qu'il plaisantoit, mais je vois qu'il t'adore
Tout de bon : ce parti n'est pas à dédaigner.

EUPHRASIE, *souriant.*

Vraiment ?

Mme MERVILLE.

Plus d'un motif pourroit déterminer...
Tiens, si je n'étois pas à ce point avancée,
Je crois que...

EUPHRASIE.

Vous auriez pu changer de pensée ?

Mme MERVILLE.

Je ne dis pas cela, mais on peut réfléchir ;
En mère de famille ici je dois agir.

Si ce jeune Lorsan d'abord est plus aimable,
Son rival est, ma fille, un homme respectable.

EUPHRASIE.

Vous parlez de rivaux : ah ! peut-être l'un d'eux...

Mme MERVILLE.

Eh ! je te dis qu'ils vont revenir tous les deux...

EUPHRASIE.

Plût au ciel !

SCÈNE II.

EUPHRASIE, Mme MERVILLE, MERVILLE, JULE.

Mme MERVILLE.

Ah ! c'est vous, mes fils ! quelles nouvelles ?

MERVILLE.

Des nouvelles ?

Mme MERVILLE.

Eh ! oui, parlez, quelles sont-elles ?

EUPHRASIE.

Personne n'est blessé ?

JULE.

Mais nous n'en savons rien.

Mme MERVILLE.

Comment ?

MERVILLE.

Vous nous croyez témoins ?

Mme MERVILLE.

Sans doute : eh bien.

MERVILLE.

Eh bien, Jule ni moi de toute cette affaire

Ne sommes pas instruits mieux que vous.
JULE.
Non, ma mère,
On s'est fort poliment débarrassé de nous.
Mme MERVILLE.
Que veut dire cela ?
EUPHRASIE.
De grace, expliquez-vous.
MERVILLE.
Le récit sera court. A peine dans la rue,
Où chacun, Lorsan même, a l'ame assez émue ;
Monsieur de Naudé, seul, tranquille, mais rêveur,
S'arrête, et tous les deux nous prie, avec douceur,
De les laisser ; j'insiste : « Ah ! c'en est trop, j'espère,
« Nous dit-il (mais d'un ton ferme et presque sévère),
« Que vous épargnerez d'inutiles efforts ;
« Il faut qu'avec monsieur je reste seul. » Alors,
Sans nous entendre, il prend un carrosse de place,
Y monte avec Lorsan, nous salue avec grace,
Et dans l'instant s'éloigne en nous laissant fort sots,
Mon frère et moi : voilà notre histoire en deux mots.
Mme MERVILLE.
Cet air mystérieux est extraordinaire.
EUPHRASIE.
De monsieur de Naudé c'est bien le caractère.
JULE.
Mais, je ne sais pas, moi, ce que Lorsan avoit :
Il me sembloit ému, troublé, même inquiet.
On a le cœur plus ferme en rencontre pareille :
Puis monsieur de Naudé lui disoit à l'oreille
Des mots qui le frappoient.

MERVILLE.

Moi, j'ai cru voir aussi
Qu'à l'oreille de même il lui parloit ici.

Mme MERVILLE.

Mais je n'y comprends rien.

JULE.

Au fond, Lorsan est brave;
Mais il a sur le corps une affaire assez grave.

MERVILLE.

(*bas à Jule.*) (*haut.*)

Allons donc! étourdi! Non, ce n'est rien, d'ailleurs...
Tout est fini.

JULE.

Sans doute, et j'oubliois...

Mme MERVILLE.

Messieurs,
Vos discours, franchement, ne me rassurent guères.

MERVILLE.

Après tout, c'est le sort.

JULE.

C'est tout simple.

EUPHRASIE.

Ah! mes frères...

SCÈNE III.

EUPHRASIE, Mme MERVILLE, MERVILLE, JULE, JULIE.

JULIE, *accourant par la gauche.*
Les voilà, les voilà : tous deux je les entends.

Mme MERVILLE.

Ah !

EUPHRASIE.

Ne sont-ils que deux ?

JULIE.

Eh ! non, les combattants.

EUPHRASIE, *à part.*

Olivier !

Mme MERVILLE, *à Julie.*

Vous saviez cela, mademoiselle ?

JULE.

De tout Paris, demain, ce sera la nouvelle.

EUPHRASIE.

Je le crains.

MERVILLE.

Ce n'est pas notre faute.

JULIE.

Avoir peur !
Et de quoi ? d'un combat qui nous fait tant d'honneur ?
Un vieillard qui se bat pour nous !... Ah !

Mme MERVILLE, *souriant.*

Tais-toi, folle.

EUPHRASIE.

Ne vous permettez pas une seule parole,

80 LE VIEILLARD ET LES JEUNES GENS.
Si vous avez pour moi le plus léger égard.
JULIE.
(*à part, en sortant.*)
Il suffit. La défense arrive un peu trop tard.
Mme MERVILLE.
Ah! nous allons sortir enfin d'incertitude.
EUPHRASIE, *à part.*
Olivier ne vient point; mortelle inquiétude!

SCÈNE IV.

EUPHRASIE, Mme MERVILLE, M. DE NAUDÉ, LORSAN, MERVILLE, JULE.

MERVILLE.
Nous revoyons enfin les nobles ennemis.
M. DE NAUDÉ.
Ennemis?
LORSAN.
Ah! plutôt dites les deux amis.
Quant à moi, j'en fais gloire; à jamais nous le sommes;
Et certes, je serois le plus ingrat des hommes,
Si je ne jurois pas à monsieur de Naudé
Une amitié...
M. DE NAUDÉ, *à Lorsan.*
Monsieur...
LORSAN.
Oh! non, c'est décidé;
Il faut absolument que je me satisfasse,
Et je déclare ici....
M. DE NAUDÉ.
Monsieur Lorsan, de grace...

ACTE IV, SCÈNE IV.

JULE.

Vous ne nous parlez pas du combat.

LORSAN.

Un combat?
Me battre avec monsieur! je serois un grand fat;
Je me battrois pour lui contre toute la terre.

EUPHRASIE, *à part.*

Je respire.

MERVILLE.

Comment?

Mme MERVILLE.

Quel est donc ce mystère?

JULE.

Vous ne vous êtes pas battus, vraiment?

LORSAN.

Eh! non.
Monsieur me bat sans doute en cette occasion;
Mais c'est en bienfaisance, et même en grandeur d'ame.

Mme MERVILLE.

Expliquez-vous.

LORSAN.

Eh bien! il est trop vrai, madame...

M. DE NAUDÉ.

Eh! non, monsieur est jeune et vif.

MERVILLE, *bas à Lorsan.*

Apparemment
C'est ta rupture avec cette femme?

LORSAN, *de même.*

Oui, vraiment;
Les parents étoient tous d'une rage effroyable,
Et cela devenoit une affaire du diable.

Il a tout arrêté. Puis-je, après ce bienfait,
Me battre contre lui?

MERVILLE.

Pas possible, en effet.

Mme MERVILLE.

C'est, sans doute, un combat bien noble que le vôtre,
Messieurs.

EUPHRASIE.

Et plût au ciel qu'on n'en vît jamais d'autre!

M. DE NAUDÉ.

Hélas! sur le duel on fait de beaux discours;
On ne s'en bat pas moins encore tous les jours.
Moi, j'ai fait comme un autre; et tantôt, à mon âge,
J'allois céder encore à ce barbare usage.
Mais cet abus seroit bien moins commun, je croi,
Si, lorsqu'on va se battre, on se disoit : « Eh quoi!
« Avant que de laver dans le sang cet outrage,
« Ne puis-je utilement employer mon courage,
« Faire, encore une fois, une bonne action? »
Jugez, si l'on trouvoit l'heureuse occasion
De rendre un bon office à son propre adversaire!

LORSAN.

C'est cela justement que monsieur vient de faire.

M. DE NAUDÉ.

Où donc est Olivier, je ne l'aperçois pas?

EUPHRASIE.

Malgré votre défense il a suivi vos pas.

MERVILLE.

Comme nous, de monsieur, il a perdu la trace.

EUPHRASIE.

Il ne sait rien encor de tout ce qui se passe.

M. DE NAUDÉ.

Bientôt, pour le calmer, j'irai l'en prévenir;
Car il m'aime, et je sens combien il doit souffrir.

JULE.

Oui, c'est un bon garçon.

EUPHRASIE.

Votre éloge est modeste.

M. DE NAUDÉ.

Excepté la fortune, il a tout; mais au reste,
Nous venons tous les deux, oubliant le passé,
Reprendre l'entretien où nous l'avons laissé.
Vous nous voyez épris plus que jamais, sans doute,
Mais sans aigreur, sans fiel, rivaux amis.

LORSAN, *à Euphrasie*.

J'ajoute
Que sur les sentiments qu'ici vous inspirez,
Vous serez seule arbitre et vous nous jugerez.

LES DEUX FRÈRES.

Oui.

EUPHRASIE.

Cette déférence et noble et délicate
M'embarrasse, messieurs, autant qu'elle me flatte.

Mme MERVILLE.

Nous y réfléchirons.

LORSAN.

Ah! d'abord, prononcez;
Car je serai vaincu, si vous réfléchissez.

JULE.

Tu plaisantes.

LORSAN.

Eh! non, je crains tout, sur mon ame!

6.

M. DE NAUDÉ.

A mon tour permettez, monsieur, que je réclame.
Vous auriez beaucoup trop d'avantages sur moi :
Le coup-d'œil est pour vous ; avec le temps, je croi...

JULE, *étourdiment.*

Au contraire, le temps va...

(*Il s'arrête.*)

M. DE NAUDÉ, *souriant.*

Me vieillir encore,
N'est-ce pas ?

EUPHRASIE.

Excusez...

M. DE NAUDÉ.

A seize ans, l'on ignore
La force de tel mot... J'en passe à mes amis.

JULE.

Croyez, monsieur...

M. DE NAUDÉ.

Bien, bien.

Mme MERVILLE.

Oh ! oui, mes fils...

M. DE NAUDÉ.

Vos fils
Sont d'aimables enfants ; nous en ferons des hommes,
J'espère.

LORSAN.

Ah çà ! monsieur, tout amis que nous sommes,
Puisqu'entre nous madame hésite à prononcer,
Et que même l'amour a l'air de balancer,
Nous pourrions convenir d'un autre point, ce semble.

M. DE NAUDÉ.

Duquel ?

ACTE IV, SCÈNE IV.

LORSAN.

Mais de ne pas être toujours ensemble
Pour faire notre cour.

M. DE NAUDÉ.

Oui, j'y pensois aussi :
J'en vais donner l'exemple en vous laissant ici
Déployer à loisir votre esprit et vos graces :
Après j'essaierai, moi, de marcher sur vos traces,
De me faire écouter; trop heureux si j'obtien
De l'aimable Euphrasie un moment d'entretien !
(à *Euphrasie*.)
Me l'accorderez-vous? cette faveur est grande.

EUPHRASIE.

Je vous allois, monsieur, faire même demande.

Mme MERVILLE.

Vraiment?

M. DE NAUDÉ.

Est-il possible? ah ! c'est trop de bonté.

LORSAN.

Et puis-je espérer, moi, d'être aussi bien traité?

EUPHRASIE.

Eh! mais...

MERVILLE, *bas à Lorsan.*

Ce doute même est une préférence.

LORSAN, *bas à Merville.*

Oui, j'aurois peine à croire à son indifférence.

M. DE NAUDÉ.

D'une douce promesse en attendant l'effet,
Mesdames, je vous quitte avec moins de regret.
(*bas à Lorsan*.)
Mais je vais cependant songer à votre affaire;
Car il me reste encore une démarche à faire :

J'y cours.

LORSAN, *à demi-voix*.

Monsieur, je suis confus, anéanti.

M. DE NAUDÉ, *haut*.

Peut-être ai-je, en effet, quelque mérite ici.
L'esprit libre et content, grace à mes soins, mon zéle,
Vous serez plus aimable avec mademoiselle,
Que ce matin encor vous ne l'auriez été :
Vous voyez que j'ai peu de générosité,
Car je reproche aux gens jusqu'au moindre service.
  (*à Euphrasie.*)
Adieu : si, profitant de ce moment propice,
L'heureux Lorsan d'abord va vous entretenir.
Ah ! des absents, du moins, daignez vous souvenir.

(*Il sort.*)

SCÈNE V.

EUPHRASIE, Mme MERVILLE, LORSAN, MERVILLE, JULE.

MERVILLE.

C'est un bien galant homme !

EUPHRASIE.

Ah ! oui.

JULE.

Dans sa vieillesse
Il a... je ne sais quoi qui tient de la jeunesse.

LORSAN.

C'est mon héros.

Mme MERVILLE, *à Lorsan*.

Monsieur, nous sommes entre nous ;

ACTE IV, SCÈNE V.

Dites-nous donc un peu ce qu'il a fait pour vous.

LORSAN, *embarrassé.*

Ah ! pardon, à regret je me fais violence,
Mais il m'a dit un mot qui me force au silence.

M*me* MERVILLE, *un peu piquée.*

(*à Merville.*)

Vous êtes bien docile, ou bien discret. Mon fils,
Sur un point important je voudrois ton avis.

MERVILLE.

Très volontiers.

M*me* MERVILLE.

Monsieur m'excusera, j'espère,
Si je le laisse auprès de la sœur et du frère.

LORSAN.

Madame, assurément...

MERVILLE, *d'un air important.*

Pardon, mais hâtons-nous,
Car je suis pressé.

M*me* MERVILLE.

Viens, mon cher fils.

(*Il sort en donnant la main à sa mère.*)

SCÈNE VI.

EUPHRASIE, LORSAN, JULE.

JULE.

Voyez-vous
Cet air digne, imposant ! au fait, cela me pique ;
Pourquoi le consulter seul, comme un fils unique ?
Il me prend fantaisie, entre nous, d'aller voir
Sur quoi l'on délibère.

(*Il veut sortir.*)

EUPHRASIE, *le retenant.*

Eh! tu veux tout savoir;
(*bas.*)
Reste..

JULE, *en passant à droite.*
(*à part.*)
C'est différent. S'il conseille ma mère,
A notre sœur, du moins, moi, je suis nécessaire.

LORSAN.

Jule, eh bien! vas-tu voir ce qu'on dit là-haut?

JULE.

Non;
Que m'importe? avec vous je suis bien mieux..

LORSAN.

Trop bon.
(*à Euphrasie.*)
Combien je dois bénir cette douce entrevue!
Car j'ose en espérer la plus heureuse issue.

EUPHRASIE.

Laquelle, je vous prie?

LORSAN.

Enfin je l'obtiendrai,
Cet aveu si flatteur, si long-temps desiré!

EUPHRASIE.

Un aveu, dites-vous?

LORSAN.

Oui, l'amour doit, je pense.,
Obtenir tôt ou tard l'amour pour récompense.

JULE.

(*bas, à sa sœur.*)
Il ne s'y prend pas mal. Réponds en liberté,
Je suis là.

ACTE IV, SCÈNE VI.

EUPHRASIE, *bas.*

Mais je veux dire la vérité.

(*haut, à Lorsan.*)

Votre hommage, monsieur, et m'honore et me flatte,
Mais dois-je y répondre?

JULE.

Oui, sous peine d'être ingrate.

LORSAN.

Ah! ta sœur ne peut l'être : avec tant de beauté,
Jule, elle manqueroit de sensibilité!

(*à Euphrasie.*)

Oh! non. Mais abjurez cette réserve extrême,
Ou je prends pour aveu votre silence même.

(*Jule passe à la gauche de Lorsan.*)

EUPHRASIE, *vivement.*

Je vais parler, monsieur. J'ai promis, demandé
Un entretien secret à monsieur de Naudé;
Et je ne puis avant m'expliquer.

LORSAN.

Pas possible?

(*d'un air suffisant.*)

Ignorer jusque-là si vous êtes sensible!

JULE.

Eh! tu t'en flatteras, mon cher, en attendant.

LORSAN.

Vous choisissez au reste un digne confident.
C'est un homme d'honneur, que j'aime et considère,
Que je révère enfin comme mon propre père.

EUPHRASIE.

De pareils sentiments, monsieur, je vous sais gré.

LORSAN.

Une fois votre époux, je vous l'amènerai;

Nous le verrons beaucoup. Plein d'égards pour son âge,
Nous l'admettrons au sein de notre heureux ménage...
Notre ménage!... ô Dieu! ce mot seul m'a ravi!
Moi, sous le joug d'hymen doucement asservi!...
Chaîne de fleurs! pour nous un nouveau jour va naître...
Vous êtes riche, et moi connu, fêté peut-être :
Oh! l'ensemble charmant qu'ainsi nous formerons!
Nous verrons tout Paris; au moins nous choisirons...
Quelle société nous aurons! et fût-elle
Plus brillante cent fois, vous serez la plus belle;
Chacun vous le dira, fort bien ; moi, grace au ciel,
Je ne suis point jaloux; il est tout naturel,
Pourvu que votre cœur à mon cœur seul réponde,
Que vous soyez aimable aux yeux de tout le monde :
Tel est votre destin, trop long-temps retardé.
Retournez maintenant vers monsieur de Naudé;
Interrogez son ame et noble et généreuse;
Allez, demandez-lui si vous serez heureuse.

JULE, *à part.*

Sait-il cela par cœur?

EUPHRASIE.

Ce portrait enchanteur
Me séduiroit bien plus s'il étoit moins flatteur.

LORSAN.

Mais, non, tout simplement j'ai peint votre partage.

EUPHRASIE.

Le mien?... quoi qu'il en soit, sans tarder davantage,
A monsieur de Naudé, si vous le voulez bien,
Je vais ouvrir mon cœur et lire au fond du sien.

LORSAN.

Puisqu'il faut sur mon sort qu'un étranger prononce,
Allez donc; en tremblant j'attends votre réponse.

EUPHRASIE, *souriant.*

En tremblant? du bonheur est-ce vous qui doutez?
Si j'en crois vos discours, c'est vous qui l'apportez.
(*Elle sort.*)

SCÈNE VII.

LORSAN, JULE.

LORSAN.

Ah! ta sœur est charmante!

JULE.

Oui, mais, mon cher, écoute.

LORSAN.

Je suis le plus heureux des hommes.

JULE.

Toi?

LORSAN.

Sans doute.

JULE.

Un mot. Détrompe-toi, mon ami, sur ce point:
On t'épousera, soit; mais on ne t'aime point?

LORSAN.

On ne m'aime point?

JULE.

Non, pas du tout.

LORSAN.

Tu badines?

JULE.

Point, car cela me fâche.

LORSAN.

Ah! ah! tu t'imagines

Qu'elle me hait?

JULE.

Non, mais qu'elle ne t'aime pas.

LORSAN.

Aussi vrai l'un que l'autre. Ah çà! tu me diras
Les motifs sur lesquels tu fondes, tu prononces...

JULE.

Tout me l'apprend, son air et ses moindres réponses.

LORSAN, *souriant, d'un air suffisant.*

Adieu, cher Jule, adieu, savant observateur!
Elle ne m'aime pas!

(*Il sort.*)

JULE, *seul.*

Qu'il garde son erreur;
Que m'importe, après tout? rentrons, car je petille
D'aller siéger en tiers au conseil de famille.

FIN DU QUATRIÈME ACTE.

ACTE CINQUIÈME.

SCÈNE I.

Mme MERVILLE, MERVILLE.

Mme MERVILLE.
Du petit Jule enfin nous voilà délivrés;
Reprenons l'entretien.
    MERVILLE.
              Ah! tant que vous voudrez,
Mais...
    Mme MERVILLE.
  Écoute d'abord avant de contredire.
    MERVILLE.
J'ai dit à cet égard tout ce qu'on pouvoit dire.
Oui, Lorsan nous convient; nous sommes trois amis,
Compagnons de plaisir; en un mot, j'ai promis,
Et quand une fois, moi, j'ai donné ma parole...
    Mme MERVILLE.
Cependant, si ta sœur...
    MERVILLE.
            Bon! ma sœur seroit folle.
Pour monsieur de Naudé qu'elle ait beaucoup d'égard,
D'accord; mais pour époux préférer un vieillard
Au plus joli jeune homme... enfin d'une figure
Charmante, de notre âge et de notre tournure!
    Mme MERVILLE.
Lorsan est plus aimable, avec toi j'en conviens;

Mais monsieur de Naudé, sans parler de ses biens,
A d'autres qualités, un très grand caractère;
Dans le monde, en un mot, chacun le considère :
Tu vois son rang, mon fils, et le crédit qu'il a,
Ce qu'il est.

MERVILLE.

Moi, je vois ce que Lorsan sera :
Je regarde en avant, et jamais en arrière;
Notre ami fournira la plus belle carrière!
Jule et moi, grace à lui, sommes sûrs d'un emploi;
Il doit me faire avoir une héritière, à moi.

Mme MERVILLE.

Ah! ton Lorsan!... sa marche ici n'est pas très claire;
Et monsieur de Naudé se conduit au contraire...
Car je vois que Lorsan s'est donné quelque tort,
Que son sage rival a réparé d'abord.
Ils s'obstinent tous deux à garder le silence,
Mais l'un par modestie et l'autre par prudence.

MERVILLE.

Non, encore une fois, ma mère, ce n'est rien,
Rien du tout. Il est jeune, un peu volage... eh bien!
Il aime le plaisir; après tout, qui ne l'aime?
Que de plaisirs enfin nous promet à nous-même
L'hymen avec Lorsan, et combien de douceurs!
Il a, vous le savez, les plus charmantes sœurs!...
Qui donnent chaque jour des fêtes ravissantes :
Ma mère, ce sont là des raisons très puissantes.

Mme MERVILLE.

Tout-à-fait... Eh! mon fils, vous parlez de plaisirs,
C'est fort bien; mais l'argent, objet de vos desirs,
Vous n'y pensez donc plus, étourdi que vous êtes!
Pourtant il vous en faut pour tout ce que vous faites.

ACTE V, SCÈNE I.

Or, monsieur de Naudé, s'il épouse ta sœur,
Se croira trop heureux d'en être possesseur;
Songer à l'intérêt, lui, né riche lui-même!
Généreux!... juge donc si pour celle qu'il aime!...

MERVILLE.

Il faudra cependant lui donner une dot.

Mme MERVILLE.

Moi, j'espère que non.

MERVILLE.

Vous croyez?

Mme MERVILLE.

En un mot,
Si la sœur me coûtoit des avances légères,
Je pourrois faire alors un peu plus pour les frères.

MERVILLE.

Quoi!

Mme MERVILLE.

Ce que je vous dis est clair, convenez-en.

MERVILLE.

Mais...

Mme MERVILLE.

Tenez-vous encore à l'hymen de Lorsan?

MERVILLE.

J'y tenois; sûrement c'est un grand sacrifice...
Mais quand ma mère parle, il faut que j'obéisse.
(*Il lui baise la main.*)

Mme MERVILLE, *souriant.*

Ah!

SCÈNE II.

EUPHRASIE, Mme MERVILLE, MERVILLE.

Mme MERVILLE.
Ma fille, à Lorsan tu peux donner congé.
MERVILLE.
Eh! oui, je l'abandonne.
EUPHRASIE, *souriant*.
Ah! ah! ton protégé!
MERVILLE.
Que veux-tu? moi...
Mme MERVILLE.
J'ai dit mes raisons à ton frère;
Il consent...
EUPHRASIE.
Se peut-il? tu consens?
MERVILLE.
Oui, ma chère.
EUPHRASIE.
Quel bonheur!...
Mme MERVILLE.
Laissez là vos petits démêlés.
J'aime à croire qu'enfin, ma fille, vous allez
De mon ancien ami recevoir la visite,
Avec l'honnêteté, les égards qu'il mérite.
EUPHRASIE.
Assurément.
Mme MERVILLE.
J'entends qu'il sera bien traité,

Et que vous lui direz enfin...
EUPHRASIE.
La vérité;
Je la lui dois, ma mère, il est digne...
MERVILLE.
Sans doute;
Mais il est digne aussi, je pense, qu'on l'écoute.
EUPHRASIE.
Ah! c'est lui que tu vas protéger aujourd'hui!
MERVILLE.
Moi, sans le protéger, je m'intéresse à lui.
EUPHRASIE.
A monsieur de Naudé Merville s'intéresse?
Et tantôt du jeune homme il vantoit la tendresse!
MERVILLE.
Chaque chose a son temps. Lorsan est, entre nous,
Plus aimable, d'accord; mais vive un riche époux!
EUPHRASIE.
Riche? toujours ce mot, je l'entendrai sans cesse.
Mme MERVILLE.
C'est que tout est compris dans ce seul mot, richesse.

SCÈNE III.

EUPHRASIE, Mme MERVILLE, JULE, MERVILLE.

JULE, *du fond.*
M'admettra-t-on enfin?
Mme MERVILLE.
Oui, viens, Jule.

JULE.

Vraiment
Vous me traitez ici, je vois, comme un enfant;
Et je dirois pourtant mon avis en affaire.

MERVILLE.

Ce n'est pas le babil qui te manque, mon frère.

Mme MERVILLE.

Non.

JULE.

Je ne manque pas non plus d'un certain tact.
Tenez, j'ai découvert, le fait est très exact,
Que ma sœur n'aime pas Lorsan le moins du monde.

MERVILLE.

Ah! ah! tu sais cela?

JULE.

Que notre sœur réponde.

EUPHRASIE.

Mais Jule pourroit bien avoir raison.

Mme MERVILLE.

Tant mieux.

JULE.

Eh bien! vous voyez donc que j'ai d'assez bons yeux.
Franchement, je soupçonne, entre nous, qu'elle n'aime
Ni Lorsan, ni Naudé, mais...

MERVILLE.

Qui donc?

JULE.

Un troisième.

Mme MERVILLE.

Un troisième? comment?

JULE.

Que notre sœur... eh! quoi?

ACTE V, SCÈNE III.

Elle rougit.

EUPHRASIE.

Moi, Jule?... eh! de quel droit? pourquoi
Me tourmenter ainsi?

JULE.

Tu boudes, tu me grondes,
Parceque j'ai trop bien...

Mme MERVILLE.

J'attends que tu répondes.

EUPHRASIE, *avec embarras.*

Ma mère...

MERVILLE.

Tout cela va bientôt s'éclaircir,
Car monsieur de Naudé paroît.

SCÈNE IV.

EUPHRASIE, Mme MERVILLE, M. DE NAUDÉ,
MERVILLE, JULE.

M. DE NAUDÉ.

Qu'avec plaisir
Je trouve réunie une chère famille!...

Mme MERVILLE.

Qui vous aime.

MERVILLE.

En vos yeux quel air de gaieté brille!

JULE.

Même d'espoir!

M. DE NAUDÉ.

Peut-être il me seroit permis,

Si vous étiez tous deux un peu de mes amis.
MERVILLE.
Espérez donc ; tous deux à jamais nous le sommes.
JULE.
Un brave nous séduit toujours, nous autres hommes.
Mme MERVILLE.
C'est la moindre vertu de monsieur de Naudé ;
Pour votre jeune ami son noble procédé...
M. DE NAUDÉ.
Madame, un procédé peut bien rendre estimable ;
Mais je crains que Lorsan n'ait paru plus aimable.
Puis-je enfin réclamer, sans trop être indiscret,
Ce qui me fut promis ; un entretien secret ?
Mme MERVILLE.
Mon aveu sur ce point d'abord fut volontaire ;
A présent il est juste, et même nécessaire :
J'y consens de bon cœur.
M. DE NAUDÉ.
Mille graces ; et vous,
Ma chère demoiselle ? un entretien si doux,
Je l'avoue, est l'objet de toute mon envie.
EUPHRASIE.
Pour moi-même, il y va du bonheur de ma vie.
Mme MERVILLE, *souriant*.
Fort bien !
MERVILLE, *d'un air important*.
Nous vous laissons avec ma sœur.
JULE, *bas à Merville*.
Eh ! mais,
Merville, que dis-tu d'un tel beau-frère ?
MERVILLE, *bas à Jule en s'en allant*.
Paix !

Il nous convient : tu vas en juger tout-à-l'heure ;
Ma mère m'a donné la raison la meilleure !...
(*Les deux frères sortent sur les pas de leur mère.*)

SCÈNE V.

EUPHRASIE, M. DE NAUDÉ.

M. DE NAUDÉ.

Enfin, je puis ici, mademoiselle... eh quoi !
Vous tremblez, ce me semble : ah ! n'ayez nul effroi :
Mon aspect, mes regards n'ont rien de redoutable ;
Et ne voyez en moi qu'un ami véritable.

EUPHRASIE.

J'aime à le croire ; aussi ma confiance en vous
Égale mon respect.

M. DE NAUDÉ.

        D'un sentiment plus doux
Puissiez-vous me devoir l'heureuse expérience !
Cependant votre estime et votre confiance
Pourroient presque, je crois, suffire à mon bonheur.

EUPHRASIE.

Ah ! monsieur...

M. DE NAUDÉ.

        Eh bien donc ! ouvrez-moi votre cœur.
Le mien vous est connu : dès long-temps je vous aime ;
Et vous ?... car je ne veux vous devoir qu'à vous-même :
Si je ne suis aimé, je sens que ce lien
Feroit votre malheur, par conséquent le mien.
Parlez donc franchement ; seriez-vous disposée
A me chérir un peu ?

EUPHRASIE.

Cette tâche est aisée :
Je vous chéris, sans doute, et du fond de mon cœur.

M. DE NAUDÉ.

Oui, mais expliquons-nous ; car souvent le malheur
Fut d'avoir employé tel mot au lieu d'un autre.
Le sentiment qu'ici j'exprime, est-il le vôtre?
M'aimeriez-vous enfin... comme on aime un époux?
Trop indiscret, je crains de vous blesser...

EUPHRASIE.

Qui? vous,
Monsieur? de votre part rien n'afflige et ne blesse.
Ah! c'est à vous plutôt d'excuser ma foiblesse,
Ma timidité même.

M. DE NAUDÉ.

Un autre aveu... pardon,
Répondez-moi... Lorsan, vous plairoit-il?

EUPHRASIE.

Oh! non.
Il peut briller ailleurs, même y paroître aimable;
Moi, je n'accepterai qu'un époux estimable.

M. DE NAUDÉ.

Si vous saviez combien ces mots me font plaisir!
Alors, entre nous deux, s'il vous falloit choisir...

EUPHRASIE.

A tous les deux croyez que je rends bien justice.

M. DE NAUDÉ.

Mais... si je vais trop loin, qu'un regard m'avertisse.
Quoiqu'il soit toujours doux de se voir préféré,
J'ose croire, à Lorsan quand je suis comparé,
Que peut-être je suis plus digne d'Euphrasie,
Parcequ'au moins mon ame un peu mieux l'apprécie.

ACTE V, SCÈNE V.

Mais... s'il étoit quelqu'un, soyons de bonne foi,
Que... vous préférassiez à Lorsan comme à moi?

EUPHRASIE.

Monsieur...

M. DE NAUDÉ.

En est-ce trop que de vous je réclame?
Aurois-je deviné le secret de votre ame?
Parlez, de grace.

EUPHRASIE.

Hélas!

M. DE NAUDÉ.

Eh! quoi, vous soupirez?

EUPHRASIE.

Cher, respectable ami!

M. DE NAUDÉ.

Pauvre enfant! vous pleurez!
Que vous m'attendrissez! allons, soyez bien franche;
Qu'au sein d'un vieil ami votre secret s'épanche:
J'en suis digne, peut-être, et bien fait pour sentir
Les peines de votre ame et pour y compatir.

EUPHRASIE.

O monsieur!...

M. DE NAUDÉ.

N'est-ce pas qu'il existe un jeune homme
Noble, sensible?

EUPHRASIE.

Ah! Dieu!

M. DE NAUDÉ.

Faut-il que je le nomme?

EUPHRASIE.

Non, par pitié.

M. DE NAUDÉ.

Qui? moi, je pourrois envier,
Disputer le bonheur à mon cher Olivier?

EUPHRASIE.

Ah!...

M. DE NAUDÉ.

Le voilà nommé; respirez, Euphrasie :
J'ai prononcé ce nom sans fiel, sans jalousie;
Qu'il s'en faut! Olivier est mon meilleur ami,
Ou plutôt mon enfant; tout bas il a gémi,
Mais mon cœur l'entendoit : je sais qu'il vous adore,
Que vous l'aimez, penchant qui tous deux vous honore;
Et c'est pour vous sauver d'un hymen abhorré,
Pour vous unir, qu'ici je me suis déclaré.
Olivier de ses vœux m'eût fait le sacrifice;
Mais il n'en est point, moi, que pour lui je ne fisse.
Voilà mon cœur.

EUPHRASIE, *voulant tomber à ses genoux.*

O Dieu! le mien est pénétré
De respect, de tendresse; à vos pieds je mourrai.

M. DE NAUDÉ, *la relevant.*

Non, c'est contre ce cœur qu'il faut que je vous presse :
O cher et digne objet d'une pure tendresse!
Embrassez votre père.

EUPHRASIE, *se jetant dans ses bras.*

Oh! oui, mon père.

SCÈNE VI.

EUPHRASIE, M. DE NAUDÉ, OLIVIER.

OLIVIER, *en entrant, voit ce tableau.*

                        Ah! Dieu!
(*Il veut se retirer.*)

M. DE NAUDÉ.

Quoi! nous te faisons peur? eh! viens donc! en ce lieu,
C'est moi, cher Olivier, qui t'ai mandé moi-même.

OLIVIER.

De grace!...

M. DE NAUDÉ.

        Toi, qui sais si bien comme l'on aime,
Jouis de ma tendresse, et félicite-moi.

OLIVIER.

Monsieur, assurément...

M. DE NAUDÉ.

              Allons, approche-toi;
Sois le premier témoin du bonheur que j'éprouve;
(*Il le ramène.*)
Il m'en sera plus doux: enfin!... Ah! je me trouve
Entre les deux objets les plus chers à mon cœur;
Combien je suis heureux!

OLIVIER, *d'un ton concentré.*

              Jugez de mon bonheur!

M. DE NAUDÉ.

J'en suis sûr; je connois ton amitié fidéle;
Oui, j'aime cette enfant, et je suis chéri d'elle.

EUPHRASIE.

Ah! du fond de mon cœur...

OLIVIER, *avec dépit.*

      Sans peine, je le crois.

M. DE NAUDÉ, *à Euphrasie.*

Vous l'aimerez aussi, vous, pour l'amour de moi ?

SCÈNE VII.

Mme MERVILLE, EUPHRASIE, M. DE NAUDÉ, OLIVIER, LORSAN, MERVILLE, JULE.

LORSAN.

Vous faites du chemin, je vois, en mon absence.

M. DE NAUDÉ.

Et j'ai même inspiré de la reconnoissance.

MERVILLE.

De la reconnoissance ?

EUPHRASIE.

    Ah ! oui !

M. DE NAUDÉ.

      Vous l'entendez !
Vous semblez surpris tous, et vous vous regardez.

Mme MERVILLE.

Ma fille, est-il bien vrai ?... tu te tais, Euphrasie !

EUPHRASIE.

Que monsieur vous réponde.

JULE.

     Elle est toute saisie.

LORSAN.

En effet, moi, j'admire un triomphe si prompt.

M. DE NAUDÉ.

Oui, je me suis hâté. Ces messieurs vous diront
Que l'on ne doit pas perdre un instant à mon âge.

ACTE V, SCÈNE VII.

Daignerez-vous ici joindre votre suffrage,
Madame, au doux aveu que je viens d'obtenir?

Mme MERVILLE.

Monsieur, un tel hommage, il faut en convenir,
Me flatte ; et si ma fille y répond...

EUPHRASIE.

Ah! ma mère!

MERVILLE.

Elle rougit, se tait, c'est consentir.

M. DE NAUDÉ.

J'espère
Que des frères j'aurai l'agrément.

MERVILLE.

Mais... monsieur...
Il faut bien...

JULE.

Consentons, comme a fait notre sœur,
En nous taisant.

LORSAN.

Ainsi, la fortune l'emporte.

M. DE NAUDÉ.

L'un venoit la chercher, et l'autre... mais n'importe.
Or, de l'aveu de tous, puisque je suis heureux,
Je m'explique : à tout âge on peut être amoureux ;
Mais à tout âge il faut sauver le ridicule :
C'en seroit un, je crois, qu'un vieillard vain, crédule,
A soixante-deux ans se crût aimé d'amour ;
Mais ce seroit un tort, s'il venoit en ce jour,
Par ses prétentions, troubler l'intelligence
De deux cœurs assortis qui brûlent en silence.
Aussi, je le déclare, amis, de bonne foi,
J'ai fait ici ma cour, mais ce n'est pas pour moi.

LES DEUX FRÈRES.

Bon !

Mme MERVILLE.

Comment ?

M. DE NAUDÉ, *à madame Merville, d'un ton plus solennel.*

Permettez : mes mœurs, mon caractère,
Mon crédit, ma richesse, et sur-tout un douaire,
Qu'ici je porterois à deux cent mille francs,
Pourroient bien rapprocher nos âges différents ;
Mais les mœurs, le crédit, la fortune et la somme,
Vaudront encore mieux offerts par un jeune homme.
Madame, au lieu de moi, j'ose donc vous prier
De vouloir bien pour gendre accepter Olivier.

OLIVIER.

Ciel !

MERVILLE.

Qu'entends-je ?

Mme MERVILLE.

Olivier ?

LORSAN.

Quoi ! le cousin ?

M. DE NAUDÉ.

Lui-même.

JULE.

Que vous avois-je dit ?

M. DE NAUDÉ.

Il l'adore, elle l'aime,
Et, j'en répondrois bien, lui devra le bonheur ;
Un tel gendre, lui seul, ne peut que faire honneur :
Mais j'adopte Olivier, et son ami, son père,
N'essuiera point de vous un refus, je l'espère.

ACTE V, SCÈNE VII.

OLIVIER.

Madame, un tel ami, du précieux trésor
Qu'il demande pour moi, seroit plus digne encor.

M. DE NAUDÉ.

Non, ne le croyez pas.

Mme MERVILLE.

Puisqu'il plaît à ma fille,
Qu'après tout il étoit déja de la famille...
(*à Olivier.*)
Sois mon gendre.

OLIVIER, *passant à la gauche d'Euphrasie.*

O madame!

EUPHRASIE.

Ah! ma mère!

MERVILLE, *d'assez mauvaise grace.*

Charmé
De cet évènement.

JULE.

Il est beau d'être aimé.

OLIVIER, *avec l'accent du cœur.*

Vous m'aimerez aussi.

LORSAN.

L'aventure est unique;
Elle m'étonne, moi, qui cependant m'en pique :
D'abord, monsieur, qu'ici je croyois mon rival,
Devient mon défenseur; ensuite, c'est fort mal,
Lui-même il me trahit, et... surprise excellente!
Impayable! en amour Olivier me supplante!
Parbleu! voilà de quoi réfléchir.

M. DE NAUDÉ.

En effet,
Réfléchissez, oh! oui, vous en avez sujet,

LE VIEILLARD ET LES JEUNES GENS.

Monsieur : rassurez-vous pourtant sur votre affaire ;
Car elle est arrangée, et les parents, j'espère,
Apaisés pour jamais. Vous pouvez demeurer
Librement à Paris, et même vous montrer :
Votre sage conduite enfin fera le reste ;
Je l'ai promis pour vous.

LORSAN.

Monsieur, je vous proteste...
Je suis touché... confus... un si beau procédé !...
Mes amis, je me range, oh ! oui, c'est décidé.
Jusqu'ici dans le monde on me trouvoit aimable :
Il ne me manquoit plus que d'être raisonnable ;
(à M. de Naudé.)
Je vais l'être. Je suis à vous du fond du cœur :
Mesdames et messieurs, votre humble serviteur.

SCÈNE VIII.

LES MÊMES, *excepté* LORSAN.

MERVILLE.
L'aventure pour lui n'est pas du tout plaisante.
JULE.
Et sa conversion, Merville !
MERVILLE.
Elle est touchante.
M. DE NAUDÉ.
Ah ! mes amis, c'est trop... je viens de vous prouver
Qu'un vieillard à son but peut encore arriver.
J'ai d'un jeune étourdi puni l'extravagance,
En lui rendant service ; ensuite, sans vengeance,
Je le supplante auprès d'une jeune beauté ;

ACTE V, SCÈNE VIII.

Je sers un tendre amant qui l'a bien mérité ;
J'assure le bonheur d'une famille entière,
Et je prouve aux enfants combien j'aimois leur père ;
Enfin, je suis heureux et vous rends tous contents :...
    (*gaiement.*)
Que feroit-on de mieux, je vous prie, à vingt ans ?

FIN DU VIEILLARD ET DES JEUNES GENS.

MALICE POUR MALICE,

COMÉDIE

EN TROIS ACTES ET EN VERS,

Représentée pour la première fois sur le théâtre Louvois, le 18 pluviôse an 11 (1803).

PERSONNAGES

M. SAINT-FIRMIN.
Mme DOLBAN, sa sœur.
Mlle DOLBAN, } frère et sœur, enfants de madame
M. FLORIMEL, } Dolban.
EUSÉBIE, orpheline.
RAIMOND.
GÉLON, voisin.
LUBIN, valet de Raimond.
LÉVEILLÉ, laquais de madame Dolban.
AUTRES DOMESTIQUES, personnages muets.

La scène est dans la maison de campagne de madame Dolban.

MALICE POUR MALICE,

COMÉDIE

EN TROIS ACTES ET EN VERS.

La scène, dans cet acte et dans le suivant, se passe dans un salon.

ACTE PREMIER.

SCÈNE I.

M. SAINT-FIRMIN, *une lettre à la main.*

(*On entend, en dehors, de grands éclats de rire.*)

Que de bruit! quels éclats! pour moi, l'ennui me gagne:
Voilà comme ma sœur s'amuse à la campagne!
Quoi! du matin au soir, railler, se divertir,
Rire aux dépens d'autrui! quel talent! quel plaisir!
Mais, ce matin sur-tout, la joie est redoublée:
Nouveaux préparatifs dans la folle assemblée,
Parceque l'on attend, pour se moquer de lui,
Le fils de mon ami!... Cependant aujourd'hui
Je me prête moi-même à ce faux badinage,
Et je prétends y faire aussi mon personnage:

J'ai mes raisons. Ceci peut produire un grand bien ;
Puis, s'il en résultoit un assez doux lien
Entre ce même ami, qu'à jouer on s'apprête,
Simple en effet et bon, mais franc, sensible, honnête,
Et la jeune orpheline, ici, tout à-la-fois,
Raillée et maltraitée ?... Aimable enfant !... Je crois
Que ces deux jeunes gens d'avance se conviennent,
Qu'ils s'aimeront... mais, chut, les voilà tous qui viennent.
Dissimulons.

SCÈNE II.

M. SAINT-FIRMIN, Mme DOLBAN, Mlle DOLBAN, FLORIMEL, EUSÉBIE.

M. SAINT-FIRMIN.
Ma sœur, ma nièce, mon neveu,
Trêve à tous vos ébats, à vos rires.
FLORIMEL.
Bon Dieu !
Qu'est-ce ?
M. SAINT-FIRMIN.
Écoutez-moi tous.
Mme DOLBAN.
Oh ! voilà bien mon frère,
Avec l'air affairé, comme à son ordinaire !
M. SAINT-FIRMIN.
Vous allez tous l'avoir ainsi que moi.
Mlle DOLBAN.
Quoi donc ?
M. SAINT-FIRMIN.
Notre jeune homme arrive.

ACTE I, SCÈNE II.

TOUS.

Ah! ah!

FLORIMEL.

Monsieur Raimond?

M. SAINT-FIRMIN.

Aujourd'hui ; cette lettre...

Mme DOLBAN.

Enfin! j'en suis ravie.

Mlle DOLBAN.

Il va donc nous donner à tous la comédie.

FLORIMEL.

Il nous a fait languir au moins pendant huit jours :
C'est cruel.

M. SAINT-FIRMIN.

On lui garde, au fait, de si bons tours!
Il a tort de tarder.

EUSÉBIE.

Dites-moi, je vous prie :
Je ne suis pas au fait de la plaisanterie ;
Ce jeune voyageur, on veut donc, je le voi?...

FLORIMEL.

Oui, s'en moquer.

EUSÉBIE.

Ah! ah! s'en moquer? et pourquoi?

Mlle DOLBAN.

Mais... pour nous amuser.

EUSÉBIE.

Quels motifs sont les vôtres?
Que vous a-t-il fait?

FLORIMEL.

Rien.

M. SAINT-FIRMIN.

Non, pas plus que les autres.

Mme DOLBAN.

Avec ses questions, elle sait me charmer.

M. SAINT-FIRMIN.

Votre exemple et vos soins ne peuvent la former.

Mlle DOLBAN.

Puis, les beaux sentiments... ils sont d'un ridicule!

FLORIMEL.

Çà, mon oncle, il est donc bien simple, bien crédule,
Le cher Raimond?

M. SAINT-FIRMIN.

S'il l'est? en pouvez-vous douter,
Après tous les bons tours que j'ai su vous conter?
C'est un être vraiment curieux à connoître,
Qui, trompé mille fois, est toujours prêt à l'être.
Mais vous en jugerez.

Mlle DOLBAN.

Moi, je le sais par cœur.

FLORIMEL.

Je vais le ballotter, ce cher petit monsieur...

M. SAINT-FIRMIN.

Aussi, mes bons amis, vous connoissant avides
De ces tours gais, malins, joyeusement perfides,
J'ai, sachant qu'à Paris Raimond devoit aller,
Voulu de son passage au moins vous régaler.
Que vous dirai-je enfin? j'eus cette fantaisie.

Mme DOLBAN.

C'est une attention dont je vous remercie.

FLORIMEL.

Et nous, donc!

ACTE I, SCÈNE II.

Mlle DOLBAN.
Oui, voici qui va nous réveiller.

FLORIMEL.
Nous n'avions, en effet, plus personne à railler.

EUSÉBIE.
Ce plaisir-là finit par s'user, c'est dommage.

M. SAINT-FIRMIN.
Vous aviez épuisé tout votre voisinage;
Et la disette enfin alloit nous obliger
A nous railler l'un l'autre : au moins, cet étranger
Va nous fournir, lui seul, des scènes assez drôles.

Mme DOLBAN.
Mais il peut arriver : répétons bien nos rôles.

FLORIMEL, *mettant le doigt sur son front.*
Nos rôles? ils sont là.

Mlle DOLBAN.
D'abord, moi, je serai
Soubrette, et je crois bien que je m'en tirerai.

FLORIMEL.
Eh! parbleu, j'en suis sûr; te voilà dans ta sphère :
Raillerie et babil.

Mlle DOLBAN.
Oui? poli comme un frère.

FLORIMEL.
Et la coquetterie ira toujours son train,
Je gage?

Mlle DOLBAN.
Pourquoi pas? En raillant son prochain,
Il est gai de lui faire encor tourner la tête;
Et soubrette, je veux tenter cette conquête.

M. SAINT-FIRMIN.
Courage.

Mme DOLBAN.

Moi, j'ai pris un petit rôle, exprès,
Celui de gouvernante, et ferai peu de frais :
Car je suis, comme on sait, d'une délicatesse !
Un rien me rend malade.

FLORIMEL.

Eh mais, dans notre pièce,
Vous l'êtes, malade.

Mme DOLBAN.

Oui ?

FLORIMEL.

Malade, même au lit.

M. SAINT-FIRMIN.

Qui jouera donc ce rôle ?

FLORIMEL.

Eh ! ne l'a-t-on pas dit ?
Babet.

M. SAINT-FIRMIN.

Quoi ! cette grosse ?...

FLORIMEL.

On voile son visage.

EUSÉBIE.

Sa voix ?...

FLORIMEL.

De la parole elle a perdu l'usage.

Mme DOLBAN.

a réponse à tout.

M. SAINT-FIRMIN.

A merveille : voilà
Gouvernante et soubrette ; oui, mais en ce cas-là,
Qui fera donc ma nièce, enfin ?

ACTE I, SCÈNE II.

Mme DOLBAN, *en montrant Eusébie.*

Mademoiselle :
J'espère qu'aujourd'hui l'on peut compter sur elle.

Mlle DOLBAN, *à Eusébie.*

Me ferez-vous l'honneur de me représenter ?

EUSÉBIE.

En vérité, je crains...

Mme DOLBAN.

Ah ! c'est trop hésiter :
Les rôles sont donnés, et vous êtes ma fille.

EUSÉBIE.

J'obéis.

M. SAINT-FIRMIN, *à Eusébie.*

Vous étiez déja de la famille,
Trop aimable orpheline !...

Mme DOLBAN.

Allons, point de fadeur.

Mlle DOLBAN.

Au fait.

FLORIMEL, *à Eusébie.*

Souvenez-vous, ô ma nouvelle sœur !
Que vous allez jouer un rôle d'amoureuse.

EUSÉBIE.

D'amoureuse ?

FLORIMEL.

Sans doute.

M. SAINT-FIRMIN.

Oui, l'idée est heureuse.

Mme DOLBAN.

Mon fils est si plaisant !

FLORIMEL.

Il faut que vous soyez

D'une tendresse !...

EUSÉBIE.

Ah! ah! vous me le conseillez, Monsieur?

FLORIMEL.

Je fais bien plus, vraiment, je vous en prie.

EUSÉBIE.

Eh! mais, tout en suivant cette plaisanterie,
Si j'allois donc aimer tout de bon?

M. SAINT-FIRMIN, *vivement.*

Oui? tant mieux.

FLORIMEL, *d'un air suffisant.*

Ma réponse à cela, je la lis dans vos yeux.

EUSÉBIE.

Bon! alors...

Mlle DOLBAN.

Te voilà bien confiant, mon frère?

FLORIMEL.

Un peu. Je vais pourtant paroître le contraire.
Oui, mon rôle est celui d'un frère altier, jaloux,
Ombrageux, ou plutôt je les embrasse tous :
Car, tenez, il me vient déja mille saillies ;
Puis je vais à mesure inventer des folies...

M. SAINT-FIRMIN.

Oh! je me fie à toi. Moi, je parlerai peu,
Comme disoit ma sœur : j'observerai le jeu ;
De tout le monde ici je jugerai l'adresse ;
Mais c'est le dénouement sur-tout qui m'intéresse.

FLORIMEL.

Oui ; c'est l'ami Gélon qui va nous seconder !

Mlle DOLBAN.

Certes !... il ne vient point !

FLORIMEL.

Il ne sauroit tarder.

M. SAINT-FIRMIN.

C'est là le grand railleur.

Mme DOLBAN.

Ah! oui, par excellence.

EUSÉBIE.

Il vous persifle, même en gardant le silence.

FLORIMEL.

Ce Gélon, par malheur, raille indistinctement
Amis comme ennemis.

Mlle DOLBAN.

Oui, mais si joliment!
Il est charmant.

M. SAINT-FIRMIN.

Sans doute : il te trouve charmante!

Mme DOLBAN.

Moi, tenez, franchement, plutôt qu'il me tourmente,
J'aime encor mieux l'aider à tourmenter autrui.

M. SAINT-FIRMIN.

Voilà le mot. Eh! mais...

Mlle DOLBAN.

Oui, justement c'est lui.

SCÈNE III.

Les mêmes, GÉLON.

Mme DOLBAN, *avec empressement.*

Bonjour!

FLORIMEL.

Ce cher Gélon!

GÉLON.

Mesdames!...

FLORIMEL.

Il arrive.

GÉLON.

Raimond?

M. SAINT-FIRMIN.

Lui-même : ici l'on est sur le *qui vive!*...

Mlle DOLBAN, *à Gélon.*

Vous seul ne ferez rien, et c'est fort mal.

GÉLON.

Pardon :
Vous m'annoncez quelqu'un si facile, si bon!
D'une ingénuité, d'une simplesse extrême,
Et qu'on pourroit nommer la crédulité même.
C'est conscience, à moi, de jouer un enfant.

FLORIMEL.

Fort bien!

GÉLON.

Irai-je ici, d'un air vain, triomphant,
Grossir contre Raimond le nombre des complices,
Fatiguer son sommeil à force de malices,
L'éveiller en sursaut au bruit des pistolets?...
Que sais-je? en plein midi, lui fermer les volets,
Pour qu'il se croie atteint d'une goutte sereine?
Ou, voulant supposer qu'une attaque soudaine
L'a rendu sourd, ouvrir la bouche sans parler;
En sa présence encor, quoique absent l'appeler,
Le battre même, afin qu'il se croie invisible?...
Tout cela, qui jadis fut plaisant et risible,
Est usé, rebattu; puis, c'est trop de moitié
Contre ce bon Raimond, qui vraiment fait pitié.

ACTE I, SCÈNE III.

Tourmenter de la sorte un être aussi crédule,
Plus que le patient c'est être ridicule.

M. SAINT-FIRMIN.

Ainsi vous réservez vos intrigues, vos plans,
Pour des occasions dignes de vos talents.

Mlle DOLBAN.

Mais, sans vous cependant, point de bonne partie.

GÉLON.

Ah!

EUSÉBIE.

C'est trop de monsieur blesser la modestie.

GÉLON, *avec l'air de finesse.*

Quoi qu'il en soit, sans moi, raillez cet innocent.
C'est tout ce que pourroit tenter un commençant...
Florimel, par exemple.

FLORIMEL.

Hein?... me crois-tu novice?

GÉLON.

Mais... à-peu-près : il faut à tout de l'exercice.
Vous promettez, mon cher; et quelque jour...

FLORIMEL.

Tenez,
Je n'aime point, Gélon, les airs que vous prenez.

M. SAINT-FIRMIN.

Rien n'est juste pourtant comme la représaille.

EUSÉBIE.

Nous voulons bien railler, mais non pas qu'on nous raille.

Mme DOLBAN.

Allons donc: entre nous, au moins point de débats.

M. SAINT-FIRMIN.

Non; en parlant plaisir, ne nous chagrinons pas.

SCÈNE IV.

Les mêmes, LÉVEILLÉ.

LÉVEILLÉ, *accourant, d'un air familier.*
Bonne nouvelle !

FLORIMEL.
Qu'est-ce ?

LÉVEILLÉ.
Enfin, voici nos hommes,
Maître et valet.

Mme DOLBAN.
Fort bien.

M. SAINT-FIRMIN.
Avec nos gens, nous sommes
Presqu'en société.

Mme DOLBAN.
Bon ! qu'importe cela ?
(*Léveillé sort.*)

SCÈNE V.

Les mêmes, *excepté* LÉVEILLÉ.

Mlle DOLBAN.
Allons nous costumer : eh ! vite.

Mme DOLBAN.
Le voilà ;
Et nous perdions le temps en disputes frivoles !
A nos rôles. Voici mes dernières paroles

ACTE I, SCÈNE V.

De mère ; désormais je suis madame Armand.
(*Elle sort gravement.*)

Mlle DOLBAN.

Et moi, Marton.
(*Elle sort en courant.*)

FLORIMEL.

Friponne !

GÉLON.

(*à part.*)

Adieu... pour un moment.

EUSÉBIE, *bas, à M. Saint-Firmin.*

O combien il m'en coûte !

M. SAINT-FIRMIN, *bas, à Eusébie.*

Allons, ma chère amie,
Du courage : il faut bien s'amuser dans la vie.
(*Elle sort.*)

SCÈNE VI.

M. SAINT-FIRMIN, FLORIMEL.

FLORIMEL.

Que disoit-elle ?

M. SAINT-FIRMIN.

Oh !... rien.

FLORIMEL.

Elle a peine, je croi,
A feindre ; chère enfant ! elle est folle de moi.

M. SAINT-FIRMIN.

Ah ! ah ! je l'ignorois.

FLORIMEL.

Oui, c'est un doux mystère.

M. SAINT-FIRMIN.
Pourquoi me le dis-tu?
FLORIMEL.
Je ne veux rien vous taire.

SCÈNE VII.

M. SAINT-FIRMIN, FLORIMEL, RAIMOND;
LUBIN, *une valise sur l'épaule.*

M. SAINT-FIRMIN.
Eh! c'est vous, cher Raimond!
RAIMOND.
Ah! monsieur Saint-Firmin!
Je vous vois : me voilà délassé du chemin.
FLORIMEL.
Et nous, dédommagés de notre longue attente.
RAIMOND, *à Florimel.*
Monsieur...
M. SAINT-FIRMIN.
Vous voulez bien qu'ici je vous présente
Mon neveu Florimel?
RAIMOND.
Monsieur... j'ai bien l'honneur.
FLORIMEL.
L'honneur!... Je vous embrasse, et c'est de tout mon cœur.
M. SAINT-FIRMIN.
Parlez-moi donc un peu de la maman, du frère,
Et des sœurs : tout le monde est bien portant, j'espère?
RAIMOND.
Ah! vous êtes trop bon. A merveille : ils m'ont tous
Chargé de compliments et d'amitiés pour vous.

ACTE I, SCÈNE VII.

FLORIMEL.

Que je les trouve heureux d'avoir un fils semblable!

RAIMOND.

Ah! monsieur...

FLORIMEL.

Non, d'honneur, on n'est pas plus aimable!

RAIMOND.

Vous me jugez trop bien.

M. SAINT-FIRMIN.

Ah! voilà Florimel!

Enthousiaste...

RAIMOND.

Il montre un heureux naturel.

FLORIMEL.

Nous sommes tous ainsi vraiment de bonnes ames.

M. SAINT-FIRMIN.

Tout-à-fait. Je vous vais annoncer à nos dames.
Mon cher Raimond, ici soyez le bien-venu.

FLORIMEL.

Ah! oui, depuis long-temps vous étiez attendu,
Mon cher : votre arrivée est un signal de fête;
Si vous saviez aussi comme chacun s'apprête
A vous traiter!...

RAIMOND.

Messieurs... je suis confus, ravi...

M. SAINT-FIRMIN.

Bon! vous ne voyez rien. Sans adieu, mon ami.
(*bas, à Florimel.*)
Eh bien?

FLORIMEL, *bas, à M. Saint-Firmin.*

Il est parfait.

M. SAINT-FIRMIN.

En tes mains je le laisse.

FLORIMEL.

Oui, je vous en réponds.

M. SAINT-FIRMIN, *bas, à Florimel.*

Sur-tout de la sagesse.

FLORIMEL, *de même.*

Fort bien.

SCÈNE VIII.

FLORIMEL, RAIMOND, LUBIN.

FLORIMEL.

Nous voilà seuls.

RAIMOND.

Monsieur !...

FLORIMEL.

C'est qu'entre nous,
Je me trouve d'abord à mon aise avec vous :
Vous m'avez tout de suite, il faut que je le dise,
Intéressé par l'air de candeur, de franchise.

RAIMOND.

Tout le monde en effet me trouve cet air-là :
Il faut que cela soit.

LUBIN.

Oh ! oui, c'est bien vrai, ça.
Pour moi, je ne sers pas depuis long-temps mon maître ;
Mais je le connois bien : l'enfant qui vient de naître
N'est pas plus innocent.

RAIMOND.

Lubin, en vérité !...

ACTE I, SCÈNE VIII.

FLORIMEL.

Moi, j'aime son babil, son ingénuité.

RAIMOND.

Oui, mais...

LUBIN.

Puisque monsieur est charmé quand je parle :
Hier même à Moulins, à l'auberge Saint-Charle,
Mon maître a pris... quelqu'un pour un prince étranger,
L'appeloit *monseigneur*, l'écoutoit sans manger ;
Et ce prince, c'étoit de ces gens à prologues,
Qui vendent à cheval des chansons et des drogues.
Voilà quel est mon maître.

FLORIMEL.

Est-il bien vrai, mon cher ?

RAIMOND.

Très vrai. Que voulez-vous ? cet homme avoit grand air :
Il ne parloit jamais que de seigneurs, de princes ;
Il donnoit à sa fille, en dot, quatre provinces :
Pouvois-je deviner qu'il entendoit par-là
Ne plus chanter ni vendre en ces provinces-là ?

FLORIMEL.

Eh ! c'est tout simple.

RAIMOND.

Moi, je commence par croire.
Sans être un grand sorcier, on peut faire une histoire :
Un sot peut tous les jours rire aux dépens d'autrui,
Rire même de tel... qui vaudra mieux que lui.
N'est-il pas vrai ?

FLORIMEL.

Voyez ! ne pas croire qu'on mente !

RAIMOND.

Mais je desire fort qu'ici l'on me présente...

FLORIMEL.

A ma mère ? Monsieur ! hélas !

RAIMOND.

Vous soupirez :
Quel malheur ?...

FLORIMEL.

Je le vois, monsieur, vous ignorez...
Ma mère, en ce moment, ne sauroit voir personne.

RAIMOND.

Ah! pardonnez... Je n'ose, ô Dieu! mais je soupçonne
Qu'elle est malade.

FLORIMEL.

Oh! oui, bien dangereusement.

RAIMOND.

Mais c'est donc tout-à-coup, monsieur ?

FLORIMEL.

Subitement.

RAIMOND.

Se peut-il ?

FLORIMEL.

C'est l'effet d'un grand coup de tonnerre.

RAIMOND.

De tonnerre ?

FLORIMEL.

A minuit, il tombe chez ma mère ;
Avec fracas déchire et brûle ses rideaux,
Dérange les fauteuils, dépend lustres, tableaux...
L'un d'eux tombe sur elle...

RAIMOND.

Ah!

FLORIMEL.

C'est ce qui la sauve :

Ma mère est là-dessous mieux que dans son alcôve.
RAIMOND.
J'entends : c'est bien heureux.
LUBIN.
Un drôle de bonheur !
FLORIMEL.
Jugez de son état et de notre douleur !
RAIMOND.
Je le sens.
FLORIMEL.
Vous trouvez ce fait un peu bizarre ?
LUBIN.
Il est certain...
RAIMOND.
Sans doute, un coup pareil est rare :
Mais qui peut du tonnerre expliquer les effets ?
Impossible est un mot que je ne dis jamais.
FLORIMEL.
Ce principe est d'un sage. Ici, l'on se lamente :
Ma pauvre sœur...
RAIMOND.
Hélas !... Elle est, dit-on, charmante ?
FLORIMEL.
Monsieur, je la louerois, si ce n'étoit ma sœur.
Elle est intéressante : entre nous, par malheur,
Élise s'est gâté l'esprit par sa lecture :
Elle en est aux romans pour toute nourriture.
RAIMOND.
Des romans ! eh ! lit-on autre chose à présent ?
LUBIN.
Chez nous, jusqu'au berger en lit chemin faisant.

FLORIMEL.

Ma pauvre sœur !... il est des moments où je tremble.
(*affectant de l'abandon.*)
Mon ami! nous allons quelques jours vivre ensemble ;
Et votre air, vos discours... Je serois, entre nous,
Désespéré d'avoir une affaire avec vous.

RAIMOND.

Une affaire?

FLORIMEL.

Oui, tenez, je ne puis vous le taire,
Monsieur : j'ai le malheur d'avoir un caractère
Fier, terrible.

RAIMOND.

On croiroit le contraire à vous voir.

FLORIMEL.

Non, je ne passe rien. J'ai rendez-vous ce soir
Avec un officier, mon ancien camarade,
Qui, nous rencontrant hier dans une promenade,
A regardé ma sœur d'un air... qui m'a déplu.

RAIMOND.

Quoi! pour cela se battre?

FLORIMEL.

Oui, j'y suis résolu.

LUBIN.

Diable! à ses yeux alors il faut bien prendre garde.

RAIMOND.

Vous permettrez pourtant, monsieur, qu'on la regarde,
Et vous ferez fort bien. En me le défendant,
Vous rendriez par-là mon desir plus ardent.
Je vous parle sans fard.

FLORIMEL.

Ce n'est pas que je craigne.

ACTE I, SCÈNE VIII.

J'ai mis près de ma sœur une sévère duègne,
Un *argus*, au-dessus de son état, d'ailleurs;
C'est une dame... elle a... vous saurez ses malheurs.

RAIMOND.

Ah!

LUBIN.

Puisque vous parlez ici de gouvernante,
Monsieur, dans la maison est-il une suivante?

FLORIMEL.

Oui, Lubin; car à tout je vois que vous pensez.

RAIMOND.

C'est un bavard.

LUBIN.

Est-elle un peu jolie?

FLORIMEL.

Assez.

LUBIN.

Cela se trouve bien.

FLORIMEL, *à Raimond*.

Même, par parenthèse,
Elle est espiègle, alerte, et va, ne vous déplaise,
Vous lutiner un peu.

LUBIN.

Nous le lui rendrons bien.

FLORIMEL, *à Lubin*.

Je parle à votre maître; et vous, je vous prévien,
Lubin, qu'il faut avoir bien du respect pour elle.

LUBIN.

(*d'un air fin.*)

C'est différent. Je vois que cette demoiselle...
Les soubrettes pourtant sont notre lot, je crois.

RAIMOND.

Enfin, te tairas-tu ?

LUBIN.

Dame ! on défend ses droits.

FLORIMEL.

(*à Raimond.*)   (*Il appelle.*)
Il est gai. Mais pardon : Léveillé !... Tout le monde.

SCÈNE IX.

Les mêmes, LÉVEILLÉ, et trois autres domestiques.

FLORIMEL.

De ce brave garçon que chacun me réponde :
J'entends qu'il soit traité... comme son maître, ici.

LÉVEILLÉ, *d'un air ricaneur.*

Oui, monsieur, tout de même.

LUBIN.

Oh ! je n'ai nul souci.

(*aux autres domestiques.*)
Messieurs, nous serons bien... s'il ne fait point d'orage.

LÉVEILLÉ.

Bon ! l'orage est passé ; mon enfant, du courage.

(*Lubin sort avec les autres valets.*)

SCÈNE X.

FLORIMEL, RAIMOND.

RAIMOND.
Tout le monde est ici d'une franche gaieté !...
FLORIMEL.
Oui ?... vous nous l'inspirez, mon cher, en vérité.
RAIMOND.
Vous me flattez, monsieur.
FLORIMEL.
Point du tout.

SCÈNE XI.

LES MÊMES; Mlle DOLBAN, *en soubrette.*

FLORIMEL, *à mademoiselle Dolban.*
Hé bien, qu'est-ce,
Marton, que nous veut-on ?
Mlle DOLBAN.
Rien. C'est moi, qui m'empresse
De venir à monsieur, si vous le permettez,
Offrir mes soins, mon zèle.
RAIMOND.
Ah ! c'est trop de bontés.
Mlle DOLBAN, *bas, à Florimel.*
Ne venez pas encor ; ma mère n'est pas prête.
FLORIMEL, *bas, à mademoiselle Dolban.*
(*haut.*)
Non, non. Eh mais, Marton, cette offre est fort honnête.

Mlle DOLBAN.

Elle est bien naturelle.

FLORIMEL.

Allez tout préparer
Là-dedans, et voyez si nous pouvons entrer.

Mlle DOLBAN.

Pas encor. Nous avons des toilettes à faire :
Pour ma jeune maîtresse... oh! mais, c'est une affaire!...

RAIMOND.

Inutile, sans doute, avec autant d'appas !

Mlle DOLBAN.

Mais pas trop inutile ; et j'avouerai tout bas...

SCÈNE XII.

Les mêmes, M. SAINT-FIRMIN.

M. SAINT-FIRMIN.

Que fais-tu là, Marton ?

Mlle DOLBAN.

Eh! mais, monsieur...

M. SAINT-FIRMIN.

Tu causes,
Lorsqu'il faudroit là-bas arranger mille choses !

Mlle DOLBAN.

Tout est prêt.

M. SAINT-FIRMIN.

Prêt ou non, vois si, dans ce moment,
Ma sœur n'a pas besoin de toi.

Mlle DOLBAN.

Madame Armand ?

M. SAINT-FIRMIN.

Mais non, ma sœur. Eh quoi! ma sœur se nomme-t-elle
(*à mi-voix.*) (*haut.*)
Madame Arm...? étourdie! Allons, mademoiselle...

FLORIMEL.

Cher oncle!

M. SAINT-FIRMIN, *à sa nièce.*

Sortez donc.

Mlle DOLBAN.

Je vous trouve, monsieur,
L'air bien sévère.

M. SAINT-FIRMIN.

Et vous, le ton bien raisonneur
Pour une soubrette.

Mlle DOLBAN, *regardant Raimond avec attention.*

Ah! dussé-je être indiscrète,
On oublieroit ici qu'on n'est qu'une soubrette.

(*Elle sort.*)

FLORIMEL.

(*de loin.*)

Je veux te dire un mot. Je vous laisse un moment,
Messieurs.

(*Il sort.*)

SCÈNE XIII.

M. SAINT-FIRMIN, RAIMOND.

M. SAINT-FIRMIN.

Ah! çà, mon cher, causons donc librement.

RAIMOND.

Je le desire fort.

M. SAINT-FIRMIN.
Mais... qui vous fait sourire?
RAIMOND.
Ne devinez-vous pas ce que je veux vous dire?
M. SAINT-FIRMIN.
Eh! mais...
RAIMOND.
Vous devinez; oui, je vois à votre air
Qu'ici vous attendez...
M. SAINT-FIRMIN.
Expliquez-vous, mon cher.
RAIMOND.
Tout, dans cette maison, semble extraordinaire :
Cette mère malade, et d'un coup de tonnerre;
Cette soubrette, un peu familière, entre nous;
Le frère si bizarre, et bavard, et jaloux;
Tout ce que l'on m'a dit de la sévère duègne ;...
Que vous dirai-je enfin? ce désordre qui règne
Dans toute la maison, et ces joyeux ébats
De valets ricaneurs qui se parlent tout bas;
Tout cela par degrés augmente ma surprise,
Et je soupçonnerois, s'il faut que je le dise...
M. SAINT-FIRMIN.
Quoi donc?
RAIMOND.
Qu'on est d'accord pour se moquer de moi.
M. SAINT-FIRMIN.
Quel conte! vous croyez?
RAIMOND.
J'en ai peur.
M. SAINT-FIRMIN.
Mais, pourquoi,

ACTE I, SCÈNE XIII.

De grace? à quel propos?

RAIMOND.

Oh! pourquoi? je l'ignore.
Je puis tout comme un autre, et mieux qu'un autre encore,
Offrir matière...

M. SAINT-FIRMIN.

Allons!...

RAIMOND.

Il est, dit-on, d'ailleurs,
Certaines gens qui font métier d'être railleurs,
Qui forgent chaque jour quelque scène nouvelle
Pour tourmenter autrui : ce jeu, je crois, s'appelle...
Attendez donc... eh! oui, *mystification*.

M. SAINT-FIRMIN.

Je n'entends pas trop bien semblable expression.

RAIMOND.

Je conviens avec vous que le mot est barbare ;
Mais bien moins que la chose il est faux et bizarre.

M. SAINT-FIRMIN.

Quoi! vous croiriez?...

RAIMOND.

Très fort. Certain air m'a frappé...
Parbleu! je voudrois bien ne m'être pas trompé.

M. SAINT-FIRMIN.

Pourquoi?

RAIMOND.

Je suis né doux, confiant, et peut-être
Un peu crédule, oui ; mais, quand je crois reconnoître
Que l'on veut abuser de ce secret penchant,
Tout comme un autre alors je puis être méchant.

M. SAINT-FIRMIN.

Vraiment?

RAIMOND.
Oui, je suis homme à me faire un délice
De leur rendre, à mon tour, malice pour malice.

M. SAINT-FIRMIN.
Mais... c'est le droit des gens. Eh bien donc, observez,
Cherchez.

RAIMOND.
Ce que je cherche ici, vous le savez.

M. SAINT-FIRMIN.
Moi? quand je le saurois, dois-je vous en instruire?

RAIMOND.
Mais, peut-être : en ces lieux qui daigna m'introduire,
Me doit protection.

M. SAINT-FIRMIN.
En avez-vous besoin,
Lorsque vos soupçons seuls vous ont mené si loin?

RAIMOND.
Eh! mais... je crois d'abord que cette bonne pièce,
Eh! oui, cette Marton...

M. SAINT-FIRMIN.
Hé bien?

RAIMOND.
Est votre nièce.

M. SAINT-FIRMIN.
Vous croyez?

RAIMOND.
J'en suis sûr. Si cette dame Armand,
Qu'elle a nommée, étoit... sa mère, seulement?

M. SAINT-FIRMIN.
Encor? quel homme!

RAIMOND.
Et vous? oui, dans ce stratagème

ACTE I, SCÈNE XIII.

Vous trempiez donc aussi?

M. SAINT-FIRMIN.

J'en suis l'auteur moi-même.

RAIMOND.

Comment?

M. SAINT-FIRMIN.

Oui, cher Raimond, vous sachant simple et franc,
Mais doué d'un cœur droit, d'un esprit pénétrant,
Tel qu'il me le falloit, j'ai cru, vous l'avouerai-je?
Pouvoir, sans nul scrupule, ici vous tendre un piége,
Ou plutôt à nos gens, qui, n'ayant nul soupçon,
Recevroient de vous-même une bonne leçon.
Raimond, dans tous les cas, connoît mon caractère,
Et sent bien que je l'eusse averti du mystère.

RAIMOND.

J'entends : contre moi donc ils ont tous conspiré?
Eh bien! je les attends, et je me défendrai.

M. SAINT-FIRMIN.

Vous ferez bien ; sur-tout, moi, je vous recommande
Certain monsieur Gélon, le pire de la bande.
Il va se costumer... je ne sais pas comment :
Vous le reconnoîtrez au travestissement.
Il fait le brave ; au fond, je le crois un peu lâche.

RAIMOND.

Lâche ou non, je m'en charge.

M. SAINT-FIRMIN.

Oui! bon. Ce qui me fâche,
C'est qu'il ait de son fiel aigri ma pauvre sœur,
Tout naturellement portée à la douceur,
Dont l'esprit, entre nous, n'est pas très fort ; qui même
Sur sa santé nous montre une foiblesse extrême.

RAIMOND.

Écoutez donc. En tête il me vient un dessein :
Pour la guérir, je vais me faire médecin.

M. SAINT-FIRMIN.

Bien. Corrigez aussi ma nièce, autre railleuse,
Railleuse impitoyable, et de plus envieuse,
Et monsieur mon neveu, cet enfant gâté.

RAIMOND.

Bon.
Le frère aura son fait, et malheur à Marton !

M. SAINT-FIRMIN.

A propos de Marton : et votre domestique,
Le préviendrez-vous ?

RAIMOND.

Non ; quoiqu'avec l'air rustique,
Il se défendra bien : allez, son gros bon sens
Saura déconcerter tous ces mauvais plaisants.

M. SAINT-FIRMIN.

A la bonne heure. Allons...

(*Il veut emmener Raimond.*)

RAIMOND, *le retenant.*

Un mot, je vous supplie :
La jeune personne...

M. SAINT-FIRMIN, *souriant.*

Ah !

RAIMOND.

Si douce, si jolie !

M. SAINT-FIRMIN.

Hé bien ?

RAIMOND.

Elle n'est pas de la famille ?

ACTE I, SCÈNE XIII.

M. SAINT-FIRMIN.

Non ;
Mais c'est une orpheline : Eusébie est son nom.

RAIMOND.

Dites-moi, jouera-t-elle un rôle dans la pièce ?

M. SAINT-FIRMIN.

Par pure complaisance, oui, celui de ma nièce,
D'Élise... un rôle, oh! mais... tendre et sentimental!
Je vous préviens, de peur que vous n'en jugiez mal.
Mais rentrons, car je crains...

RAIMOND, *d'une voix forte.*

Ah! malins que vous êtes!
Et voilà donc chez vous l'accueil que vous me faites!
Oh! bien, dans ce jeu-là je puis vous défier;
Et c'est moi qui prétends vous bien mystifier.

(*Il rentre avec M. Saint-Firmin.*)

FIN DU PREMIER ACTE.

ACTE SECOND.

SCÈNE I.

Mlle DOLBAN.

Le singulier début! est-ce ainsi qu'on me traite?
« Marton, pour sa maîtresse on quitte la soubrette »,
Me dit Raimond; et puis, vers Eusébie il court.
S'il continue ainsi, mon rôle sera court.
Ce jeune homme, après tout, a l'abord agréable;
Plus que je ne croyois, il est bien fait, aimable.
S'il alloit d'Eusébie?... Elle aura le secret,
Avec son petit air langoureux et discret...
Mais elle aime mon frère... Eh! bon! elle est coquette
Comme une autre. A présent, son rôle m'inquiète :
Il vaut mieux que le mien. Je voudrois bien... Voici
Le valet; eh bien! moi, je suis soubrette aussi.
Faisons un peu jaser ce Lubin sur son maître.

SCÈNE II.

Mlle DOLBAN, LUBIN.

LUBIN.
Ah! l'on vous trouve, enfin!...
        Mlle DOLBAN.
                Vous me cherchiez peut-être,

Monsieur Lubin?
LUBIN.
Mais oui ; vous n'avez pas daigné,
Belle Marton, paroître à l'heure du dîné.
Mlle DOLBAN.
Pardon, c'est que jamais je ne dîne à l'office.
LUBIN.
Bon! où dînez-vous donc?
Mlle DOLBAN.
N'importe.
LUBIN.
Quel caprice!
Mais ça vous sied.
Mlle DOLBAN.
Ah! ah!
LUBIN.
Puis, c'est tout simple, il faut...
Quand on a pris son vol un peu plus haut...
Mlle DOLBAN.
Plus haut?
LUBIN.
Oui, ce monsieur... Mais quoi! je l'ai dit à lui-même :
Il nous fait tort, à nous.
Mlle DOLBAN.
Bon!
LUBIN.
Que moi, je vous aime,
C'est tout simple ; mais lui, vouloir nous supplanter!...
C'est comme si mon maître alloit vous en conter.
Mlle DOLBAN.
Cela seroit vraiment bien extraordinaire,
Monsieur Raimond m'aimer!

LUBIN.
Écoutez donc, ma chère :
Il seroit un peu dupe ; et, tenez, je suis franc :
Vous êtes bien jolie, oui ; mais, à part le rang,
Votre maîtresse encore auroit la préférence.

Mlle DOLBAN.
Ah!

LUBIN.
Je vois d'elle à vous un peu de différence.

Mlle DOLBAN.
Monsieur est connoisseur.

LUBIN.
Eh! cela saute aux yeux.

Mlle DOLBAN.
Fort bien!

LUBIN.
Mais tout ici s'arrangera bien mieux ;
Maître et valet auront chacun leur amourette,
Lui pour la demoiselle, et moi pour la soubrette.

Mlle DOLBAN.
Bien arrangé! Raimond, dites-vous, aimera
Mademoiselle?

LUBIN.
Eh! oui, s'il ne l'aime déja.

Mlle DOLBAN.
Si vite?

LUBIN.
En un clin-d'œil monsieur se passionne ;
Et puis, l'étonnement de voir une personne...
Tout autre...

Mlle DOLBAN.
En quoi?

ACTE II, SCÈNE II.

LUBIN.

Sans doute ; il ne s'attendoit pas
A la voir ce qu'elle est : on nous disoit là-bas.
Que cette demoiselle étoit capricieuse,
Babillarde, étourdie, et sur-tout très railleuse.

Mlle DOLBAN, *cachant avec peine son dépit.*
Quoi ! l'on vous avoit dit ?...

LUBIN.

Vraiment ; aussi, Dieu sait
Comme, avant de la voir, monsieur la haïssoit !

Mlle DOLBAN.

Me... la haïssoit ?

LUBIN.

Oui.

Mlle DOLBAN.

Lubin juge, raisonne !

LUBIN.

C'est notre droit, à nous ; par exemple, friponne !
Votre joli minois...

Mlle DOLBAN.

Soyez moins familier.
Hé bien donc, votre maître ?...

LUBIN.

Ah ! j'allois l'oublier.
Mon maître ; car Marton sait si bien me distraire !

Mlle DOLBAN.

Ne vous dérangez pas.

LUBIN.

Ça m'arrange, au contraire.
Comme mon maître ici je suis tout près d'aimer.

Mlle DOLBAN.

Soit ; mais je ne suis pas si prompte à m'enflammer

Que ma maîtresse, moi.

LUBIN.

Bah ! ton charmant visage
Dit...

Mlle DOLBAN.

Déja tutoyer !

LUBIN.

C'est assez mon usage ;
Puis, cela va tout seul de Lubin à Marton.

Mlle DOLBAN.

Finissez donc ; car, moi, je n'aime pas ce ton.

LUBIN.

Quel œil sévère ! Allons ! la paix, et je te donne,
Moi, pour gage, un baiser.

(*Il l'embrasse en effet.*)

Mlle DOLBAN.

Insolent !

LUBIN.

Ah ! pardonne ;
Mais ton minois, Marton, sembloit demander ça.

Mlle DOLBAN, *élevant la voix.*

Comment ! Ici, quelqu'un.

SCÈNE III.

Mlle DOLBAN, LUBIN; Mme DOLBAN,
vêtue en duègne.

Mme DOLBAN.

Eh ! mais, qu'entends-je là ?

Mlle DOLBAN.

C'est cet impertinent, madame, qui m'embrasse.

ACTE II, SCÈNE III.

Mme DOLBAN.

Vous embrasse? cet homme!... il auroit eu l'audace!...

LUBIN.

Eh! oui, madame Armand, j'ai cette audace.

Mme DOLBAN.

Oser
A ma... mademoiselle ainsi prendre un baiser!

Mlle DOLBAN.

Malheureux!

LUBIN.

(*à madame Dolban.*)
Ah! Marton! Pardon, je vous supplie;
Mais c'est qu'en vérité Marton est si jolie!...

Mme DOLBAN.

(*à sa fille.*)
Belle excuse! Mais, vous, pourquoi rester aussi
Seule avec un valet?

Mlle DOLBAN.

Pouvois-je donc ici
M'attendre?...

Mme DOLBAN.

Il faut s'attendre à tout, mademoiselle.

LUBIN.

Oh! oui, sur-tout à ça.

Mme DOLBAN.

C'est qu'il parle encor d'elle
D'un ton!... Tu sortiras, coquin, de la maison.
(*voyant Raimond.*)
Mais ton maître, avant tout, va me faire raison
De l'insolence...

SCÈNE IV.

Les mêmes, FLORIMEL, RAIMOND.

FLORIMEL.

Bon !

RAIMOND.

Eh ! de quelle insolence ? Qu'a-t-il donc fait, madame ?

LUBIN.

Eh ! monsieur, j'ai...

RAIMOND.

Silence.

Mme DOLBAN.

Ce qu'il a fait ? il a... je ne saurois parler.

FLORIMEL.

Ah ! Dieu !

RAIMOND.

Mais achevez : vous me faites trembler.

Mme DOLBAN.

Hé bien, monsieur, il vient d'embrasser, ici même, Mademoiselle.

RAIMOND.

Ciel !

FLORIMEL, *riant sous cape.*

Ah ! quelle audace extrême !

(*à part.*)

Le bon tour !

RAIMOND.

Se peut-il ?

ACTE II, SCÈNE IV.

FLORIMEL.

Quoi ! Marton, est-il vrai?

Mlle DOLBAN, *outrée.*

Eh ! oui.

RAIMOND.

Qu'ai-je entendu?

FLORIMEL.

(*à part.*)

C'est affreux. Il est gai.

RAIMOND, *à madame Dolban, à demi-voix, de manière pourtant que mademoiselle Dolban puisse l'entendre.*

Lubin est si timide! oui, d'honneur! quand j'y pense,
Il faut absolument que, par un peu d'avance,
Cette fille l'ait presque encouragé.

Mlle DOLBAN.

Moi, j'ai?...

Plaît-il?

Mme DOLBAN.

Qu'appelez-vous, monsieur, encouragé?

FLORIMEL.

Il est sûr que Marton a la mine égrillarde.

Mlle DOLBAN, *à Florimel.*

C'en est trop.

LUBIN.

C'est bien vrai : quand elle vous regarde...

Mme DOLBAN.

Paix.

Mlle DOLBAN, *hors d'elle.*

Voyez donc un peu comme il parle de moi !

FLORIMEL, *bas, à sa sœur.*

Bien, courage, ma sœur.

Mlle DOLBAN, *à demi-voix.*

Eh! laisse-moi donc, toi.

Mme DOLBAN, *toute déconcertée.*

Là... voyez cependant où les choses en viennent!

RAIMOND, *après avoir rêvé un moment, et du plus grand sérieux.*

Mais... si les jeunes gens, après tout, se conviennent,
On les pourroit, un jour, marier...

Mme DOLBAN, *avec un rire mêlé de dépit.*

Marier?...

Mlle DOLBAN, *de même.*

Nous marier!

FLORIMEL, *éclatant.*

Ah! bon!

RAIMOND.

Pourquoi se récrier?

LUBIN.

Eh! oui, pourquoi?

RAIMOND.

Lubin est bon pour cette fille.
Il est brave homme; il sort d'une honnête famille:
C'est le fils d'un fermier, pas très riche, d'accord,
Mais à cet égard-là, je réponds de son sort.

Mlle DOLBAN.

A merveille, monsieur!

FLORIMEL.

Rien de plus raisonnable:
Ce mariage, à moi, me paroît très sortable.
N'est-ce pas?

Mme DOLBAN.

Superbe! oui...

RAIMOND.

Quoi! déja vous sortez, Marton?

Mlle DOLBAN, *avec un air moitié de dédain, moitié de dépit.*

Oui, je bénis de si rares bontés,
Et vais y réfléchir.

FLORIMEL, *bas, à sa sœur.*

C'est un début fort drôle :.
Ne te dégoûte pas pour cela de ton rôle.

Mlle DOLBAN.

Eh! laissez-moi donc, vous.

(*Elle sort outrée.*)

SCÈNE V.

LES MÊMES, *excepté* Mlle DOLBAN.

FLORIMEL.

Pauvre fille! elle sort
Piquée, et jusqu'au vif.

Mme DOLBAN.

Elle a vraiment grand tort!

RAIMOND, *à Lubin.*

Sors, toi; ne reparois jamais devant ces dames.

Mme DOLBAN.

Jamais, certainement.

LUBIN, *à part.*

Les singulières femmes!
(*à demi-voix.*)
J'ai donné des baisers, en ma vie, au moins cent,

Qui n'ont pas fait moitié tant de bruit.

(*Il sort.*)

Mme DOLBAN.

L'insolent!

SCÈNE VI.

Mme DOLBAN, FLORIMEL, RAIMOND.

RAIMOND, *à madame Dolban.*

Ah! pardon.

Mme DOLBAN.

C'est assez...

FLORIMEL.

Oui, l'on n'y peut que faire.
Parlons plutôt, parlons de cette tendre mère.

Mme DOLBAN.

Ah! oui.

RAIMOND.

C'est en effet un mal plus sérieux.

FLORIMEL, *à Raimond.*

Depuis votre visite, elle est mieux, beaucoup mieux.

Mme DOLBAN.

Vraiment?

RAIMOND.

J'en suis ravi : la pauvre chère dame!
Elle me fait pitié.

Mme DOLBAN.

Cela déchire l'ame.

FLORIMEL, *à sa mère.*

Mais n'admirez-vous pas... là... que précisément
Monsieur soit médecin?

ACTE II, SCÈNE VI.

RAIMOND, *avec modestie.*
Ah!...
Mme DOLBAN.
Quel bonheur!
FLORIMEL.
Comment
Ne m'en disiez-vous rien?
RAIMOND.
Mais... la surprise extrême...
Le saisissement...
FLORIMEL.
Soit. Et mon oncle lui-même
N'en avoit point parlé : quelle discrétion!
RAIMOND.
Moi, je n'en ai jamais fait ma profession.
Je traite mes amis et la classe indigente,
Ou, comme en ce moment, dans une affaire urgente;
Je ne me pique point de guérir tous les maux;
Deux ou trois, c'est assez : mais voyez l'à-propos!
Oui, je possède à fond l'article des orages :
J'ai même là-dessus fait deux petits ouvrages.
Mme DOLBAN.
Vous êtes donc auteur?
RAIMOND.
Autant que médecin.
Mme DOLBAN.
Vous croyez la sauver?
RAIMOND.
J'en réponds ; un seul grain
D'émétique...
Mme DOLBAN.
Ah, ciel! quoi!

RAIMOND.

C'est le remède unique.

FLORIMEL.

(*à Raimond, à demi-voix.*)

C'est tout simple. A propos, voici l'instant critique :
Je vais à mon duel.

RAIMOND, *de même.*

Vous faut-il un témoin ?

FLORIMEL, *de même.*

Non ; mais si, par malheur, de votre art j'ai besoin,
Puis-je compter sur vous ?

RAIMOND.

Oui, certes : où me rendre ?

FLORIMEL.

Où ? mon valet-de-chambre ici viendra vous prendre.
(*bas, à sa mère.*) (*haut, à Raimond.*)
Je le ferai courir. Je prends votre cheval ;
Montez le mien, vous.

RAIMOND.

Soit.

FLORIMEL.

Oh ! c'est un animal !...
Unique, vous verrez.

(*Il fait signe à sa mère.*)

RAIMOND.

Je rends le mien docile ;
Cependant à monter il est fort difficile :
Prenez-y garde.

FLORIMEL.

Bon ! n'ayez pas peur, allez,
Je connois les chevaux.

ACTE II, SCÈNE VI.

RAIMOND.

Puisque vous le voulez...

FLORIMEL.

Adieu donc.

(*bas, à Raimond, et du ton d'un homme pénétré.*)

Si je meurs...

RAIMOND, *bas, à Florimel.*

Écartons ce présage.

FLORIMEL, *de même, serrant la main de Raimond.*

Cher ami !

(*à madame Dolban, à demi-voix, mais de manière que Raimond l'entende.*)

Vous, madame, en gouvernante sage,
Veillez bien sur ma sœur.

Mme DOLBAN, *de même.*

Oui.

FLORIMEL.

Vous la connoissez :
Vous savez bien, madame...

Mme DOLBAN, *de même.*

Eh ! mon Dieu ! c'est assez.

(*Florimel sort en riant sous cape; madame Dolban en fait autant, et Raimond aussi.*)

SCÈNE VII.

Mme DOLBAN, RAIMOND.

RAIMOND, *à part.*

A vous, madame.

Mme DOLBAN, *à part.*

Allons, jouons mon personnage.

RAIMOND.
Ce jeune homme est aimable.
Mme DOLBAN.
Un peu vif.
RAIMOND.
A son âge,
C'est tout simple.
Mme DOLBAN, *à part.*
Arrangeons notre petit roman.
(*haut.*)
Ah! monsieur...
RAIMOND, *à part.*
Essayons d'écarter la maman ;
Car l'aimable orpheline ici pourroit se rendre.
Mme DOLBAN.
Combien vous gémirez, quand vous allez apprendre
Les revers, les malheurs!...
RAIMOND, *à part.*
J'imagine un moyen.
Mme DOLBAN.
Vous paroissez distrait.
RAIMOND.
Moi? point du tout. Hé bien,
De grace, poursuivez ; ce récit m'intéresse.
(*Il tâte le pouls de madame Dolban comme machinalement.*)
Mme DOLBAN.
Que faites-vous?
RAIMOND.
Pardon, madame.
Mme DOLBAN.
Eh! quoi, seroit-ce?...

ACTE II, SCÈNE VII.

RAIMOND.

Rien. Vous ne sentez pas à présent de douleur?

Mme DOLBAN.

Non.

RAIMOND.

Vous avez changé tout-à-coup de couleur...

Mme DOLBAN.

Ah! bon Dieu! d'où vous vient une telle pensée?

RAIMOND.

Avez-vous quelquefois la tête embarrassée?

Mme DOLBAN.

La tête embarrassée? ah! voilà du nouveau!

RAIMOND.

Mais rien n'est plus commun : les fibres du cerveau...

Mme DOLBAN.

Eh! mais... à quel propos cet air d'inquiétude?

RAIMOND.

D'inquiétude? non. Avez-vous l'habitude,
Madame, de dormir après votre repas?

Mme DOLBAN.

Oui.

RAIMOND.

Je l'aurois gagé.

Mme DOLBAN.

Mais...

RAIMOND.

Ne sentez-vous pas
Un engourdissement?

Mme DOLBAN.

Quelquefois.

RAIMOND, *se parlant à soi-même.*

Asphyxie.

Mme DOLBAN.

Plaît-il?

RAIMOND.

Qui, par degrés, mène à l'apoplexie.

Mme DOLBAN.

L'apoplexie? ô ciel!

RAIMOND.

Hai... j'en ai vu...

Mme DOLBAN.

Vraiment...
Je me sens toute... là... mais... je ne sais comment.

RAIMOND, *lui tâtant le pouls.*

Je le crois bien : le pouls, de seconde en seconde,
S'élève.

Mme DOLBAN.

Vous croyez?

RAIMOND.

Une bile âcre abonde.

Mme DOLBAN.

Oh! depuis quelques jours je n'étois pas très bien.

RAIMOND.

Pas très bien? mais... s'il faut ne vous déguiser rien...

Mme DOLBAN.

Eh! quoi, monsieur?

RAIMOND.

Tenez, la dame que j'ai vue
Tout-à-l'heure, là-haut, dans ce lit étendue...

Mme DOLBAN.

Hé bien?

RAIMOND.

Est moins malade, oui, beaucoup moins que vous.

ACTE II, SCÈNE VII.

Mme DOLBAN.

Moins malade que moi?

RAIMOND.

Convenez, entre nous,
Que j'arrive à propos.

Mme DOLBAN.

Oui, je suis trop heureuse.
Mais cette maladie est-elle dangereuse?

RAIMOND.

Non. Du repos, de rien ce soir ne s'occuper,
Boire de l'eau, sur-tout se coucher sans souper;
Quinze ou vingt jours ainsi de calme, de régime,
Il n'y paroîtra plus.

Mme DOLBAN.

Cet espoir me ranime.

RAIMOND.

Un peu de confiance et de docilité.

Mme DOLBAN.

J'en aurai, j'en aurai; mais c'est qu'en vérité...

RAIMOND.

(*à part.*)

Ne pleurez point. On vient: ô ciel! c'est Eusébie.
(*haut et vivement.*)
Voulez-vous dans le vif couper la maladie?

Mme DOLBAN.

O Dieu! si je le veux!

RAIMOND, *de même.*

Allez faire soudain
Un tour de promenade.

Mme DOLBAN.

Où donc?

RAIMOND.

Dans le jardin.

Mme DOLBAN.

Mais enfin...

RAIMOND.

Eh! courez.

Mme DOLBAN.

Ne pouvez-vous me suivre?

RAIMOND.

Non, il faut à l'instant que je consulte un livre.

Mme DOLBAN.

Combien vais-je rester?

RAIMOND.

Trois grands quarts d'heure, au moins. Mais courez donc.

Mme DOLBAN.

Et vous?

RAIMOND.

Bientôt je vous rejoins. Allez.

Mme DOLBAN, *de loin.*

Mon cher docteur, sur vous je me repose.

RAIMOND, *seul un moment, et riant.*

Vivat! la médecine est une bonne chose.

(*à l'approche d'Eusébie.*)

Chut.

SCÈNE VIII.

RAIMOND, EUSÉBIE.

EUSÉBIE.
J'avois cru trouver ici madame Armand.
RAIMOND.
Elle vient de sortir; mais, de grace, un moment,
Ne peut-on vous parler sans votre gouvernante?
EUSÉBIE.
(à part.)
Eh! mais, monsieur... Mon rôle est d'être prévenante.
(haut.)
Ici depuis long-temps vous étiez attendu.
RAIMOND.
On est trop bon; mais, moi, que de temps j'ai perdu!
(à part.)
O quel air de candeur!
EUSÉBIE, à part.
Il est bien.
RAIMOND, à part.
Quel dommage
Qu'on lui fasse jouer un autre personnage!
(haut.)
Combien je desirois un entretien si doux,
Belle Élise!
EUSÉBIE.
Le bien qu'on nous a dit de vous
Me faisoit souhaiter aussi de vous connoître:
Ma franchise, monsieur, vous surprendra peut-être.

RAIMOND.

Moi, je serois surpris?... ah! la sincérité
Semble embellir encore une jeune beauté.
Elle vous sied si bien!

EUSÉBIE.

Épargnez, je vous prie...

RAIMOND.

Ne prenez point ceci pour une flatterie.
Sans peine on reconnoît l'accent qui part du cœur,
Mademoiselle : il est tel regard enchanteur
Qui ne sauroit tromper; par exemple, le vôtre...

EUSÉBIE.

Oh! mon regard, monsieur, n'est pas plus sûr qu'un autre,
Croyez-moi.

RAIMOND.

Mon bonheur pourtant seroit certain,
Si je pouvois un jour y lire mon destin.

EUSÉBIE.

Vous me jugez d'après votre candeur extrême :
Qui voudroit vous tromper, se tromperoit soi-même,
    (*à part.*)
En effet. Je le sens.

RAIMOND.

Hé! bien, cette candeur
Réside, j'en suis sûr, au fond de votre cœur,
Charmante Élise.

EUSÉBIE.

Eh! mais... vous me flattez, sans doute :
  (*à part.*)
L'aimable confiance! ô combien il m'en coûte!...

RAIMOND, *à part.*

Elle souffre! vraiment, elle me fait pitié.

ACTE II, SCÈNE VIII.

EUSÉBIE, *à part.*

Le tromper avec l'air, le ton de l'amitié!

RAIMOND.

Vous semblez hésiter à dire quelque chose.

EUSÉBIE.

Hésiter?... Mais, monsieur, vous-même, je suppose,
Me regardez d'un air!...

RAIMOND.

Tel que vous l'inspirez,
Je ne m'en défends pas.

EUSÉBIE.

Hélas!...

RAIMOND.

Vous soupirez?

EUSÉBIE.

(*à part.*)
Il est vrai. Je ne puis plus long-temps me contraindre;
(*haut.*)
Non... C'en est trop, monsieur, et je cesse de feindre.
Il faut...

RAIMOND.

Eh! quoi, de grace?

EUSÉBIE.

Eh! bien, je vais parler...
Dieu! c'est Marton; il faut encor dissimuler.

RAIMOND.

Eh! qu'importe?

SCÈNE IX.

EUSÉBIE, RAIMOND, Mlle DOLBAN.

Mlle DOLBAN.
Je trouble un charmant tête-à-tête :
Fort bien, mademoiselle, et rien n'est plus honnête.
EUSÉBIE.
De quel droit venez-vous ? ne puis-je, s'il vous plaît,
A l'ami de mon oncle exprimer l'intérêt...
Qu'il inspire ?
Mlle DOLBAN.
Ah ! fort bien, monsieur vous intéresse !
RAIMOND.
Tant mieux pour moi ; bien loin de gronder sa maîtresse,
Marton feroit bien mieux...
Mlle DOLBAN.
Oui, de se retirer,
Pour vous laisser ainsi !
RAIMOND.
J'allois t'en conjurer.
Sache écarter d'ici l'oncle, la gouvernante,
Et celle-ci sur-tout qui n'est pas indulgente.
Mlle DOLBAN.
Ah ! que je les écarte ?
RAIMOND.
Oui.
Mlle DOLBAN.
Je vais de ce pas
Les avertir plutôt.

ACTE II, SCÈNE IX.

EUSÉBIE.

Mais vous n'y pensez pas.
Qui, dans cette maison, pourroit me faire un crime
D'avouer à monsieur à quel point je l'estime ?

RAIMOND.

Qu'entends-je ? ô doux aveu !

Mlle DOLBAN.

Je crois bien qu'il est doux :
Vous l'estimez déja ?

EUSÉBIE.

Pourquoi pas ? Laissez-nous,
Marton.

Mlle DOLBAN.

Je conçois bien qu'ici je vous dérange.

RAIMOND.

Mais, Marton est, d'honneur ! une soubrette étrange.
Ne suis-je donc pas homme à te récompenser ?
Tu me connois bien mal ; et, tiens, pour commencer,
Prends ceci.

Mlle DOLBAN.

De l'argent !

RAIMOND.

Ah ! je vois ta colère :
C'est trop peu qu'un louis ? en voilà deux, ma chère.

Mlle DOLBAN.

Eh ! gardez tout votre or.

RAIMOND.

Ah ! ma belle, pardon :
Vous êtes un phénix.

EUSÉBIE.

En effet.

RAIMOND.

Eh! bien donc,
Va, par amitié seule, en soubrette fidèle,
Te tenir à la porte, et faire sentinelle.
   (*Il la prend par la main, et la place lui-même à
      ce poste.*)
         (*avec affectation*)   (*bas, à Eusébie.*)
Là, bien. Charmante Élise!... enfin... permettez-vous
Que, pour la tourmenter, je tombe à vos genoux?

EUSÉBIE, *bas.*

Vous êtes donc malin?

RAIMOND, *bas.*

Oui, quelquefois.

Mlle DOLBAN, *de loin, avec dépit.*

Courage!
Vous me faites jouer un joli personnage!

RAIMOND.

Ne bouge pas, Marton.
   (*Et toujours aux pieds d'Eusébie, il lui prend la
      main.*)
         (*bas, à Eusébie.*)
Pardon...

Mlle DOLBAN.

Oh! c'est trop fort.
Je vous en avertis, la sentinelle sort,
Et reviendra bientôt, mais avec bonne escorte.
   (*Elle sort.*)

SCÈNE X.

EUSÉBIE, RAIMOND.

EUSÉBIE.

Elle sort furieuse; et Dieu sait!...

RAIMOND.

Bon! qu'importe
Le courroux de Marton?

EUSÉBIE.

Cette Marton n'est pas
Une... Mais je l'entends qui revient sur ses pas.

SCÈNE XI.

LES MÊMES, Mlle DOLBAN; FLORIMEL,
le bras en écharpe.

Mlle DOLBAN.

(bas.)

Venez, monsieur, venez. Je vous préviens, mon frère,
Qu'ils s'aiment tout de bon.

FLORIMEL.

Qu'entends-je? un téméraire
Ose parler d'amour à ma sœur! ah! morbleu!

RAIMOND.

Monsieur!... en vérité...

EUSÉBIE, *bas, à Florimel.*

Tout ceci n'est qu'un jeu;
Vous savez bien...

FLORIMEL, *bas, à Eusébie.*

    Eh! oui, je sais très bien, ma chère;
Aussi, fais-je semblant d'être fort en colère.

   M^(lle) DOLBAN, *à Florimel.*

Eh! ne l'écoutez pas : il étoit à ses pieds,
Ici même.

  FLORIMEL, *à Raimond et à Eusébie.*

    Tous deux ainsi vous me trompiez!

    RAIMOND.

Moi? qu'avois-je promis?

    FLORIMEL.

    Un amoureux mystère!
(*à Raimond.*)
Et lorsque vous savez quel est mon caractère!

    EUSÉBIE.

Oh! oui, très violent.

    FLORIMEL.

    Quand l'honneur est blessé...

    RAIMOND.

L'honneur? eh! mais, de grace, en quoi l'ai-je offensé?

    FLORIMEL.

C'est me manquer enfin.

    RAIMOND.

    En ce cas, je suis homme
A vous faire raison.

    FLORIMEL.

    Demain, je vous en somme.

    EUSÉBIE.

Ciel! ils vont s'égorger, pour un mot!

    (*à mademoiselle d'Olban.*)

    Et voilà
Le fruit de vos rapports, fille injuste!

ACTE II, SCÈNE XI.

FLORIMEL, *bas, à Eusébie.*

Brava !
Vous jouez comme un ange.

Mlle DOLBAN, *bas, à Florimel.*

Applaudissez ; courage !
Elle joue en effet très bien.

FLORIMEL, *bas.*

Eh ! oui.

Mlle DOLBAN.

J'enrage.

EUSÉBIE, *affectant un grand sérieux.*
Mon frère, c'est pousser l'emportement trop loin.
Monsieur n'a point de tort, aucun, j'en suis témoin ;
Et c'est vous seul ici qui lui faites injure.

FLORIMEL.

Je suis trop vif, mon cher, pardon, je vous conjure.

RAIMOND.

Soit.

Mlle DOLBAN.

Vous ne voyez pas ?...

FLORIMEL.

Laisse-nous en repos,
Marton ; j'en ai besoin, moi ; je souffre !...

RAIMOND, *à demi-voix.*

A propos,
Ce duel ?

FLORIMEL, *de même.*
J'ai d'abord tué mon adversaire.

EUSÉBIE.

Ciel !

Mlle DOLBAN.

Vous êtes blessé ?

FLORIMEL.

La blessure est légère.

RAIMOND.

Quoi ! sérieusement, blessé, monsieur?

FLORIMEL.

Très peu.
Oui, la balle a glissé.

RAIMOND.

Voyons, de grace.
(*Il lui touche le bras.*)

FLORIMEL.

Ah ! Dieu !
Vous m'avez fait un mal !

RAIMOND.

Eh ! mais, cette blessure
N'est point un coup de feu, mon cher, je vous assure.

FLORIMEL.

Comment donc?

RAIMOND.

On ne peut tromper les gens de l'art :
C'est un poignet foulé.

EUSÉBIE.

Bon !

RAIMOND.

Oui, si par hasard
Cette blessure-là?...

FLORIMEL.

Quoi?

RAIMOND.

N'étoit qu'une chute?

Mlle DOLBAN, *riant*.

Ah ! ah !

ACTE II, SCÈNE XI.

FLORIMEL.

Je vous proteste.

RAIMOND.

Allons, point de dispute :
Si votre gros cheval fait souvent des faux pas,
Mon normand quelquefois jette son homme à bas.

SCÈNE XII.

LES MÊMES, Mme DOLBAN.

Mme DOLBAN.

Voyez ! s'est-on jamais dispersés de la sorte ?
Personne ne vient voir, moi, comment je me porte !

FLORIMEL.

Quoi, madame ?

RAIMOND.

En effet, madame n'est pas bien.

EUSÉBIE.

Qu'est-ce donc ?

Mme DOLBAN, *montrant Raimond.*

Demandez !

RAIMOND.

Cela ne sera rien ;
Un peu de fièvre.

Mlle DOLBAN.

Quoi !

RAIMOND, *tâtant le pouls de madame Dolban.*

Déja la peau meilleure.

Mlle DOLBAN.

Mais...

RAIMOND, *à madame Dolban.*
Vous avez pris l'air ?

Mme DOLBAN.
Hélas ! oui, trois quarts d'heure.

RAIMOND.
Bien.

Mme DOLBAN.
Je vous attendois.

RAIMOND.
Je n'ai point oublié ;
Mais monsieur me retient.

SCÈNE XIII.

LES MÊMES, LÉVEILLÉ.

FLORIMEL.
Hé bien, quoi, Léveillé ?

LÉVEILLÉ.
Une grande visite, allez, je vous assure.

Mme DOLBAN.
Comment ?

LÉVEILLÉ.
Un voyageur : oh ! c'est une aventure !...
On parle de voleurs, d'hommes tués...

Mlle DOLBAN.
Ah ! ciel !

FLORIMEL, *à Raimond.*
Oh ! ces bois sont remplis de voleurs.

RAIMOND, *à Florimel.*
C'est cruel.

Mlle DOLBAN, *bas, à Florimel.*

C'est Gélon.

FLORIMEL, *bas, à sa sœur.*

Oui, je gage; il n'a voulu rien dire.

LÉVEILLÉ.

Je cours.

(*Il sort.*)

SCÈNE XIV.

LES MÊMES, *excepté* LÉVEILLÉ.

FLORIMEL, *bas, à madame Dolban.*

Un nouveau tour.

Mme DOLBAN, *haut.*

Chez moi je me retire.

Mlle DOLBAN.

Pourquoi?

Mme DOLBAN.

Suis-je en état, bon Dieu! de recevoir,
Quand j'ai la fièvre?

FLORIMEL.

Quoi! vous ne voulez pas voir?...
(*bas.*)
Cela sera plaisant.

Mme DOLBAN, *à demi-voix.*

Oui, la plaisanterie,
Toujours! On est malade, et vous voulez qu'on rie!
(*à Raimond.*)
Cela me tue. Au moins ne m'abandonnez pas,
Cher docteur.

RAIMOND.

Non, madame; allez, et de ce pas,
Vous promener encor: toujours des promenades.
(*Madame Dolban sort tristement.*)

RAIMOND, *à part.*

Comme ils s'amusent bien! les voilà tous malades.

SCÈNE XV.

Les mêmes, M. SAINT-FIRMIN, GÉLON.
(*Gélon est habillé en voyageur étranger: son costume est celui d'un militaire allemand; mais cet uniforme est couvert d'une ample redingote.*)

M. SAINT-FIRMIN.

Mes enfants, mes amis, j'amène un voyageur
Qu'il faut bien recevoir.

FLORIMEL, *bas.*

Il est parfait, ma sœur.

Mlle DOLBAN, *bas.*

Parfait.

GÉLON, *à M. Saint-Firmin, avec l'accent allemand.*

Ah! vous m'avez sauvé les jours.

FLORIMEL.

Qu'entends-je?

M. SAINT-FIRMIN.

C'est un évènement en effet fort étrange.
J'allois me promener dans la forêt; j'entend
Des coups de pistolet.

Mlle DOLBAN.

Ah!

ACTE II, SCÈNE XV.

M. SAINT-FIRMIN.

Je cours à l'instant,
Et je vois des voleurs, dont une troupe entoure
Monsieur, qui se défend avec une bravoure!...

GÉLON.

J'en avois tué six déja de ce seul bras :
Ah! s'ils n'avoient été que dix, les scélérats!...

EUSÉBIE.

N'êtes-vous point blessé?

GÉLON.

J'étois, je vous assure,
Blessé dans quatre endroits ; j'ai guéri ma blessure
Moi-même, en un clin-d'œil.

Mlle DOLBAN.

Ah! ah! comment cela?

GÉLON, *montrant un petit flacon.*

Deux gouttes seulement du baume que voilà.

Mlle DOLBAN.

Je donnerois beaucoup pour en avoir deux gouttes

GÉLON

Un baiser, bel enfant; je vous les donne toutes.

RAIMOND, *à Florimel.*

Voilà, pour votre chute, une merveilleuse eau.

M. SAINT-FIRMIN.

Monsieur est voyageur?

GÉLON.

Presque dès mon berceau.
Mon père, en voyageant, a fait son mariage,
Et ma mère accoucha de moi dans un voyage;
Ainsi, de père en fils, toujours nous voyageons,
Et toujours en campagne.

FLORIMEL.

A ce mot, nous jugeons
Que monsieur est issu de parents militaires.

GÉLON, *avec affectation.*

Militaires ? oh ! non, certainement ; mes pères
Étoient de bons marchands.

M. SAINT-FIRMIN.

Ah ! ah ! c'est différent.

GÉLON.

Le commerce, monsieur ; mais le commerce en grand.

RAIMOND.

C'est votre air martial qui nous avoit fait croire...

GÉLON.

Martial? ah ! monsieur, à moi pas tant de gloire.
Mais, vous savez, toujours voyageant et marchant,
On s'aguerrit.

M. SAINT-FIRMIN.

Sans doute.

RAIMOND.

Ah ! monsieur le marchand,
Le beau sabre !...

GÉLON.

Assez beau.

RAIMOND.

Je ne saurois m'en taire,
Il est superbe.

GÉLON.

Eh ! mais...

FLORIMEL.

C'est un vrai cimeterre.

GÉLON.

Je l'ai pris d'un cosaque.

ACTE II, SCÈNE XV.

Mlle DOLBAN.

Ah! ah! pris? et comment?

GÉLON, *affectant de se reprendre.*

Pris... par échange; eh! oui, pour un gros diamant
Que me... céda Memmoud, un pacha de trois queues.

M. SAINT-FIRMIN.

Monsieur est las, peut-être?

GÉLON.

Oh! moi? non; cinq cents lieues,
Tout au plus, que je fis, et toujours à cheval.

FLORIMEL.

O Dieu!

GÉLON.

Je monte à cru; le mien n'a pas d'égal.

Mlle DOLBAN.

Monsieur n'est point encor marié?

GÉLON.

Non, madame:
Je n'eus jamais le temps d'épouser une femme;
Toujours en course...

M. SAINT-FIRMIN.

Ici long-temps je vous retiens,
Comme mon prisonnier.

GÉLON.

Oui, je vous appartiens:
L'esclavage en ces lieux pour moi n'a rien de rude.

Mlle DOLBAN, *bas, à Gélon.*

A merveille.

GÉLON, *bas aussi.*

Bon! bon! ceci n'est qu'un prélude,
Et je lui garde un tour!...

M. SAINT-FIRMIN, *à Gélon.*
Venez-vous?

GÉLON.

Dans l'instant.
(*à demi-voix à Florimel et à mademoiselle Dolban, en regardant avec attention Raimond.*)
Bon Dieu! que ce jeune homme a l'air intéressant!
(*Il sort avec M. Saint-Firmin, mademoiselle Dolban et Eusébie.*)

SCÈNE XVI.

FLORIMEL, RAIMOND.

FLORIMEL, *à Raimond qui sortoit.*
Un mot: que dites-vous de notre nouvel hôte?

RAIMOND.

Eh! mais...

FLORIMEL.

Il a vraiment la mine fière et haute.

RAIMOND.

Haute? moi, je lui trouve un maintien fort commun.

FLORIMEL.

Mais ne voyez-vous pas qu'il a l'air de quelqu'un?...

RAIMOND.

Oui, l'air d'un voyageur, qui hâble, Dieu sait comme!

FLORIMEL.

Êtes-vous bien certain, mon ami, que cet homme
Soit un vrai voyageur?

RAIMOND.

Certain? non; je le croi.

ACTE II, SCÈNE XVI.

FLORIMEL.

Et moi j'en doute fort, et je soupçonne...

RAIMOND.

Quoi?

FLORIMEL.

Que c'est un voleur.

RAIMOND.

Bon!

FLORIMEL.

Cet accent, ce mystère,
Cet air moitié marchand et moitié militaire...

RAIMOND.

Un voleur?

FLORIMEL.

C'en est un, et tout est expliqué.

RAIMOND.

Comment? par des voleurs lui-même est attaqué.

FLORIMEL.

Fausse attaque: il s'est fait, par d'autres camarades,
Tout exprès assaillir, près de nos promenades.
Mon oncle accourt, tout fuit; mais, comme de raison,
Le chef se laisse enfin conduire à la maison,
Pour en ouvrir, la nuit, les portes à sa troupe.

RAIMOND.

Cela se peut; au fait, le voyageur se coupe:
Il m'a déplu d'abord, il faut en convenir.

FLORIMEL.

Sur nos gardes, mon cher, sachons bien nous tenir.

RAIMOND.

Oui, c'est ce que je fais.

FLORIMEL.

Heureusement, nos armes

Sont toujours en état, chez nous, en cas d'alarmes ;
Les fusils sont chargés, et les sabres sont prêts.
RAIMOND.
Bien. Moi, j'ai mon épée et quatre pistolets.
Il faut que les méchants, dupes de leur manége,
Se trouvent à la fin pris dans leur propre piège.
(*Il sort avec Florimel.*)

FIN DU SECOND ACTE.

ACTE TROISIÈME.

La scène se passe dans le jardin.

SCÈNE I.

FLORIMEL, Mlle DOLBAN.

(*Il est nuit.*)

FLORIMEL.
Oui, ma sœur, aux voleurs il croit pieusement.
Mlle DOLBAN.
C'est toi plutôt qui crois cela tout bonnement;
Mais, moi, je t'avertis qu'il fait semblant de croire,
Et ne croit rien du tout.
FLORIMEL.
    Fort bien! plaisante histoire!
Mlle DOLBAN.
Il a l'air ingénu; mais je l'observe, moi,
Et je te réponds bien qu'il est plus fin que toi.
FLORIMEL.
Élise est amusante, il faut que j'en convienne.
Mlle DOLBAN.
Il paroît votre dupe, et vous êtes la sienne.
FLORIMEL.
Nous, dupes de Raimond! eh! va, je te promets
Qu'il sera plus facile à tromper que jamais.
Mlle DOLBAN.
Allons! tu ne veux pas...

FLORIMEL.

Entre nous, il te traite
Assez légèrement, c'est-à-dire en soubrette :
Voilà ce qui te fâche.

Mlle DOLBAN.

Il m'intéresse peu.
Cette Eusébie aussi cache fort bien son jeu.

FLORIMEL.

Voilà ce qui te tient encor, la jalousie.

Mlle DOLBAN, *affectant de sourire.*

La jalousie ? ah ! ah ! la bonne fantaisie !

FLORIMEL.

Oui, parceque Raimond lui fait des yeux très doux :
Mais elle s'en amuse.

Mlle DOLBAN.

Ou plutôt de vous tous.
La scène de tantôt...

FLORIMEL.

N'étoit qu'un badinage.

Mlle DOLBAN.

Et son air langoureux ?

FLORIMEL.

Bon ! c'est son personnage.
Mais ce n'est pas cela dont il est question :
C'est ici que je vais le mettre en faction.

Mlle DOLBAN.

Courage !

FLORIMEL.

Il est déja fatigué de sa route ;
Il va se reposer fort joliment.

Mlle DOLBAN.

Sans doute ;

ACTE III, SCÈNE I.

Mais tu verras...

FLORIMEL.
Ma mère, où donc est-elle?

Mlle DOLBAN.
Au lit.
Elle se croit malade.

FLORIMEL.
Oui?

Mlle DOLBAN.
Raimond le lui dit.
Il la met au régime.

FLORIMEL.
Ah! ah!

Mlle DOLBAN.
Preuve nouvelle :
Eh! oui, comme de toi, Raimond se moque d'elle.

FLORIMEL.
La preuve est admirable! Eh! mais, il est certain
Que ce jeune Raimond est fort bon médecin.
Mon oncle en est très sûr; et puis, ma pauvre mère,
Tu le sais, est un peu malade imaginaire.

Mlle DOLBAN.
Tu ne veux pas m'en croire? hé bien, soit: avant peu,
Dès ce soir, tu verras.

FLORIMEL.
Oui, nous verrons beau jeu.
On vient: c'est lui.

Mlle DOLBAN.
Je sors.

FLORIMEL.
Adieu, belle incrédule.

Mlle DOLBAN.
(*à part, en sortant.*)

Adieu, railleur. Cher frère, il est bien ridicule.

FLORIMEL, *seul.*

Qu'elle est simple, ma sœur! Raimond malin, plaisant!
Ah! le pauvre garçon! il est bien innocent!

SCÈNE II.

FLORIMEL, M. SAINT-FIRMIN, RAIMOND.

(*Raimond a un sabre, et quatre pistolets à sa ceinture.*)

M. SAINT-FIRMIN.

Est-ce toi, Florimel?

FLORIMEL.

Oui, mon oncle, moi-même.
Et notre cher Raimond?

RAIMOND.

Le voici.

FLORIMEL.

Bon. Je l'aime
Armé de pied en cap.

RAIMOND.

Mais, c'est le cas, je crois.

M. SAINT-FIRMIN.

Assurément.

FLORIMEL.

Sur vous on peut compter, je vois.

RAIMOND.

Oui, certes.

ACTE III, SCÈNE II.

FLORIMEL.

Et notre homme, est-il un capitaine
De voleurs, hein?

RAIMOND.

D'accord; la chose est trop certaine.

M. SAINT-FIRMIN.

Lui-même il se trahit.

FLORIMEL, *à Raimond.*

Çà, Raimond, dites-moi,
Vos ordres sont donnés à Lubin?

RAIMOND.

Oui, ma foi,
Des ordres très précis; puis, son cher camarade,
Léveillé, quelque part l'a mis en embuscade;
Et malheur au premier qui se présentera!
Lubin est fort, alerte, et d'abord il battra...

FLORIMEL.

Il m'a paru poltron, soit dit sans vous déplaire.

RAIMOND.

Oui, mais comme Sancho, brutal dans sa colère.

FLORIMEL.

Ah! çà, partageons-nous: vous, dans l'intérieur
Vous veillerez, mon oncle?

M. SAINT-FIRMIN.

Oui, tout près de ma sœur.
A propos, elle est mieux; nous sortons de chez elle.

RAIMOND.

L'émétique a passé?

FLORIMEL.

Mille graces du zéle...

M. SAINT-FIRMIN.

La bonne gouvernante est déja mieux aussi.

RAIMOND.

Je réponds d'elle.

FLORIMEL.

Bon. Mais vous êtes ici
Docteur universel.

RAIMOND.

Oui, la besogne abonde.

M. SAINT-FIRMIN.

J'espère que Raimond guérira tout le monde.
Mais, où seras-tu, toi ?

FLORIMEL.

Là-bas, près du chemin,
Seul ; et j'y resterai, s'il faut, jusqu'à demain.

M. SAINT-FIRMIN.

Bon.

RAIMOND.

Et quel poste, à moi, m'assignez-vous, de grace ?

FLORIMEL.

Mais, restez ici même ; oui, mon cher, cette place
Est fort essentielle à garder ; car voici
La chambre de notre homme, et ma sœur loge ici.

RAIMOND.

Hé bien ! soit. Votre sœur, monsieur ! à sa défense
Trop heureux de veiller ! c'est là ma récompense.

FLORIMEL.

Il est charmant, d'honneur ! Du reste, entendons-nous :
Au plus léger signal, nous volerons à vous.

RAIMOND.

Ne vous dérangez pas : Raimond, je vous assure,
Est homme à terminer tout seul une aventure.

M. SAINT-FIRMIN.

C'est un brave !

FLORIMEL.

Oui, je vois. Ainsi nous vous laissons.

RAIMOND.

Je vous en prie ; allez, messieurs, point de façons.

FLORIMEL.

Sans adieu.

M. SAINT-FIRMIN.

Veillez bien.

RAIMOND.

Comptez-y.

FLORIMEL.

Prenez garde :
Ne vous endormez pas.

RAIMOND, *les yeux tournés vers la fenêtre d'Eusébie.*

Dort-on, quand on regarde ?

FLORIMEL.

(*bas, à M. Saint-Firmin.*)

Au revoir. Avouez que c'est un bon enfant.

M. SAINT-FIRMIN, *bas.*

Oui, je crois qu'on l'a fait exprès pour nous, vraiment.
(*Il sort avec Florimel.*)

SCÈNE III.

RAIMOND, *seul.*

Me voilà seul enfin : l'aventure est plaisante ;
Ma situation devient intéressante.
Ce Florimel qu'on dit si malin, mais il est
Bien bon enfant : voyez à quel poste il me met !
Près de celle que j'aime... O charmante Eusébie !
Qu'il m'est doux !... mais, hélas ! seroit-elle endormie ?
Ne la réveillons pas... O Dieu ! je l'entrevois.

SCÈNE IV.

RAIMOND, EUSÉBIE.

EUSÉBIE, *à sa fenêtre.*
Pauvre Raimond ! j'ai cru que j'entendois sa voix.

RAIMOND, *à part.*
Écoutons.

EUSÉBIE.
C'est ici qu'ils l'ont placé, sans doute ;
Hélas ! ce bon jeune homme ! il est las de sa route :
On le fatigue encor ; voyez !

RAIMOND, *à part.*
Quelle bonté !

EUSÉBIE.
Si j'étois sûre, moi, qu'il fût de ce côté,
Je saurois l'avertir que c'est un stratagème.

RAIMOND, *à part.*
Charmante !

EUSÉBIE.
Mais peut-être on m'observe moi-même.
Essayons ; je pourrois, sans affectation,
Parler, comme en chantant.

RAIMOND, *à part.*
Aimable attention !
Chut.

EUSÉBIE *chante sur un air bien simple.*
Cet étranger, simple et crédule,
Je voudrois l'avertir tout bas,
Et lui sauver un ridicule
Que son cœur ne mérite pas.

ACTE III, SCÈNE IV.

Jeune homme! ici tout est tranquille,
Et point de voleurs, entre nous:
Quittez donc ce poste inutile,
Bon voyageur, reposez-vous.

RAIMOND, *haut.*

Qu'à ce trait de bonté j'aime à vous reconnoître!

EUSÉBIE.

Vous êtes là, dehors?

RAIMOND.

Oui, sous votre fenêtre:
Je suis loin de me plaindre; et trop heureux ici!...
Mais vous-même, si tard, vous veillez donc aussi?

EUSÉBIE.

Je n'aurois pu dormir; je souffrois, je l'avoue...

RAIMOND.

Eh! de quoi?

EUSÉBIE.

Mais des tours, monsieur, que l'on vous joue.
Ne le voyez-vous pas?

RAIMOND.

Eh! oui, j'entrevois bien
Que l'on s'égaie ici; mais bon! cela n'est rien;
Et quand vous me plaignez, je ris de leur malice.

EUSÉBIE.

Je vous plains, et je fus un instant leur complice.

RAIMOND.

Vous, leur complice? vous! non, je ne le crois pas.

EUSÉBIE.

Rien n'est plus vrai pourtant. Je le dirai tout bas:
Je ne suis point Élise.

RAIMOND.

Hé bien?

EUSÉBIE.

Et point la fille
De madame Dolban.

RAIMOND.

Qu'importe la famille ?
Ah ! je m'estimerois le plus heureux mortel,
Si je pouvois me croire aimé de vous...

EUSÉBIE.

Ah ! ciel !
Puis-je ?...

RAIMOND.

Dites un mot, ô charmante Eusébie !
Et Raimond vous consacre et son cœur et sa vie.

EUSÉBIE.

Non, monsieur, non...

RAIMOND.

J'appelle encor de ce refus.
Votre cœur est-il libre ? Hé bien ?

EUSÉBIE, *en soupirant*.

Il ne l'est plus,
Depuis bien peu d'instants...
(*On entend du bruit.*)
O Dieu !
(*Elle ferme sa fenêtre.*)

RAIMOND, *seul, un moment*.

Douce réponse !
C'est un consentement, je crois, qu'elle m'annonce.
Mais qui vient me troubler ? si c'est Gélon... parbleu !
Je veux...

SCÈNE V.

RAIMOND, GÉLON.

RAIMOND, *d'une voix forte.*
Qui vive ?
GÉLON *affecte l'accent allemand.*
Ami.
RAIMOND, *d'assez mauvaise humeur.*
Qui donc, l'ami ?
GÉLON.
Bon Dieu !
C'est moi, le voyageur.
RAIMOND, *à part.*
Que le diable t'emporte !
GÉLON.
C'est vous, monsieur Raimond ?
RAIMOND.
Oui. Courir de la sorte,
La nuit !
GÉLON.
Il me suffit d'une heure de sommeil.
RAIMOND.
D'une heure ?
GÉLON.
Oui. Je vous vois dans un cas tout pareil.
Je vous cherchois.
RAIMOND.
Qui ? moi ? qu'avez-vous à me dire
Au milieu de la nuit ?
GÉLON.
Cher monsieur ! je desire

Vous confier tout bas un secret important.
RAIMOND.
Un secret? à moi? bon!
GÉLON.
A vous: voici l'instant.
Mon cher Raimond, il faut qu'enfin je vous apprenne...
RAIMOND.
Quoi donc?
GÉLON.
J'ai peur qu'ici quelqu'un ne nous surprenne?
RAIMOND.
Eh! tout le monde dort.
GÉLON.
Cher monsieur! mon état
N'est pas d'être marchand, mais bien plutôt soldat.
RAIMOND.
Soit.
GÉLON.
Vous serez surpris, en apprenant quel homme
Est ici devant vous, et comment je me nomme.
RAIMOND.
Parlez donc.
GÉLON, *d'un ton emphatique.*
Ce pacha qui naquit dans Widdin,
Qui prit en un seul jour Andrinople et Semlin;
Qui, nouveau Mithridate, honorant ses retraites,
En victoires souvent a changé ses défaites,
A manqué renverser tout l'empire ottoman,
Et jusqu'en son harem fait trembler le sultan...
RAIMOND.
Après ces hauts exploits, quel grand nom dois-je attendre?

ACTE III, SCÈNE V.

GÉLON.

Un nom plus grand qu'eux tous, et qui va vous surprendre,
Passwan-Oglou!

RAIMOND.

Grand Dieu!

GÉLON.

Vous êtes, je conçoi,
Étonné de me voir en France; écoutez-moi.

RAIMOND.

J'écoute.

GÉLON.

Mon histoire est des plus singulières.
Les armes, vous savez, ami, sont journalières :
Un jour mon aile gauche, à l'aspect d'un pacha,
Courut sous ses drapeaux, et contre moi marcha;
Et c'étoit, voyez-vous, mes troupes les meilleures.
Je me battis encor pendant trente-six heures :
Enfin je fuis, toujours disputant le terrain ;
De fleuve en fleuve ainsi j'arrive jusqu'au Rhin ;
J'y saute tout armé : je viens dans l'espérance
De trouver un asile et des secours en France.

RAIMOND.

O ciel! est-il possible? en croirai-je mes yeux?

GÉLON.

Mais j'ai mis à profit des moments précieux;
J'ai choisi dans la France une centaine d'hommes,
Oh! mais, de braves gens, comme vous et moi sommes :
Ils sont prêts à partir, et moi, je pars demain.
Je veux tenter encor, là-bas, un coup de main ;
Car je ne manque pas de soldats qui m'attendent :
Je manque... voyez-vous, de chefs qui les commandent.
Dix mille hommes, avec des officiers françois,

Moi, je les mène au diable, et réponds du succès.
Mais, pour mon lieutenant, j'avois besoin d'un homme :
Je l'ai trouvé, Raimond, et c'est vous que je nomme.

RAIMOND.

Moi, monsieur?

GÉLON.

Vous, mon cher. J'ai de bons yeux; allez;
Je m'y connois, je sens tout ce que vous valez :
Ah! diable! la valeur et la prudence unies!...

RAIMOND.

Mais...

GÉLON.

Je puis même offrir à vous deux compagnies,
Pour deux de vos amis : disposez; maintenant,
Vous voilà tout armé : marchons, mon lieutenant.
(*à part, et sans accent.*)
Il est tout étourdi de ce conte bizarre.

RAIMOND, *à part.*

La botte est vigoureuse, il faut que je la pare.

GÉLON.

Vous balancez, Raimond?

RAIMOND.

Oh! non. C'est lui, c'est lui!

GÉLON.

C'est moi, sans doute.

RAIMOND.

Enfin! je rencontre aujourd'hui
Passwan-Oglou!

GÉLON.

Quel feu dans vos regards petille!

RAIMOND.

Cet ennemi mortel de toute ma famille!

GÉLON.

Moi, l'ennemi?...

RAIMOND.

Toi-même, oui, vainqueur inhumain !
Cinq frères que j'avois ont péri de ta main ;
Un autre, échappé seul à cette boucherie,
M'est venu raconter ce trait de barbarie.
De douleur, en mes bras, mes yeux l'ont vu mourir ;
Et moi, dans ce moment, je jurai de périr,
Ou de venger sur toi mes six frères.

GÉLON.

Qu'entends-je ?
Dieu ! tu me fais frémir par ce récit étrange.
J'aurois eu le malheur, Raimond, de t'arracher ?...

RAIMOND.

Oui, cruel ! je partois, et je t'allois chercher,
Et fût-ce au bout du monde... Enfin, je te rencontre ;
Et, par le ciel vengeur !... vengeur, car il te montre,
Je ne te laisse pas échapper.

GÉLON.

Jeune ami !...

RAIMOND.

Ton ami, monstre affreux ! toi, qui m'as tout ravi,
Bourreau de tous les miens !...

GÉLON.

Vous vous trompez, sans doute.
Écoutez-moi, de grace ; il faut...

RAIMOND.

Toi-même, écoute.
L'occasion ici s'offre, et je la saisis :
J'ai quatre pistolets ; ils sont chargés : choisis.

GÉLON.

Mais...

RAIMOND.

Viens à trente pas : la nuit est belle et claire ;
Viens : donne-moi la mort, ou reçois ton salaire.
Hé bien?

GÉLON.

Moi, de sang-froid jamais je n'attaquai.

RAIMOND.

Défends-toi.

GÉLON.

L'on s'explique.

RAIMOND.

Eh! tout est expliqué :
N'es-tu pas, en deux mots, *Passwan-Oglou?*

GÉLON *reprend son accent naturel.*

Non, certes :
C'est un déguisement.

RAIMOND.

Ah! tu te déconcertes.

GÉLON.

Eh! non, j'ai pris ma part d'un jeu fort innocent...

RAIMOND.

Oui! tu veux, je le vois, déguiser ton accent,
Afin de te soustraire à ma juste querelle.

GÉLON.

Je reviens, au contraire, à ma voix naturelle.
C'est un tour, je vous dis, qu'on vouloit vous jouer,
Cher Raimond; et moi-même, il le faut avouer...

RAIMOND.

Barbare! c'est en vain...

ACTE III, SCÈNE V.

GÉLON.

Je ne suis point barbare ;
Je suis un bon enfant, et je vous le déclare,
Habitant d'un castel voisin, dans le vallon,
Ami de la famille : on m'appelle Gélon.

RAIMOND.

Quoi ! tu ne serois point *Passwan-Oglou ?*

GÉLON.

Je meure,
Si je ne suis Gélon !

RAIMOND.

Eh bien ! à la bonne heure :
Tu n'es point ce cruel, je le crois donc ; mais vous,
Monsieur, c'est une affaire à vider entre nous.

GÉLON.

Quoi !

RAIMOND.

Vous vous permettez de me jouer, de rire
A mes dépens : ici, vous venez de le dire.
Cette plaisanterie est fort peu de saison,
Et sur l'heure, monsieur, j'en demande raison.

GÉLON.

Plaît-il ? quoi ! vous voulez, pour un enfantillage ?...

RAIMOND.

Enfantillage ou non, laissons ce verbiage,
Et suivez-moi.

GÉLON, *affectant de sourire.*

Vraiment, monsieur Raimond...

RAIMOND, *avec aplomb.*

Monsieur !
Quand on fait, comme vous, métier d'être railleur,
Et pour *Passwan-Oglou* sur-tout quand on se donne,

Il faudroit savoir mieux payer de sa personne.
(*lui offrant des pistolets.*)
Il n'importe, venez, de grace, et finissons.

GÉLON.

Mais encore une fois...

RAIMOND.

Ah! c'est trop de façons :
Prenez, ou je vous coupe à l'instant le visage.

GÉLON, *élevant la voix*.

C'est un assassinat.

RAIMOND.

Ce n'est pas mon usage.

GÉLON, *criant*.

Amis, à moi!...

RAIMOND.

Comment, vous appelez?

GÉLON.

Parbleu!

(*criant encore.*)
Mesdames! mes amis!

SCÈNE VI.

Les mêmes, Mlle DOLBAN, EUSÉBIE,
M. SAINT-FIRMIN, FLORIMEL.

M. SAINT-FIRMIN.

Eh! qu'entends-je?

Mlle DOLBAN.

Ah! bon Dieu!

Quel bruit?

ACTE III, SCÈNE VI.

FLORIMEL.

Qu'avez-vous donc?

GÉLON.

C'est monsieur qui querelle,
Qui s'emporte! et pourquoi? pour une bagatelle.

M. SAINT-FIRMIN.

Bon! se peut-il?

RAIMOND, *à Gélon.*

Monsieur, venez à trente pas...
(*à tous les autres.*)
Et vous, rentrez, de grace.

GÉLON, *aux mêmes.*

Ah! ne nous quittez pas.
Dites s'il n'est pas vrai que *Gélon* je me nomme?

FLORIMEL.

Eh! oui.

GÉLON.

Votre voisin, un bon homme.

RAIMOND.

Un bon homme!
Un fort mauvais plaisant.

Mlle DOLBAN.

Ah! mauvais!...

EUSÉBIE, *à Raimond.*

Eh! monsieur!
Est-ce de quoi tuer les gens?

RAIMOND.

Le grand malheur!

GÉLON, *à part.*

Décampons, il est temps; évitons sa furie :
Cet homme n'entend rien à la plaisanterie.

(*Il sort.*)

SCÈNE VII.

Les mêmes, LUBIN et LÉVEILLÉ.

LÉVEILLÉ, *de dehors.*

Aïe ! aïe !

LUBIN, *de même.*

Ah ! drôle !...

M. SAINT-FIRMIN.

Eh ! mais, quels cris entends-je là ?

LÉVEILLÉ *entre en fuyant.*

Au secours !

LUBIN, *le poursuivant.*

Au voleur !

M. SAINT-FIRMIN.

Qu'est-ce donc que cela ?

FLORIMEL.

Eh ! c'est toi, Léveillé ? qu'as-tu ?

LÉVEILLÉ.

Belle demande ! Je suis roué de coups.

LUBIN, *à Léveillé.*

Vous étiez de la bande ?

FLORIMEL, *riant sous cape, ainsi que sa sœur.*

De la bande ? il est gai.

LÉVEILLÉ.

Fort gai !

M. SAINT-FIRMIN.

Qui t'a battu ?

LÉVEILLÉ.

Mais... ce manant.

ACTE III, SCÈNE VII.

RAIMOND.
Encor quelque malentendu.

FLORIMEL.
C'est singulier, cela.

LÉVEILLÉ.
J'en suis pour une côte.

RAIMOND, *à Lubin, en affectant de la colère.*
Quoi! c'est toi, malheureux?...

LUBIN.
Voyez! est-ce ma faute?
Et pouvois-je mieux faire? On me dit d'avancer
Sur le premier... je vois un homme se glisser:
J'accours; il fuit: mais moi, je l'attrape et l'assomme...
Oh! cela, comme il faut... Il se trouve que l'homme
Est monsieur Léveillé.

LÉVEILLÉ.
Mais, oui.

LUBIN.
C'est un malheur!
Mais aussi pourquoi diable a-t-il l'air d'un voleur?

FLORIMEL, *riant sous cape.*
L'air d'un voleur! tandis qu'il venoit, au contraire,
L'aider à repousser les voleurs, en bon frère;
N'est-ce pas?

LÉVEILLÉ.
Je venois, je venois...
(*à Florimel et à mademoiselle Dolban.*)
Oui, riez!
Et c'est toujours ainsi; quand vous vous égayez
Aux dépens de quelqu'un, c'est toujours moi qui paie.

RAIMOND.
Qu'entends-je? à mes dépens est-ce que l'on s'égaie?

LÉVEILLÉ.

C'est bien facile à voir.

FLORIMEL.

Malheureux ! sors d'ici.

M. SAINT-FIRMIN.

Sors, bavard.

LÉVEILLÉ.

Eh ! je sors.

RAIMOND, *à Lubin*.

Toi, laisse-nous aussi, Maladroit !

LUBIN.

Oui, voilà comme on vous récompense !
(*Il sort avec Léveillé.*)

SCÈNE VIII.

Les mêmes, *excepté* LÉVEILLÉ et LUBIN.

RAIMOND.

Vous allez m'expliquer cette énigme, je pense.

FLORIMEL.

Eh ! ne voyez-vous pas qu'il ne sait ce qu'il dit ?

Mlle DOLBAN.

Les coups qu'il a reçus ont troublé son esprit.

M. SAINT-FIRMIN.

C'est probable.

SCÈNE IX.

Les mêmes, Mme DOLBAN, *en déshabillé de nuit, et en attirail de malade.*)

Mme DOLBAN.

Comment, c'est ici que vous êtes?
Au milieu de la nuit! Quel tapage vous faites!

FLORIMEL.

Mais il le falloit bien : vous savez, ce voleur...

Mme DOLBAN.

Ce voleur!... gardez-vous d'y croire, cher docteur:
Monsieur est mon ami, mon ange tutélaire;
Je trouve fort mauvais, moi, que, pour son salaire,
On se moque de lui.

M. SAINT-FIRMIN, *à demi-voix.*

Ma sœur, de grace...

RAIMOND.

Eh! quoi?
Je ne me trompois pas, on se moque de moi.

Mlle DOLBAN.

Oui; fort bien! affectez une ignorance extrême,
Lorsque vous savez tout dès long-temps.

RAIMOND.

C'est vous-même
Qui tous, l'un après l'autre, ici me l'apprenez.
Monsieur Florimel seul hésite encor... tenez,
Il va parler enfin.

FLORIMEL, *à Raimond.*

Eh! oui, c'est trop me taire,
Puisqu'à présent pour vous ce n'est plus un mystère.

Il est trop vrai, mon cher, ceci n'étoit qu'un jeu.
A vos dépens, peut-être, on s'amusoit un peu.
Nous pardonnerez-vous cette plaisanterie?

RAIMOND.

De tout mon cœur; d'abord, j'aime assez que l'on rie :
Dans la pièce, d'ailleurs, j'ai pris mon rôle aussi.

Mme DOLBAN.

Vous! lequel donc?

RAIMOND.

J'ai fait le médecin ici;
(*à madame Dolban.*)
Mais je cesse de l'être; et vous, d'être malade :
(*à Florimel.*)
Croyez-moi, reprenons nos chevaux, camarade :
(*à mademoiselle Dolban.*)
Le mien porte malheur : belle Élise, pardon
Des tours que j'ai joués à la fausse Marton;
Lubin fut dans l'erreur : à la paralytique
J'ai fait boire de l'eau, voilà son émétique;
Et pour l'ami Gélon, le grand *Passwan-Oglou,*
Il a plié bagage, et fui je ne sais où.

Mme DOLBAN.

O comme il me trompoit, le traître!

RAIMOND.

Ah! mille excuses...

FLORIMEL.

Comment, monsieur, tout seul, a démêlé nos ruses?

M. SAINT-FIRMIN.

Tout seul; mais nous voilà bien quittes entre nous.

RAIMOND.

Non; pourrai-je jamais m'acquitter envers vous,
Quand je vous dois ici le bonheur de ma vie?

ACTE III, SCÈNE IX.

Mme DOLBAN.

Comment?

RAIMOND.

Posté si près de l'aimable Eusébie...
Ici même...

FLORIMEL.

Eh! bien, quoi?

Mlle DOLBAN, *à Florimel.*

Ce que je t'ai prédit:
Ils s'aiment.

FLORIMEL.

Oui, j'en juge à ton air de dépit.

Mme DOLBAN, *à Eusébie.*

Mademoiselle, eh! mais...

M. SAINT-FIRMIN, *à sa sœur.*

Je sais tout le mystère,
J'avois presque d'avance arrangé cette affaire,
Ma sœur; mais à demain remettons-en le soin.
De cette leçon-là vous aviez tous besoin.
Vous n'épargniez personne : amis, voisins et proches,
Chacun avoit son tour... Mais trêve aux vains reproches;
C'est Gélon qui sur-tout les avoit mérités :
C'est ce mauvais sujet qui nous avoit gâtés.
Laissons là, croyez-moi, ce pitoyable style,
Tous ces rires si faux, cet esprit si facile!
Oui, soyons désormais l'un pour l'autre indulgents;
Vivons entre nous tous comme de bonnes gens;
Et que notre gaieté, toujours naïve et franche,
Ne blesse plus, pas même en prenant sa revanche.

FIN DE MALICE POUR MALICE.

IL VEUT TOUT FAIRE,

COMÉDIE ÉPISODIQUE,

EN UN ACTE ET EN VERS,

Représentée pour la première fois sur le théâtre Louvois, le 21 pluviôse an 12 (1804).

PERSONNAGES.

M. POLYMAQUE.
Mme MARTEL.
LINVAL.
M. BONVAL.
FREMONT.
BONNIN.
LE MUSICIEN.
Maître JACQUES.
Mme ARMAND.
FRANÇOIS.
GUILLAUME.
Un autre Laquais.

La scène est à Paris, chez M. Polymaque.

IL VEUT TOUT FAIRE,

COMÉDIE ÉPISODIQUE.

SCÈNE I.

Mme ARMAND.

(*Elle range tout dans le cabinet.*)

Vouloir tout faire, ô Dieu! quelle étrange manie!
Cent affaires en train, pas une de finie!
Ce bureau, par exemple, est curieux à voir;
Et mon maître s'y peint comme dans un miroir.
    (*Elle parcourt tout des yeux.*)
Demandes de congé, dédicace, programme,
Billets pour le concert, placet, épithalame,
Mémoires d'ouvriers, romans, *et cætera*;
Pour des lettres sur-tout j'espère qu'en voilà.
L'une à côté de l'autre il faut que je les range:
Quels sujets différents, et quel plaisant mélange!
    (*Elle lit.*)
« Citoyen, le nommé Roch-Éloi Pigoreau
« Dans ses prétentions me semble assez modeste;
« Car c'est un simple emploi de garçon de bureau
« Qu'il vous... » interrompu, mais... comme tout le reste.
« Monsieur, le respectable et digne desservant
« Dont mon ami Dubreuil vous a parlé souvent
« Sera-t-il installé pour les fêtes de Pâques?
    « A ce sujet, j'ose espérer deux mots.

« Dans votre diocèse il est peu... » — « Maître Jacques,
« Cette saison occupe un peu moins tes chevaux.
« Amène-moi du foin, et sur-tout de la paille. »
— « Ma belle, en vérité, ce rôle de l'Amour
    « Semble fait comme à votre taille :
« Mais l'Amour, Flore, Hébé, tout vous sied tour-à-tour. »
Il vous mêle fermier, ministre, actrice, évêque,
Tout.

SCÈNE II.

Mme ARMAND, M. POLYMAQUE.

M. POLYMAQUE, *de loin*.

Que faites-vous là ?

Mme ARMAND.

Qui ? moi ? rien, monsieur, c'est que...
J'admirois.

M. POLYMAQUE.

Oui, ceci doit étonner, je crois,
Les esprits lents, bornés, et les cerveaux étroits,
Dont une seule affaire absorbe les pensées.
Que de choses, voyez ! à-la-fois commencées !
C'est que j'ai l'esprit vif, le coup-d'œil vaste et prompt ;
Je suis homme à mener vingt affaires de front.

Mme ARMAND.

Et, comme je disois, à n'en finir aucune.

M. POLYMAQUE.

Plaît-il ?

Mme ARMAND.

Il vaudroit mieux n'en entreprendre qu'une.

SCÈNE II.

M. POLYMAQUE.

Qu'une, madame Armand? j'en ai cent à finir...

Mme ARMAND.

Finissez-les, bon Dieu! c'est là tout mon desir.
Ces livres, ces cartons, pas un n'est à sa place.
Ce fusil, dans un coin, attend toujours la chasse
Qui n'aura jamais lieu.

M. POLYMAQUE.

Voyez donc le grand mal!
Mes concerts en sont cause.

Mme ARMAND.

Ah! sans doute! et le bal
Empêche le concert. Ici c'est une sphère,
Et là des instruments; tout cela, pourquoi faire?

M. POLYMAQUE.

Je ne fais rien, oh! non, pas même mon roman!...

Mme ARMAND.

Dont vous avez le titre...

M. POLYMAQUE.

Et presque tout le plan.

Mme ARMAND.

Fort bien; mais déjeûnez.
(*On apporte le thé, et on le pose sur une table où il y a un échiquier tout dressé.*)

M. POLYMAQUE.

Je vais finir ma lettre,
Tout en déjeûnant...

Mme ARMAND.

Non, je ne puis le permettre.
La lettre seroit mal, et le thé seroit froid:
Déjeûnez seulement, puis vous écrirez.

M. POLYMAQUE.

Soit.
(*à madame Armand, qui veut ôter l'échiquier.*)
Déranger mes échecs !

Mme ARMAND.

Vos échecs !... de la sorte,
Ils restent là depuis cinq ou six jours.

M. POLYMAQUE.

Qu'importe ?
L'échec et mat est sûr.

Mme ARMAND.

De l'embarras par-tout :
On ne sait où s'asseoir.

M. POLYMAQUE.

Je déjeûne debout.
(*C'est ce qu'il fait.*)

Mme ARMAND.

Vous n'avez paix ni trève ; et toujours en hâleine,
Pour mille gens, qu'au fait vous connoissez à peine,
Vous vous donnez un mal !... qui ne vous produit rien.
Vous êtes libre, riche ; et vous pourriez si bien
Vivre tranquille, heureux !...

M. POLYMAQUE.

Oui ! comme un égoïste.
Seroit-il un régime et plus sot et plus triste ?
Je suis libre ! tant mieux ; j'en ai plus de loisir :
Riche ! tant mieux ; j'oblige alors pour mon plaisir.

Mme ARMAND.

Et vous vous tourmentez ainsi pour tout le monde !

M. POLYMAQUE.

Tant mieux encor : par-tout quand la misère abonde,
Quand les heureux du jour sont froids et négligents,

SCÈNE II.

Il est à souhaiter que quelques bonnes gens
Se montrent plus actifs, empressés, secourables,
Soulagent, à l'envi, les maux de leurs semblables :
Une telle existence a bien son prix, je crois.

Mme ARMAND.

On ne peut embrasser tant d'objets à-la-fois.
Et cet ancien ami de monsieur votre père,
Qui pour sa pension?...

M. POLYMAQUE.

Il l'obtiendra, j'espère.

Mme ARMAND.

Il peut, d'un jour à l'autre, arriver.

M. POLYMAQUE.

Justement !
Tout ceci n'a qu'un mot, et sera fait avant.

Mme ARMAND.

Mais je vous dis, monsieur...

M. POLYMAQUE, *ayant fini son déjeûner.*

Et moi, je vais vous dire
Que vous devriez bien ici vous interdire
Toute espèce d'avis et de réflexions
Sur mes projets, mes goûts, et sur mes actions ;
Enfin vous renfermer, en gouvernante sage,
Dans les soins, les détails qu'exige mon ménage :
Voilà ce que je sais, et que vous ignoriez.

Mme ARMAND.

Allons ! il faut tout voir, et se taire.

M. POLYMAQUE.

Essayez.

SCÈNE III.

Les mêmes, FRANÇOIS.

M. POLYMAQUE.

François !... il a toujours l'air de tomber des nues.

FRANÇOIS.

Moi? non.

M. POLYMAQUE.

Voyons, combien as-tu fait de bévues?

FRANÇOIS.

Oh! je n'en ai point fait, et j'en suis bien certain.
Et si, j'avois pourtant... oui, j'avois ce matin
Quinze commissions, pour le moins.

M. POLYMAQUE.

La première?

Mme ARMAND.

Oui, madame Fonrose?

FRANÇOIS.

Ah! non, c'est la dernière.

M. POLYMAQUE.

C'est par-là justement que j'avois commencé.

FRANÇOIS.

Je croyois bien qu'aussi c'étoit le plus pressé ;
Mais, après m'avoir dit : « chez madame Fonrose, »
Vous avez ajouté : « d'abord fais... telle chose. »
Et puis, d'abord une autre, enfin toujours *d'abord*:
J'ai donc fait tout le reste avant : avois-je tort?

Mme ARMAND.

Non : plutôt, ce me semble, il mérite un éloge.

SCÈNE III.

M. POLYMAQUE.

Ah! sans doute; du moins, j'aurai ce soir la loge?

FRANÇOIS.

Sûrement: vous aurez, monsieur, je vous réponds,
La meilleure qui soit aux *Bouffons*.

M. POLYMAQUE.

Aux *Bouffons!*
Mais c'étoit à Louvois: il faut être bien bête!

FRANÇOIS.

Bête! c'est bientôt dit. Il faudroit une tête!...
Vous m'avez bien parlé de ce *Louvois*, d'accord;
Mais vous mêlez à ça du basson et du cor,
L'orchestre des *Bouffons* pour votre symphonie;
Et tout cela m'a fait une... cacophonie.

M. POLYMAQUE.

Allons! je ne peux plus l'envoyer nulle part.

Mme ARMAND.

Vous l'envoyez par-tout.

M. POLYMAQUE.

Mes lettres, par hasard,
Qu'en as-tu fait?

FRANÇOIS.

Chacune est remise à la porte...
Excepté deux pourtant, qu'ici je vous rapporte,
Monsieur.

M. POLYMAQUE.

Et pourquoi donc?

FRANÇOIS.

Dame! vous oubliez...
L'adresse, seulement.

M. POLYMAQUE.

L'adresse!

FRANÇOIS.

Eh! oui, voyez...
(*Il les lui remet.*)
Je ne savois à qui ni comment les remettre.

Mme ARMAND.

Ne pas mettre d'abord l'adresse à chaque lettre!

M. POLYMAQUE.

(*à madame Armand.*)
C'est bon.

(*à François.*)
Et pour finir par le commencement,
Madame de Fonrose?... Eh bien, quoi? sûrement
Tu l'auras oubliée?

FRANÇOIS.

Oh! jamais je n'oublie :
Dans le moment j'en viens; mais elle étoit sortie.

M. POLYMAQUE.

Là!... de mes rendez-vous c'est le plus important.

Mme ARMAND.

Et voilà ce que c'est que d'en demander tant!

FRANÇOIS.

Eh! oui.

M. POLYMAQUE.

C'est vous pourtant qui me l'avez fait prendre;
Un sot, qui n'entend rien, qui ne sait rien comprendre;
Tandis qu'il me faudroit un valet qui volât
A mon moindre signal, et qui me devinât!
Je sors; car il me faut réparer ses sottises.

Mme ARMAND.

Sortir!... mais vous savez qu'à dix heures précises
Madame de Martel doit arriver.

SCÈNE III.

M. POLYMAQUE.
Eh! oui,
Je le sais.

Mme ARMAND.
Mais sa cause, on la juge aujourd'hui,
Ce matin même...

M. POLYMAQUE.
Oui dà! pensez-vous me l'apprendre,
Ainsi que l'intérêt qu'à son sort je dois prendre?
(*se parlant à lui-même.*)
Ah! si, grace à mes soins, tu gagnes ton procès,
Du mien, auprès de toi, j'espère le succès,
Femme adorable et chère!

Mme ARMAND, *qui écoutoit.*
Alors, si cette dame,
Comme j'ai cru le voir, a su toucher votre ame...
Cet officier aussi ne vous trouvera pas.

M. POLYMAQUE.
Je serai de retour avant eux, en tout cas.
Je vais choisir des airs pour notre sérénade,
Puis chez mon médecin, qu'on dit un peu malade,
Chez madame Fonrose à qui j'ai bien promis;
De là je passerai chez deux de mes amis.

Mme ARMAND.
Bon!

M. POLYMAQUE.
Tout ce monde-là dans mon quartier demeure;
Et je suis de retour dans un demi-quart d'heure.
(*en passant devant François.*)
Imbécille!

(*Il sort.*)

SCÈNE IV.

Mme ARMAND, FRANÇOIS.

FRANÇOIS.
Imbécille! injurier les gens!
Mme ARMAND.
C'est qu'aussi tu n'es pas des plus intelligents.
FRANÇOIS.
Monsieur est bien facile à contenter, peut-être!...
Mme ARMAND.
Hái... pas trop; par bonheur, je suis là. — Mon cher maître,
Lui-même, n'est-il pas trop heureux de m'avoir?
FRANÇOIS.
De nous avoir.
Mme ARMAND.
Paix donc; je voudrois bien savoir
Pourquoi ce ne sont pas les gens les plus capables,
Les plus intelligents et les plus raisonnables,
Qui se trouvent par-tout les maîtres des maisons.
FRANÇOIS.
Tout en iroit bien mieux.
Mme ARMAND.
Eh! oui; car supposons
Qu'au lieu de monsieur, moi, seule je commandasse :
Tout marcheroit!
FRANÇOIS.
Alors, monsieur, prenant ma place..
Mme ARMAND.
Allons, François, và-t'en.

SCÈNE V.

Mme ARMAND, Mme MARTEL.

Mme MARTEL.
Bonjour, madame Armand.
Mme ARMAND.
Madame...
Mme MARTEL.
Et votre maître?
Mme ARMAND.
Eh mais... en ce moment,
Il est sorti.
Mme MARTEL.
Sorti!... vous riez, je suppose?
Mme ARMAND.
Non. Il s'est rappelé tout-à-coup quelque chose;
Et puis, il est parti comme un éclair.
Mme MARTEL.
O ciel!
Il auroit oublié le point essentiel?
Mme ARMAND.
C'est ce qu'il fait souvent. Il va rentrer, j'espère.
Mme MARTEL.
Quoi! nous avons ensemble une démarche à faire,
Rendez-vous important, et d'où dépend mon sort;
L'heure approche, j'accours; et, sans m'attendre, il sort!
Mme ARMAND.
C'est bien ce que j'ai dit; mais bon! rien ne l'arrête;
Mon cher maître a toujours tant d'affaires en tête!

Mme MARTEL.

J'ai cru que celle-ci l'avoit intéressé;
Et je le crois encore : il s'est trop empressé...
On vient; c'est lui, sans doute...

SCÈNE VI.

Les mêmes, LINVAL.

LINVAL.

A votre air de surprise,
Je devine... avouez, madame, avec franchise,
Oui, que vous espériez ici voir arriver,
Au lieu de moi, quelqu'un que je croyois trouver.

Mme MARTEL.

Il est bien vrai, monsieur...

LINVAL.

Ce manque de parole
Doit m'affliger pour vous; mais, moi, je m'en console.

Mme ARMAND.

Oh! monsieur va rentrer bientôt, certainement;
Car il me l'a bien dit.

LINVAL.

Allons, madame Armand...
Nous l'attendrons; pour nous point de cérémonie :
Madame et moi, saurons nous tenir compagnie.

Mme ARMAND.

Alors je vais rentrer, et donner mon coup-d'œil
Dans toute la maison; car, soit dit sans orgueil...

Mme MARTEL, *souriant*.

Oh! oui, votre coup-d'œil vaut au moins l'œil du maître.

SCÈNE VI.

Mme ARMAND, *avec une profonde révérence.*
Madame!...
        (*Elle sort.*)

SCÈNE VII.

Mme MARTEL, LINVAL.

LINVAL.
A ce trait-là, je sais le reconnoître.
Attendons.
Mme MARTEL.
Moi, j'y compte, ayant un rendez-vous.
LINVAL.
Ne vous y fiez pas: car tenez, entre nous,
En voilà déja trois que notre ami me donne,
Sans jamais s'y trouver ; mais quoi ! je lui pardonne :
Car, si je compte bien, voilà trois fois aussi
Qu'au lieu de lui, c'est vous que je rencontre ici.
Mme MARTEL.
Polymaque est sincère; et puis, je me rappelle
L'accent, la bonne grace, et la chaleur de zèle
Avec laquelle un jour, devant mille témoins,
Il m'offrit, me voua ses services, ses soins.
Cette amitié depuis ne s'est point ralentie :
Encore moins, monsieur, s'est-elle démentie
Jusqu'à m'abandonner en ce péril urgent ;
Cela n'est pas possible.
LINVAL.
    Il est fort obligeant.
Il me l'a bien prouvé ; car enfin, c'est lui-même,
Comme je vous l'ai dit, qui d'une ardeur extrême

M'a, pour ce régiment, où je n'aspirois pas,
Obligé d'accepter son crédit et ses pas ;
Et m'a presque enlevé... car tel est son caprice,
A des amis puissants qui m'offroient leur service.

Mme MARTEL.

Et pour ce régiment avez-vous quelque espoir ?

LINVAL.

Mais oui ; je crois d'abord avoir fait mon devoir,
Et m'être un peu montré ; mais il est difficile
De se faire à présent distinguer entre mille :
Cela ne gâte rien d'avoir quelques amis.
Polymaque... du moins il me l'a bien promis,
A dû voir le ministre ; et j'attends sa réponse.
Mais vous, madame ?... eh ! oui, je ne sais quoi m'annonce...
Vous semblez inquiète.

Mme MARTEL.

Un peu, je l'avouerai.
L'heure avance, et je crains...

LINVAL.

Ne pas être rentré !
Votre cause est, je sais, d'une grande importance.

Mme MARTEL.

Oui, du succès dépend toute mon existence,
On me juge aujourd'hui, ce matin même...

LINVAL.

Eh quoi !
Ce matin ? indiscret ! et je parlois de moi !

Mme MARTEL.

Rien de plus naturel ; car c'est là votre cause.

LINVAL.

O Dieu !... si je pouvois, madame, en quelque chose !..
Disposez de mes soins ; faites-moi cet honneur :

SCÈNE VII.

Vous obliger, pour moi seroit un grand bonheur.
Mme MARTEL.
Mille graces; croyez que ma reconnoissance...
LINVAL.
Je ne suis pas encor bien vieille connoissance :
Mais quoi! ce peu de jours, ces entretiens si doux
Que l'oubli d'un ami me ménage avec vous,
M'ont suffi pour juger un cœur tel que le vôtre :
Nos pères n'étoient pas étrangers l'un à l'autre...
Tout cela m'eût donné le droit de vous servir;
Mais l'heureux Polymaque a su me prévenir.
Mme MARTEL.
Il est certain... pour moi son zéle sollicite,
Aux juges avec lui je vais rendre visite;
Vous sentez que je dois me reposer sur lui.
LINVAL.
Je suis loin d'usurper jamais les droits d'autrui,
Car il en a peut-être;... et l'espoir de vous plaire...
Mme MARTEL, *un peu froidement*.
D'une bonne action il trouve le salaire
Dans cette action même, et n'a point d'autre espoir :
Je ne vois rien de plus, et je ne veux rien voir.
LINVAL.
Polymaque est loyal et généreux, sans doute;
Mais à vous obliger quelque douceur qu'on goûte,
Tel pourroit n'être pas si désintéressé,
Madame, je l'avoue.
Mme MARTEL.
Hélas! ce que je sai,
C'est qu'il ne paroît point, que je vais manquer l'heure...
LINVAL.
Quel homme!... est-ce bien loin que ce juge demeure?

Mme MARTEL.

Mais non, place Vendôme... Alors, plus que jamais
Mon adversaire va...

LINVAL.

Votre adversaire?... Eh! mais...
On le nomme?

Mme MARTEL.

Belfond.

LINVAL.

Ah! je crois le connoître.
(à part.)

Si j'allois le trouver!... il m'entendroit, peut-être.
(haut.)
On le dit honnête homme, et d'un esprit très doux
Je suis fort étonné qu'il plaide contre vous.

Mme MARTEL.

Mais nous plaidons de loin; je lui suis inconnue.

LINVAL.

Je crois bien en effet qu'il ne vous a point vue,
Madame; cependant, n'osant plus vous offrir
Mes services, alors pour moi je vais courir.

Mme MARTEL, *en souriant.*

Vous ferez bien, monsieur; car moi je vous déclare
Que de mon protecteur pour long-temps je m'empare.

LINVAL.

Hé bien, si je ne puis le seconder, du moins
Je ne veux pas ici vous disputer ses soins.
(à part.)
Voyons son adversaire; employons tout mon zèle:
Heureux, ah! trop heureux de m'oublier pour elle!

(*Il sort.*)

SCÈNE VIII.

Mme MARTEL, *seule*.

Ce jeune homme est vraiment aimable, intéressant :
Avec l'air noble et fier, son maintien est décent.
Je refuse à regret ses offres de services ;
C'est ainsi que souvent on fait des sacrifices.
Mais accepter ses soins seroit presqu'un affront
Pour celui...
 (*regardant du côté par où Linval est sorti.*)
   Cependant il eût été plus prompt.
A ce retard enfin je ne puis rien comprendre.

SCÈNE IX.

Mme MARTEL, M. POLYMAQUE.

M. POLYMAQUE, *un mémoire à la main.*
Ah ! madame, pardon ; je vous ai fait attendre.
   Mme MARTEL.
Mais oui, je commençois à m'impatienter.
   M. POLYMAQUE.
Et cependant, pour vous j'avois su tout quitter.
Et d'abord vous saurez que je vous sacrifie
Deux autres rendez-vous, et mon cours de chimie.
   Mme MARTEL.
Ah ! vous êtes trop bon.
   M. POLYMAQUE.
    Un singulier hasard
A causé, malgré moi, ce moment de retard ;

Et vous allez, vous-même... oh! c'est une aventure!...
Mme MARTEL.
Que vous me conterez fort bien dans la voiture:
Partons, l'heure nous presse.
M. POLYMAQUE.
Ah! de grace, un instant;
Je veux écrire un mot.
Mme MARTEL.
Le rapporteur attend.
M. POLYMAQUE, *s'asseyant à son bureau.*
C'est un bout de placet...
Mme MARTEL.
Pour lui.
M. POLYMAQUE.
Non; c'est, madame,
Pour la plus malheureuse et la plus digne femme!...
Mme MARTEL.
C'est pour une autre?
M. POLYMAQUE.
Hélas! si vous saviez!...
Mme MARTEL.
Je sais
Que je perds tout, monsieur, si je perds mon procès.
M. POLYMAQUE.
Oh! vous le gagnerez: pensez-vous que je craigne?
Je veux faire placer son cadet à Compiègne.
Mme MARTEL.
Vous m'abandonnez donc?
M. POLYMAQUE.
Moi, madame! ah! jamais.
(*Il écrit.*)
« Oui, citoyen ministre, oui, je le signerois,

SCÈNE IX.

« Et même de mon sang : nul être, dans la France,
« N'a plus de droits sans doute à votre bienfaisance. »

Mme MARTEL.

Et mon bonheur ainsi vous touche?

M. POLYMAQUE, *s'interrompant.*

Il m'est sacré.

Mais cette femme enfin...

(*Il retourne à son placet.*).

Mme MARTEL.

Eh quoi ! je n'obtiendrai ?...

(*à part.*)

Il ne m'écoute pas. De grace, partons vite.
Mais monsieur !...

(*à mi-voix.*)

Seule alors je ferai ma visite.

(*Elle sort, sans que M. Polymaque s'en aperçoive.*)

SCÈNE X.

M. POLYMAQUE, *seul.*

Oh ! cela n'a qu'un mot.

(*Il écrit.*)

« L'enfant dont il s'agit
« Est un garçon charmant. »

(*s'interrompant, et croyant que madame Martel est là.*)

Sa mère me l'a dit.

(*se retournant.*)

Mais que vous êtes bonne !...

(*voyant qu'elle n'est plus là.*)

O ciel !

(*Il se lève et va jusqu'à la porte.*)

Elle est sortie !
Quand ma pétition étoit presque finie !
Je suis sûr qu'elle part un quart d'heure trop tôt.
Mais n'importe, courons sur ses pas, il le faut ;
Qui doit plus me toucher que ce qui l'intéresse ?
Laissons tout, et volons.

(*Il va pour sortir.*)

SCÈNE XI.

M. POLYMAQUE, GUILLAUME.

GUILLAUME.

Une lettre qui presse,
Dit-on, monsieur.

M. POLYMAQUE.

Qui presse ? ah ! voyons.
(*Il ouvre et lit.*)

Justement,
Lettre importante ; il faut répondre, et promptement.
Mais madame Martel...
(*Il lui vient une idée.*)
Ah !
(*à Guillaume.*)
Demeure.
(*Il écrit debout, sur un coin de la cheminée.*)

Guillaume !

GUILLAUME.

Monsieur !

M. POLYMAQUE.

Porte à l'instant ceci place Vendôme.

SCÈNE XI. 233

Je te suivrai de près, je veux finir...
GUILLAUME.

J'entends.
(*Il sort.*)

SCÈNE XII.

M. POLYMAQUE, *seul.*

Ce mot au rapporteur va me donner du temps.
(*Il relit la lettre qu'il a reçue.*)
Ce digne desservant! en effet, je l'oublie.
Ma lettre à son évêque, elle n'est point finie.
(*Il cherche dans ses papiers cette lettre.*)
Achevons-la, je veux l'envoyer aujourd'hui.
(*Il relit sa lettre à l'évêque.*)
« Dans votre diocèse... » Ah! bon, je continue :
(*Il écrit.*)
« Il est peu de sujets comparables à lui;
« Comme son bon esprit, sa foi vous est connue :
« O vertueux prélat! vous savez qu'aujourd'hui
« De ministres zélés le nombre diminue. »
Je me sens inspiré; vraiment, ce sujet-là
M'enflamme... Eh bien, voyez! on m'interrompt déja.

SCÈNE XIII.

M. POLYMAQUE; UN LAQUAIS, *à grande livrée.*

M. POLYMAQUE.

Que me veut-on?

LE LAQUAIS.

Monsieur, pardon, je vous supplie;
C'est de mademoiselle...

M. POLYMAQUE.

Ah! ah! de Rosalie!
(*Il ouvre.*)
Donnez: pour ces couplets qu'elle m'a demandés!
Mais je m'en vais les faire à l'instant; attendez.
(*Le laquais va dans l'antichambre.*)

SCÈNE XIV.

M. POLYMAQUE, *seul.*

Étourdi! de sa sœur c'est aujourd'hui la fête!
Il est essentiel que ma chanson soit prête;
C'est pour ce soir, allons.
(*Ici M. Bonval entre sans être vu, et écoute de loin.*)
Quel air? *le Petit Mot?*
Non, elle chante bien *le Petit Matelot.*
(*Il fredonne cet air, puis il compose et écrit.*)
Amis, je veux chanter pour Nice
Ces couplets qu'amour me dicta:

SCÈNE XIV.

Fêtons un jour l'aimable actrice
Qui tant de soirs nous enchanta,   *bis.*
(*Il répète ce vers.*)
« Fêtons un jour l'aimable actrice... »
Et ma lettre à l'évêque : oh ! je veux qu'elle parte !
Finissons, de mon but jamais je ne m'écarte.

M. BONVAL, *de loin.*

Non, jamais.
(*Polymaque se remet à sa lettre.*)

M. POLYMAQUE.

« Tous les vœux pour lui sont réunis :
« C'est un digne pasteur qu'attendent ses brebis. »
Ces mots le toucheront. — Ce laquais, quand j'y pense,
Il est là ; Rosalie est d'une impatience !...
(*Il tient d'une main la lettre à l'évêque, et de
l'autre les couplets.*)
Il ne faut plus qu'un mot à ma lettre ;... et pourtant
Ces trois couplets seroient l'ouvrage d'un instant.

SCÈNE XV.

M. POLYMAQUE, M. BONVAL.

M. BONVAL, *partant d'un éclat de rire.*

Je n'y peux plus tenir.

M. POLYMAQUE.

C'est vous, mon ancien maître :
Vous, à Paris !

M. BONVAL.

Oui, moi ; trop indiscret peut-être,
J'écoutois, admirant comme on entremêloit
Et la lettre à l'évêque, et le petit couplet.

M. POLYMAQUE.

Oh! c'est que, par hasard, je...

M. BONVAL.

Ce plaisant mélange
A tout autre que moi pourroit sembler étrange :
Moi, je t'ai reconnu. Mais au fait, mon ami :
Mon affaire? voilà ce qui m'attire ici.
Ma demande, je crois, est justement fondée :
Voyons, ma pension sera-t-elle accordée?

M. POLYMAQUE.

Mais... pas encore.

M. BONVAL.

Oh! Dieu! depuis six mois entiers
Je t'ai de ma province envoyé mes papiers :
Le succès, disois-tu, paroissoit infaillible ;
Il ne falloit qu'un mot : comment est-il possible?

M. POLYMAQUE.

Oh! j'espère toujours... je suis sûr, en effet ;...
Mais j'attendois l'instant...

M. BONVAL.

Allons, tu n'as rien fait.
C'est ce que j'avois craint, d'après ton long silence :
Dieu sait comme là-bas je perdois patience!
D'incertitude au moins me voilà délivré ;
Et j'agirai moi-même...

M. POLYMAQUE.

Oh! je prétends, j'irai...

M. BONVAL.

Non. Je ne me plains point ; voilà bien ton système :
Tu traites, Polymaque, autrui comme toi-même.

M. POLYMAQUE.

En quoi?... je ne vois pas...

SCÈNE XV.

M. BONVAL.

Tu sais que je suis franc :
Vieil ami de ton père, et presque ton parent,
Je t'observai long-temps, je dois te bien connoître ;
J'ai même eu le plaisir de te servir de maître.

M. POLYMAQUE.

Ah ! vous fûtes trop bon : jamais, je vous promets,
Je n'oublierai...

M. BONVAL.

Pour moi, je n'oublierai jamais
Comment ton caractère, ami, dès ton enfance,
Perçoit à tous moments, et s'annonçoit d'avance.
Ton esprit, qui sur rien ne pouvoit se fixer,
Dès-lors comme aujourd'hui, voulant tout embrasser,
Manquoit tout. Le latin... tout bas je puis le dire,
Tu l'appris à demi ; le grec, tu sais le lire.

M. POLYMAQUE.

Eh mais, mon cher Bonval, vous ne me passez rien :
Vous en avez le droit aujourd'hui, j'en convien.

M. BONVAL.

Depuis, à mille objets à-la-fois tu t'appliques :
Langues, dessin, beaux-arts, danse, mathématiques,
Armes, musique, lois, et botanique et vers...
Et que résulte-t-il de ces travaux divers ?
C'est que tu ne sais rien parfaitement.

M. POLYMAQUE.

Peut-être :
Mais enfin, ce desir d'apprendre et de connoître,
Cette inquiète ardeur qu'en moi vous condamnez,
Est naturelle ; eh ! oui, nos jours sont si bornés !
Il faut bien se hâter d'effleurer les sciences,
De saisir comme au vol diverses connoissances ;

Et c'est ce que j'ai fait : je sais de tout un peu.
M. BONVAL.
Presque rien, c'est-à-dire ; et tu te fais un jeu
D'aller sans cesse, au gré de ton inquiétude,
Éparpiller tes soins, ton esprit, ton étude.
M. POLYMAQUE.
Que voulez-vous? chacun a son genre, son goût :
Est-ce ma faute, à moi, si je suis propre à tout?
M. BONVAL.
C'est souvent un écueil qu'un esprit trop flexible.
Quand on embrasse tout, il est presque impossible
De réussir à rien. On ne peut tout savoir ;
On n'a qu'un vrai talent... trop heureux de l'avoir !
Briller en tout, chimère ! elle a pu te séduire,
Mais...
M. POLYMAQUE.
Je ne prétends pas exceller, mais m'instruire,
Ou plutôt m'amuser. Même encor tous les jours,
Je m'exerce, j'apprends ; tenez, je suis trois cours,
Chimie, astronomie, anatomie ; et même,
Je me suis abonné hier pour un quatrième,
Oui, celui de lecture.
M. BONVAL.
Ah ! quatre cours, bon Dieu !
Je ne m'étonne plus, d'après un tel aveu,
Que mon affaire encor n'ait pas été finie.
Oh ! rends-moi mes papiers. Comment ! à la manie
D'offrir tes soins, ton zèle à l'univers entier,
Polymaque, tu joins celle d'étudier?
M. POLYMAQUE.
C'est un jeu ; tour-à-tour, j'étudie et j'oblige ;
L'un me distrait de l'autre. Obliger ! ah ! que dis-je?

SCÈNE XV.

Envers vous, mon ami, rien ne peut m'excuser.
Mais quel autre que vous a droit de m'accuser?
De services, de soins je ne fais point commerce;
Ce n'est pas, après tout, un état que j'exerce...

M. BONVAL.

Pas un état! eh! mais, tu t'es fait protecteur,
Solliciteur, prôneur, et sur-tout prometteur:
Tu t'es créé toi-même un vaste ministère.
Tout cela, qui d'abord n'étoit que volontaire,
Quand tu t'en es chargé, devient un vrai devoir
Envers ces mille gens dont tu nourris l'espoir.
Ce zéle ardent, qui tous à-la-fois les embrasse,
Souvent d'un ami sûr vient usurper la place;
Et si tu ne sers pas ces protégés nombreux,
Tu les a donc trompés, les pauvres malheureux!...
Mais trève à la morale; et de ta négligence,
Mon cher, que ce soit là mon unique vengeance.

M. POLYMAQUE.

Vous vous vengez, sans doute, avec trop de douceur.
Mais qui vient?

SCÈNE XVI.

Les mêmes, BONNIN.

BONNIN, *avec l'air assez gauche.*
Je le vois, je dérange monsieur.

M. POLYMAQUE, *à demi-voix.*

Peut-être.

BONNIN.
Je vous fais mon humble révérence.

M. BONVAL, *bas, à M. Polymaque.*
Nouveau solliciteur, suivant toute apparence.
M. POLYMAQUE, *bas, à M. Bonval.*
Probablement.
(*à Bonnin.*)
Monsieur, ne pourroit-on savoir...
Quel sujet?

BONNIN.
Mais je viens pour remplir un devoir,
Et pour vous assurer de ma reconnoissance.

M. POLYMAQUE.
De quoi donc, par hasard? je n'ai point connoissance...

BONNIN.
Ah! oui, vous obligez sans connoître les gens;
Et vous avez écrit des mots... bien obligeants
Pour votre serviteur. Je n'osois pas moi-même...
Mais quoi! vous avez eu la complaisance extrême
De faire un beau placet, que vous avez remis
Au cousin du neveu de l'un de mes amis,
Qui, pour moi, l'autre jour, vous en fit la prière,
Pour être receveur, monsieur, à la barrière.

M. POLYMAQUE.
Oui, j'ai, je m'en souviens, demandé cet emploi
Pour un fort bon sujet, dit-on.

BONNIN.
Monsieur, c'est moi,
Bonnin. Sans vanité, je crois, je puis bien dire
Que j'ai tout ce qu'il faut pour l'état; je sais lire.
J'ai bien étudié distances et tarif,
Les centimes sur-tout; je suis fort; leste, actif;
J'aurai bon pied, bon œil; quoique la foule abonde,
N'importe: je serai poli pour tout le monde,

SCÈNE XVI.

En prenant leur argent; puis j'ai toujours été
Honnête homme: à présent, c'est une rareté.

M. BONVAL, *à Bonnin.*

En effet, mon ami; je vous en félicite.

M. POLYMAQUE, *à part.*

Quel est ce nigaud-là pour qui je sollicite?

SCÈNE XVII.

LES MÊMES, FREMONT.

M. POLYMAQUE, *à Fremont.*

C'est vous, Fremont?

FREMONT.

Oui, moi, qui suis très mécontent.

M. POLYMAQUE.

Et pourquoi donc?...

FREMONT.

Pourquoi? j'apprends, et dans l'instant,
Une nouvelle triste, et des plus singulières.
Je postule un emploi, receveur aux barrières:
On me présente à vous; vous me faites accueil,
Monsieur; nous conversons, et, soit dit sans orgueil,
Je vous conviens: enfin vous m'offrez une lettre
Pour ces messieurs; j'accepte et je cours la remettre,
Et l'on m'apprend d'abord... quoi? que ce même emploi,
Vous l'avez demandé pour un autre que moi.

M. POLYMAQUE.

Quoi! se peut-il? eh oui... j'ignore, je l'avoue,
Comment cela s'est fait.

FREMONT.

Le bon tour qu'on me joue!

M. BONVAL.

Ah! demander pour deux le même objet!... ce trait
De toi, cher Polymaque, étoit digne en effet.
Cela doit t'arriver assez souvent, je pense :
Adieu; de me servir, pour moi, je te dispense,
Oui, je reviens chercher mes titres dès demain;
Et j'espère obtenir ma pension, enfin...
    (*en souriant.*)
Si pour un autre, au moins, tu ne l'as demandée.

M. POLYMAQUE, *en le reconduisant.*

Oh! votre affaire est sûre, et n'est que retardée.
              (*M. Bonval sort.*)

SCÈNE XVIII.

M. POLYMAQUE, FREMONT, BONNIN.

FREMONT.

Ce protégé, pour qui je suis abandonné,
Est, à ce qu'on m'a dit, médiocre, borné.

BONNIN.

Médiocre, monsieur? vous parlez sans connoître;
C'est moi dont il s'agit.

FREMONT.

         Ma foi, cela peut être,
Mais...

BONNIN.

    Borné! chacun a ses talents, ses moyens,
Tout-à-l'heure à monsieur je déduisois les miens.

FREMONT, *à Bonnin.*

Savez-vous qui je suis? fils d'un maître d'école;
J'ai, dès mes jeunes ans, appris le protocole
De la civilité, des calculs, du lutrin;

SCÈNE XVIII.

J'ai même, j'ose dire, eu six mois de latin.
Puis, j'ai su me pousser, j'ai rempli plus d'un poste ;
Oui, garçon de bureau de la petite poste,
Tour-à-tour rat de cave, afficheur, clerc d'huissier ;
Dans la milice enfin presque bas-officier :
Après avoir fourni cette longue carrière,
On peut bien commander en chef une barrière.

BONNIN.

Moi, je n'ai rien été ; mais j'en serai plus frais :
De mon endroit ici j'arrive tout exprès.

FREMONT.

Et voilà le rival que monsieur me préfère !

M. POLYMAQUE.

Écoutez...

FREMONT.

Je suivrai moi-même mon affaire.
Je ne m'aveugle point : le poste est très brigué,
Et j'ai des concurrents d'un talent distingué.
Mais j'ai mes protecteurs ; d'abord, plus d'une dame,
Pour moi dans ce moment, et pour moi seul réclame ;
Des gens du plus haut rang y prennent intérêt ;
Je ne m'explique point ; en un mot, tout est prêt :
Nous verrons si votre homme aura la préférence !

BONNIN.

Moi, je n'ai que monsieur, et j'ai bonne espérance.

M. POLYMAQUE, *à Fremont.*

Vous avez de l'humeur, et cela ne vaut rien.
Ayez d'autres appuis, sans renoncer au mien :
Je veux absolument, Fremont, vous être utile :
Je puis suffire à tout ; allez, soyez tranquille ;
  (*à Bonnin.*)   (*à tous deux.*)
Et vous aussi, mon cher. Je comblerai vos vœux :

16.

Au lieu d'une barrière, hé bien, j'en aurai deux.
FREMONT.
Fiez-vous-y ! courir tout à-la-fois deux lièvres !
M. POLYMAQUE, *d'un ton solennel.*
Fremont, je vous promets la barrière de Sèvres ;
(*à Bonnin.*)
A vous, celle du Trône : ainsi donc, séparés,
Nous verrons si de là vous vous querellerez.
FREMONT.
En ce cas-là, j'y compte.
BONNIN.
     A moi, celle du Trône !
Ah ! monsieur ! est-ce heureux ? je suis natif de Beaune ;
Je verrai bien souvent des gens de mon pays.
M. POLYMAQUE.
Soit : adieu, car je suis très pressé, mes amis.
BONNIN.
Nous allons donc tous deux avoir le même grade,
Mon camarade !
FREMONT.
   Qui ?... moi, votre camarade ?
BONNIN.
Vous verrez, vous verrez qu'on n'est pas si borné.
(*Il va devant.*)
FREMONT.
Allez, allez ! à Beaune on voit bien qu'il est né.
M. POLYMAQUE, *seul.*
Ah ! je suis libre enfin : il faut que j'en profite ;
Chez notre rapporteur on m'attend ; allons vite.
(*Il appelle.*)
Madame Armand !

SCÈNE XIX.

M. POLYMAQUE, Mme ARMAND.

Mme ARMAND.
Monsieur!
M. POLYMAQUE.
Je vais sortir.
Mme ARMAND.
Enfin!
M. POLYMAQUE.
N'oubliez pas sur-tout le concert de demain.
Mme ARMAND.
Eh non.
M. POLYMAQUE.
Dans le salon que tout soit à sa place.
Mme ARMAND.
Eh! oui. — Mais ce laquais, que faut-il que j'en fasse?
M. POLYMAQUE.
Oh, ciel! et je n'ai pas achevé ces couplets!
Mais d'ici chez le juge, oui, je les aurai faits,
Je porterai cela moi-même à Rosalie:
Elle l'aura ce soir; car jamais je n'oublie.
(*Il sortoit, puis se retourne.*)
Songez...
Mme ARMAND.
Je songe à tout.
(*M. Polymaque sort*)

SCÈNE XX.

Mme ARMAND, seule.

Enfin, il est sorti !
Il a bien de la peine à prendre son parti.
Cette dame Martel étoit bien en colère :
Voyez ! il est pourtant curieux de lui plaire :
Quel'homme !... On vient ; ah Dieu ! c'est le musicien.
Encore un rendez-vous qui va manquer : eh bien !
Monsieur jamais n'oublie !

SCÈNE XXI.

Mme ARMAND, LE MUSICIEN.

LE MUSICIEN.

Ainsi donc, votre maître
Est encore sorti ?

Mme ARMAND.

Vous l'aurez vu peut-être ?

LE MUSICIEN.

Oui, je l'ai vu monter en voiture : soudain
Il a fait une fugue ; et moi, j'appelle en vain...

Mme ARMAND.

L'attendrez-vous ?

LE MUSICIEN.

Qui ! moi ? dans le feu du génie !
Je ferois d'ici là toute une symphonie.
J'ai deux motifs... avec votre permission,
Je viens chercher ici...

SCÈNE XXI.

Mme ARMAND.

Quoi ?

LE MUSICIEN.

Ma partition.

Mme ARMAND.

Votre partiti ?...

LE MUSICIEN.

Oui, mon opéra, vous dis-je,
Que l'on va répéter ; et c'est un vrai prodige.

Mme ARMAND.

Ah ! ah !

LE MUSICIEN.

Voilà deux mois que monsieur m'a promis
De le faire connoître à d'illustres amis
Dignes de le sentir ; car de telles merveilles
Veulent des connoisseurs, et sur-tout des oreilles.
Il me faudroit des voix, un orchestre choisi.
Ma musique est d'un genre inconnu jusqu'ici :
C'est le chant idéal ; du sublime et du tendre
Du badin, du terrible ; il ne faut que l'entendre.
Votre maître m'oublie, et tout Paris m'attend.

Mme ARMAND.

Pardon... c'est que monsieur n'a pas toujours l'instant...

LE MUSICIEN.

Dieux ! n'avoir pas le temps d'écouter mon ouvrage !
Un opéra sublime essuieroit cet outrage !

Mme ARMAND.

Je n'ai pas dit cela, monsieur, pour vous fâcher.

LE MUSICIEN.

Pas l'instant !... Mais par-tout ici je vais chercher...
Si je l'avois perdu, quel seroit mon refuge ?
Aidez-moi.

Mme ARMAND.

Volontiers.

LE MUSICIEN.

Son titre est *le Déluge.*
Ce sujet vous étonne ; on l'avoit proposé
(*Il ôte son chapeau.*)
A notre illustre Gluck ;
(*remettant son chapeau.*)
mais Gluck n'a pas osé.
Les paroles ici ne valent rien peut-être,
N'importe ; puis, l'auteur est mort ; je suis seul maître ;
Je taille, rogne, alonge, au gré de mes souhaits.
Je fais aussi des vers, quelquefois j'en défais.
Mais, à propos, monsieur m'a promis des poëmes,
Car nous ne pouvons pas faire tout par nous-mêmes.
Mon *Déluge* vraiment vous surprendra.

Mme ARMAND.

Pourtant,
Comment peut-on dépeindre un *Déluge* en chantant ?

LE MUSICIEN.

Voilà le fin de l'art, et c'est là que je brille ;
Oui, l'onde qui mugit, la flamme qui petille,
L'éclair qui luit, la nuit, l'aurore, *et cætera,*
Avec des notes, moi, j'exprime tout cela.

Mme ARMAND.

Avec des notes ?

LE MUSICIEN.

Oui ; tenez, mon ouverture
Peint le craquement sourd de toute la nature ;
Au premier acte, effroi, stupeur, calme profond,
La basse continue : hon... hon... acte second,
Je fais ouvrir du ciel toutes les cataractes ;

SCÈNE XXI.

Timbales et trombone; au trois... car j'ai cinq actes,
De longs gémissements, des cris, en sol mineur;
Au quatre... tout s'abyme, et cela fait un chœur!
Au cinquième, un *solo* de Noé patriarche :
Les eaux sont mon théâtre, et mon dénouement l'arche.

Mme ARMAND.

C'est l'arche de Noé.

LE MUSICIEN.

Mon style ténébreux
A par-tout la couleur de mon sujet affreux.
J'ai du sombre Poussin mis en chant le chef-d'œuvre,
Noté les sifflements de la souple couleuvre
Qui sut s'entrelacer avec deux lourds dauphins
Étonnés de nager sur les monts Apennins.

Mme ARMAND.

Ah! mon Dieu! des poissons au haut d'une montagne!

LE MUSICIEN.

Les eaux montent au ciel, et je les accompagne
D'un petit fifre en *ut!*... enfin, madame, j'ai
Pendant toute ma pièce un chaos obligé.

Mme ARMAND.

Des chaos!

SCÈNE XXII.

LES MÊMES, MAÎTRE JACQUES.

Mme ARMAND.

Ah! c'est vous, maître Jacque?

MAÎTRE JACQUES.

Oui, morguienne!
On ne vient point nous voir, il faut bien que je vienne.

Mme ARMAND.

Et quoi donc de nouveau ?

MAÎTRE JACQUES.

Ce que j'avois prédit.
Depuis bientôt deux ans, monsieur toujours écrit
Qu'il viendra, qu'il arrive avec son architecte !
Bah !... je le chéris, moi, beaucoup, je le respecte ;
Mais ce qu'il dit, souvent, monsieur ne le fait pas :
Il n'est point venu donc, et ma ferme est à bas.

Mme ARMAND.

A bas !

MAÎTRE JACQUES.

Ou peu s'en faut.

Mme ARMAND.

Des affaires des autres
Nous occuper toujours ainsi, jamais des nôtres !

MAÎTRE JACQUES.

C'est ce que je disois.

LE MUSICIEN, *toujours cherchant sa partition.*

Je vois trop aujourd'hui
Qu'il ne songe pas même aux affaires d'autrui.

MAÎTRE JACQUES.

Là, voyez donc ! laisser s'écrouler une ferme !
Si je ne l'avois pas attendu de pied ferme,
J'aurois mis les maçons.

LE MUSICIEN.

Des maçons ! nobles soins !
Eh ! qu'importe une ferme ou de plus ou de moins ?

MAÎTRE JACQUES.

Bah !

LE MUSICIEN.

Le plus grand malheur, c'est qu'un opéra tombe.

SCÈNE XXII.

Comme, en sons dégradés, roucoule ma colombe!
(*Il l'imite.*)

MAÎTRE JACQUES.

Eh! oui, le colombier se dégrade en effet.
(*Le musicien considère maître Jacques.*)
Si vous saviez quel tort les derniers vents ont fait!
Découvrir tous les toits, ébranler les charpentes,
Renverser tout...

LE MUSICIEN.

Voilà des images frappantes.
J'avois dans l'ouverture oublié l'ouragan.
(*Il tire de sa poche du papier réglé, s'assied au bureau, et regardant fixement maître Jacques.*)
Eh bien?

MAÎTRE JACQUES.

Un jour a fait plus de dégâts qu'un an.

LE MUSICIEN.

Bravo!
(*Il écrit.*)

MAÎTRE JACQUES.

C'étoit un bruit le jour de Saint-Silvestre,
Une tempête horrible...

LE MUSICIEN, *se levant avec enthousiasme.*

A moi, tout mon orchestre.
Ferme, instruments à vent, peignez les aquilons;
Sifflez, soufflez, tonnez.
(*changeant de ton.*)
Qu'à-la-fois cent violons
Imitent, en accents plaintifs et lamentables,
Les troupeaux entraînés ainsi que leurs étables.
Entendez-vous le son de ce hautbois mourant?
C'est le cri du berger que submerge un torrent.

MAÎTRE JACQUES.

Un berger? quel malheur!

LE MUSICIEN.

Et quelle mélodie!
Sol, si, sol... il expire.

MAÎTRE JACQUES, *bas, à madame Armand.*

Est-ce une maladie?

Mme ARMAND, *bas, à maître Jacques.*

A-peu-près.

MAÎTRE JACQUES.

Sans adieu; je reviendrai ce soir :
Dites bien à monsieur que je compte le voir;
Dès demain avec moi, si je peux, je l'emmène.
(*au musicien.*)
Brave homme! votre état me fait bien de la peine.

LE MUSICIEN, *d'un ton pénétré.*

Ah! oui, le genre humain chante son dernier air;
Tout périt.

MAÎTRE JACQUES.

Sauvons-nous.
(*Il sort précipitamment.*)

SCÈNE XXIII.

Mme ARMAND, LE MUSICIEN.

Mme ARMAND.

Vous l'effrayez, mon cher.

LE MUSICIEN.

Je m'en vante, parbleu ! j'épouvante le monde.
Tout fuit, dès qu'une fois mon chant éclate et gronde;
Et voilà le talent.

SCÈNE XXIII.

Mme ARMAND.

Ah! ah! de faire peur!

LE MUSICIEN.

Peur? non, madame, non; d'inspirer la terreur.

SCÈNE XXIV.

Les mêmes, Mme MARTEL.

Mme ARMAND.

Madame de Martel! eh! quoi? déja rentrée!

Mme MARTEL.

Eh oui, madame Armand, je viens... je suis outrée.

Mme ARMAND.

Comment donc?

Mme MARTEL.

Votre maître, en qui seul j'espérois,
A négligé, trahi mes plus chers intérêts;
J'en ai la preuve.

Mme ARMAND.

O ciel! c'est incompréhensible.

Mme MARTEL.

Vous le savez, voyant qu'il m'étoit impossible
De l'emmener tantôt, il fallut bien sans lui
Partir, et seule aller chez mon juge.

Mme ARMAND.

Hélas! oui.

Mme MARTEL.

J'arrive; il commençoit à se lasser d'attendre.
Avec bonté pourtant il a daigné m'entendre;
Mais j'ai bientôt appris... quelle nouvelle, ô ciel!

Eh! oui, j'ai reconnu qu'un titre essentiel
N'a pas par votre maître été remis au juge.
LE MUSICIEN.
Vous verrez qu'à la place il livra mon *Déluge*.
Mme MARTEL.
Enfin, mon rapporteur court à son tribunal,
Pour y porter sans doute un arrêt trop fatal;
Et moi...
LE MUSICIEN.
Mon œil, parmi tous ces papiers frivoles,
Cherche notes, musique, et ne voit que paroles.
(*Il lit.*)
« Papiers très importants pour madame Martel,
« Et qu'il faudra remettre au rapporteur... »
Mme MARTEL.
O ciel!
Les voilà, ces papiers...
LE MUSICIEN, *d'un air de dédain.*
Oui, découverte unique!
Eh! madame, prenez; ce n'est pas ma musique.
Mme ARMAND.
Eh! monsieur, laissez donc; car c'en est trop, enfin...
Votre musique! allons, venez demain matin.
LE MUSICIEN.
Demain! c'est aujourd'hui que je vous la demande:
On attend mon *Déluge*.
Mme ARMAND.
Eh! bon Dieu! qu'on attende.
LE MUSICIEN.
(*Il met la main sur son front.*)
Barbare! heureusement que j'ai là tous mes chœurs;
J'imite avec ma voix l'orchestre et les acteurs;

Terrible effet! moi-même, en vérité, j'en tremble.
Adieu; je vais rêver à mon morceau d'ensemble.
(*Il sort en chantant.*)

SCÈNE XXV.

Mme MARTEL, Mme ARMAND.

Mme ARMAND.

Mais ce musicien a l'esprit à l'envers.

Mme MARTEL.

Que m'importent à moi de si légers travers?
Il ne fait tort qu'à lui par ces traits de folie :
Mais que, jusqu'à ce point, votre maître m'oublie!
Ah!...

Mme ARMAND.

Puisque vous trouvez ces papiers, par hasard,
Faites-en donc usage.

Mme MARTEL.

Hélas! il est trop tard,
Mon sort en ce moment est décidé peut-être.

Mme ARMAND.

O ciel! est-il possible? Enfin, voici mon maître.

SCÈNE XXVI.

M. POLYMAQUE, Mme MARTEL.

(M. Polymaque fait signe à madame Armand de sortir, et elle sort.)

M. POLYMAQUE.

Ah! madame! c'est vous! j'ai donc eu le malheur
De ne plus vous trouver chez votre rapporteur!
J'ai manqué d'un moment le rapporteur lui-même.
Vous accusez, je vois, ma négligence extrême,
Je m'en accuse aussi; mais depuis cet instant,
Je vous cherche par-tout.

Mme MARTEL.

Et moi, je vous attend
Pour vous remercier: en deux mots je m'explique;
Je possédois un titre essentiel, unique;
Je vous le confiai: vous promîtes, monsieur,
De l'aller sur-le-champ remettre au rapporteur;
Vous ne l'avez pas fait, car ici je le trouve.

M. POLYMAQUE.

Ah! Dieu!

Mme MARTEL.

Pour mon malheur, ainsi je vous éprouve!
J'excusois des oublis et des distractions,
Et je me reposois sur vos intentions;
Ainsi, toujours à vous je me suis confiée,
Et sans ressource enfin je suis sacrifiée.
Trop imprudente, hélas! je crus à l'amitié;
Voilà ma récompense.

SCÈNE XXVI.

M. POLYMAQUE.

O ciel! ah! par pitié...
Madame!... s'il vous reste encore un peu d'estime,
Du moins, daignez souscrire au motif qui m'anime :
Je suis riche moi-même, et j'avois un dessein...
Je m'explique en tremblant ; si l'offre de ma main...

Mme MARTEL.

Votre offre est généreuse, et mon cœur l'apprécie :
Sans pouvoir l'accepter, je vous en remercie.

M. POLYMAQUE.

Ah! c'est trop m'accabler.

Mme MARTEL.

Je vois votre douleur,
Et puis vous pardonner d'avoir fait mon malheur.

M. POLYMAQUE.

Ainsi de vos revers je me verrai la cause !
Par moi vous succombez dans la plus juste cause !
Vous perdez un procès !...

SCÈNE XXVII.

Les mêmes, LINVAL.

LINVAL.

Non, il n'est pas perdu,
Car il n'est point jugé.

Mme MARTEL.

L'ai-je bien entendu ?
Mais il va bientôt l'être, et j'en suis trop certaine.

LINVAL.

Non, je viens tout exprès pour vous tirer de peine :
On ne jugera pas ce malheureux procès

Sitôt que vous croyez, et peut-être jamais.
Mme MARTEL.
Se peut-il?
LINVAL.
Je l'apprends, et de Belfond lui-même.
Il n'étoit pas chez lui, mais mon bonheur extrême
Me l'a fait rencontrer avec son avocat
Au tribunal; le pas étoit fort délicat.
J'aborde franchement votre honnête adversaire,
Et je m'annonce à lui comme un ami sincère
De madame Martel, pardon; je l'avouerai,
Mon accent annonçoit un homme pénétré.
Quoi de plus naturel?... j'ai su toucher son ame;
Il est presque honteux de combattre une femme
Sensible, aimable; enfin de plaider contre vous.
Moi, le voyant si bon, j'en devenois plus doux :
Il s'en rapporte enfin, en changeant de système,
A votre défenseur, ou plutôt à vous-même.
Mme MARTEL.
Combien je suis sensible à ce trait généreux!
LINVAL.
J'ai fait bien peu de chose, et je suis trop heureux.
M. POLYMAQUE, *à Linval.*
J'ai perdu jusqu'au droit de vous porter envie.
LINVAL, *à Polymaque.*
La gloire étoit à vous, et je vous l'ai ravie!
M. POLYMAQUE.
Je ne me plaindrai point, j'ai mérité mon sort;
Mais, sans même essayer de pallier mon tort,
Quel est l'homme ici-bas que son penchant n'abuse?
LINVAL.
Votre bon cœur toujours vous servira d'excuse.

SCÈNE XXVII.

(à madame Martel.)
Mais d'autres soins ailleurs vous appellent d'abord ;
Daignez me permettre...

Mme. MARTEL.

Oui, de m'obliger encor :
Vous finirez, je vois, par me rendre insolvable.

LINVAL.

Si vous croyez ici m'être un peu redevable,
Un seul mot vous pourroit acquitter.

M. POLYMAQUE.

Je le crois,
Et peut-être ce jour n'est pas perdu pour moi.

SCÈNE XXVIII.

Les mêmes, Mme ARMAND.

Mme ARMAND.

Ah ! monsieur !

M. POLYMAQUE.
Eh ! bien, qu'est-ce ?

Mme ARMAND.

Une triste aventure :
Ce digne desservant, il n'aura point sa cure ;
Il prétend qu'il l'auroit, depuis trois mois au moins,
S'il avoit de tout autre accepté les bons soins.
Pauvre homme ! il fait pitié !

M. POLYMAQUE.

Voulez-vous bien vous taire ?
Que je puisse une fois terminer une affaire.

SCÈNE XXIX.

Les mêmes, FRANÇOIS.

FRANÇOIS.

Monsieur, c'est de la part de Bonnin et Fremont :
Bien des remerciements que tous les deux vous font.
Un troisième a la place.

M. POLYMAQUE.

Oui ! nouvelle importante !

SCÈNE XXX.

Les mêmes, GUILLAUME.

GUILLAUME.

Madame Rosalie est assez mécontente
Des couplets oubliés.

M. POLYMAQUE.

Combien je fais d'ingrats !
(*à madame Martel et à Linval.*)
Mais vous, mes chers amis, vous ne le serez pas.
Je prétends vous servir tous deux en quelque chose.
(*à madame Martel.*)
Je n'ai pu vous aider à gagner votre cause ;
(*à Linval.*)
Je n'ai pas su vous faire avoir un régiment ;
Pour me dédommager, je veux, en ce moment,
Par un bon mariage...

LINVAL, *gaiement.*

Ah ! pour dernier service,

SCÈNE XXX.

Ne vous en mêlez point, afin qu'il réussisse.

M. POLYMAQUE.

Allons... je vais changer de marche à l'avenir ;
Oui, je commençois tout, je saurai tout finir.

Mme ARMAND.

Chimère que cela : mon cher maître, au contraire,
Ne fera jamais rien, parcequ'IL VEUT TOUT FAIRE.

FIN D'IL VEUT TOUT FAIRE.

LES RICHES,

COMÉDIE

EN CINQ ACTES ET EN VERS,

Reçue au théâtre François.

> Auri sacra fames!...
> VIRG.

PERSONNAGES

M. BELMONT.
ALINE, sa fille.
M. DERVAL.
Mme DERVAL.
HENRI, leur fils.
M. DUCHEMIN.
UN FERMIER.
MATHURIN, jardinier de M. Belmont.
SOPHIE, femme-de-chambre de madame Derval.
DUBOIS, valet-de-chambre de M. Derval.

La scène est au château de M. Derval.

LES RICHES,

COMÉDIE

EN CINQ ACTES ET EN VERS.

N. B. Pendant toute la piéce, la scène se passe dans un bosquet, d'où l'on voit un château.

ACTE PREMIER.

SCÈNE I.

M. BELMONT, HENRI.

M. BELMONT.

Tout en me promenant, tout en causant, je voi,
Je me suis oublié; je ne suis plus chez moi :
Jusqu'à votre château vous m'avez su conduire.

HENRI.

Chez ma mère pourquoi ne vous puis-je introduire !
Oh! si de vous connoître elle avoit le bonheur !...

M. BELMONT, *souriant.*

Qui? moi? je ne suis pas digne de tant d'honneur.
On me dédaigne un peu, quoique voisin bien proche.
A madame Derval je ne fais nul reproche :

Car pour moi le grand monde eut toujours peu d'appas,
Et j'évite sur-tout qui ne me cherche pas.

HENRI.

Je vous cherche toujours; plus heureux que ma mère,
Je sais vous honorer comme je la révère.

M. BELMONT.

Aimez-moi, seulement.

HENRI.

Que de graces je rends
Au hasard qui me fit devancer mes parents !
J'accours, impatient, comme on l'est à mon âge,
De voir ce beau château, ce nouvel apanage :
Je ne m'attendois pas que j'allois en ces lieux
Retrouver un trésor cent fois plus précieux,
Un ami respectable et sa fille chérie,
Si dignes l'un de l'autre !...

M. BELMONT.

Allons, je vous en prie...
Pour moi, sans compliment, comme vous, je bénis,
Mon jeune ami, le sort qui nous a réunis.
Je l'avouerai, j'aimai d'abord votre franchise,
Cette simplicité qui vous caractérise :
Le luxe, l'opulence où vous êtes nourri
Ne vous ont point gâté : de son château, Henri
Descend avec plaisir jusqu'à ma maisonnette.

HENRI.

Que j'aime à visiter cette simple retraite !
Mais à propos... jamais je n'osai jusqu'ici
Vous demander comment vous habitez ainsi,
Dans l'enclos de ce parc, un pavillon modeste.

M. BELMONT, *souriant, et après avoir un peu hésité.*

Celui qui possédoit autrefois tout le reste...

Un jour... (car de tout temps, au sort abandonné,
On vit tel enrichi, tel autre ruiné)
Déchu par un procès de toute sa fortune,
De six terres au moins n'ayant pu sauver qu'une,
Celle-ci, par raison lui-même s'en priva :
Il la vendit enfin ; mais il se réserva
Ce petit pavillon, simple et des plus champêtres,
Le jardin, la prairie, un joli bois de hêtres...
Paisible enceinte où peut habiter le bonheur !

HENRI.

Ah ! oui. Vous avez donc acquis ce bien, monsieur ?

M. BELMONT.

Oui... j'ai vu dans mes mains passer cet ermitage :
Je m'y plais, et, tranquille après un long voyage,
J'y goûte le plaisir, peut-être assez nouveau,
De vivre en solitaire à côté d'un château.

HENRI.

Heureux qui près de vous y passeroit sa vie !

M. BELMONT.

Aussi chaque acquéreur m'y voit d'un œil d'envie ;
Car, si je compte bien, depuis sept ans, je crois,
Votre château de maître a changé douze fois.
Ils passent ; moi, je reste, et ferme et sédentaire :
Je suis comme un immeuble enfin de cette terre.

HENRI.

C'est que vous paroissez satisfait !...

M. BELMONT.

Eh ! pourquoi
Ne le serois-je pas tout comme un autre, moi ?

HENRI.

Personne plus que vous ne méritoit de l'être :
Mais vous voyant, autant que je m'y puis connoître,

Borné dans vos moyens, vivant de peu, privé...

M. BELMONT, *souriant*.

Vous croyez le bonheur aux riches réservé,
J'entends; et c'est assez l'opinion commune.

HENRI.

Oui, je m'imaginois qu'une grande fortune,
Cette facilité de combler ses desirs,
Étoit le vrai bonheur, la source des plaisirs :
Mais je vois le contraire; et lorsque je compare
Tout ce qui m'environne, et le tableau si rare
Que vous m'offrez...

M. BELMONT.

     Mon cher, vous n'avez guère vu :
Le cœur humain sur-tout ne vous est pas connu.
Ébloui par l'éclat, par une vaine pompe,
Vous croyez l'apparence; et combien elle trompe !
Tel brille dans ce monde, entouré d'envieux,
Qui ne fait que jouer le rôle d'homme heureux,
Et qu'au fond de son cœur plus d'un souci dévore;
Tel autre plus modeste, et charmé qu'on l'ignore,
Sans vouloir le paroître, est heureux en effet.

HENRI.

Oui, je le sens; j'aspire à ce bonheur parfait :
O quand pourrai-je aussi, libre de soins, d'affaires,
Vivre en paix, ignoré !...

M. BELMONT.

     Voilà de vos chimères !

HENRI.

Quoi? de vous imiter?

M. BELMONT.

    A mon âge, Henri,
D'ambitieux projets on doit être guéri :

Mais cette ambition sied bien dans un jeune homme :
D'un autre nom alors un tel penchant se nomme.
Votre père d'ailleurs a sur vous des desseins.
Il est riche...

HENRI.

Ah! que trop!

M. BELMONT.

Que trop? bon! je vous plains.
En effet, sans parler des douceurs de l'aisance,
Faire, de près, de loin, sentir sa bienfaisance;
Quel malheur!

HENRI.

Digne emploi, sans doute, des trésors!
Mais le fait-on souvent?

M. BELMONT.

A qui la faute alors?
Allez, contre l'argent on déclame sans cesse,
Mais les riches ont tort bien plus que la richesse.
Ainsi consolez-vous, mon cher.

SCÈNE II.

LES MÊMES, SOPHIE.

SOPHIE, *d'un air assez familier.*

Est-il permis
D'interrompre un moment les fidèles amis?

HENRI.

Pourquoi?

SOPHIE.

C'est que madame à l'instant va paroître.
Elle veut déjeuner sous ce berceau champêtre;

C'est une fantaisie : excusez ; je vois bien
Que je dérange ici quelque doux entretien.
Je ne m'attendois pas d'être si matinale :
Madame est à présent d'une humeur sans égale.
On ne peut fermer l'œil : quelle heure est-il ?
(*Elle tire sa montre.*)

Voyez !
Neuf heures : mais à peine est-il jour... vous riez,
Monsieur Belmont.
M. BELMONT.

Mais oui : jour à peine, à neuf heures !...
SOPHIE.

Moi, je ne suis point faite à vos tristes demeures.
Lorsque l'on a le ton, l'usage de Paris,
Vous sentez que les champs... j'y sèche, j'y péris.
Madame et moi, faisons le plus parfait contraste !...
Car de cette campagne elle est enthousiaste !...
HENRI.

Rien de plus naturel, je crois.
SOPHIE.

Assurément :
Oui, tout objet nouveau paroît toujours charmant,
Et cette jouissance est des plus naturelles.
Je pourrois sur ce point en raconter de belles ;
Car j'ai vu plus d'un trait piquant, original...
HENRI.

Eh ! mais, à quel propos ?...
SOPHIE.

Je parle en général.
C'est un plaisir au moins que d'être chez madame :
Elle a du goût, du tact ; j'ai servi telle femme...
Étrange, et qui vraiment, pour le ton, les façons,

Auroit bien pu de moi prendre quelques leçons,
Soit dit sans vanité. Je me ressouviens d'une,
Qui, toute neuve encor pour sa grosse fortune,
Eut grand besoin de moi : je savois la guider ;
Je lui disois comment il falloit commander ;
Je lui donnois un peu de tournure, d'usage ;
Et j'ai, tout doucement, réformé son langage.
Mais un jour...

HENRI.

Il suffit. Ce détail est charmant.
Mais vous pourriez, je crois, dans un autre moment...

SOPHIE.

A la bonne heure.

M. BELMONT, *à Henri.*

Adieu, car ici je m'oublie ;
Et ma fille, sans doute...

SOPHIE.

On n'est pas plus jolie,
Ni plus intéressante.

M. BELMONT.

Ah !

SOPHIE.

Non, en vérité...
Sa grace, sa candeur, son ingénuité...

M. BELMONT.

Allons, mademoiselle...

SOPHIE.

Enfin, elle est charmante.
(*jetant un coup-d'œil sur Henri.*)
Je ne crois pas qu'ici personne me démente...

HENRI, *un peu embarrassé, à M. Belmont*

Ainsi vous retournez au pavillon chéri !...

SOPHIE.

Oui, chéri ; c'est le mot : aussi monsieur Henri
Y va, mais très souvent ; dès le chant de l'alouette,
Le château communique avec la maisonnette.

M. BELMONT.

Henri me fait honneur.

(*Il se dispose à sortir.*)

HENRI, *à M. Belmont.*

Eh quoi ! si promptement ?
Ah ! du moins permettez...

(*Il veut le reconduire.*)

SOPHIE.

Eh ! mais, dans un moment,
Madame votre mère en ce lieu va se rendre ;
Je crois vous l'avoir dit.

M. BELMONT, *à Henri.*

Sans doute ; il faut l'attendre.

HENRI.

Je veux vous reconduire.

(*à Sophie.*)

A l'instant je revien.

SOPHIE.

Cela suffit.

(*Henri sort avec M. Belmont.*)

SCÈNE III.

SOPHIE, *seule.*

Courage ! il s'y prend assez bien :
Eh ! oui, pour voir la fille, il reconduit le père.
Rien de plus naturel ; il est jeune, il préfère
Un fort joli minois à la plus riche dot ;
Il a raison. Au fait, le Belmont n'est pas sot :
Il choisit bien son gendre ; et la discrète Aline
Du petit pavillon au château s'achemine.
Tout s'arrange en ce monde.

SCÈNE IV.

Mme DERVAL, SOPHIE.

Mme DERVAL.
　　　　　　　　Ah ! le charmant séjour,
Mademoiselle !...

SOPHIE.
　　　Oh ! oui, charmant le premier jour.

Mme DERVAL.
Toujours. Ces prés, ces eaux, ces oiseaux... et l'aurore...
Je ne l'ai pas pourtant bien aperçue encore ;
Je la manque toujours.

SOPHIE.
　　Oui ?

Mme DERVAL.
　　　　　Mon parc est il beau ?

SOPHIE.

Parlons-en !...

Mme DERVAL.

Mais le parc est digne du château.

SOPHIE.

Voilà ce qui vous plaît.

Mme DERVAL.

Non, je ne puis m'en taire :
Nous avons acheté la plus superbe terre !...

SOPHIE.

Mais venir l'habiter, c'est la payer deux fois.

Mme DERVAL.

Quelle folie !...

SOPHIE.

Eh ! oui ; seule, au milieu des bois !

Mme DERVAL.

Bon ! j'attends mon mari, dès aujourd'hui peut-être.

SOPHIE.

Monsieur a peu de goût pour un séjour champêtre :
Loin de Paris, madame, un seul jour est bien long.

Mme DERVAL.

Eh ! mais, n'avois-je pas hier dans mon salon
Ce que l'on a, je crois, de mieux dans la province ?

SOPHIE.

Ce que l'on a de mieux est encore bien mince.

Mme DERVAL.

Ce grand repas, ce bal que je leur ai donnés,
Conviens que tout cela les a bien étonnés.

SOPHIE.

Oui.

Mme DERVAL.

J'étalois exprès une magnificence,

ACTE I, SCÈNE IV.

Un faste... étourdissant; c'est une jouissance.
SOPHIE.
Pour vous ou pour eux?
M*me* DERVAL.
Quoi?
SOPHIE.
Vous ne savez donc pas?
J'ai cru voir qu'en sortant ils rioient aux éclats.
M*me* DERVAL.
Va, dans le fond du cœur, ils en séchoient d'envie.
J'y suis accoutumée: hé bien, tant mieux, Sophie!
Cette fête, vois-tu? je suis de bonne foi,
Je ne la donnois pas pour eux; c'étoit pour moi.
SOPHIE.
Ah!... ne craignez-vous point ici quelques reproches,
Madame?
M*me* DERVAL.
A quel propos?
SOPHIE.
Vos voisins les plus proches,
Les avoir oubliés!
M*me* DERVAL.
Ah! l'homme au pavillon?
C'est dommage en effet! s'en plaindroit-il?
SOPHIE.
Oh! non.
Mais...
M*me* DERVAL.
Je ne l'ai point vu, je le connois à peine;
Et tout ce que je sais de lui, c'est qu'il nous gêne.
SOPHIE.
Il pourra vous gêner bien davantage.

18.

####### Mme DERVAL.

En quoi?

####### SOPHIE.

N'a-t-il pas une fille? Aline?

####### Mme DERVAL.

Eh! ouï, je croi.

####### SOPHIE.

Monsieur votre fils l'aime.

####### Mme DERVAL.

Il l'aime?

####### SOPHIE.

A la folie.

####### Mme DERVAL.

Allons!...

####### SOPHIE.

Écoutez donc, madame : elle est jolie.
On le ménage; au fait, c'est un très bon parti.
Prenez-y garde enfin; je vous en averti.

####### Mme DERVAL.

Est-il possible? eh quoi! cette Aline en silence
Se laisseroit aimer?... J'admire l'insolence
Et les prétentions de ces gens qui n'ont rien.

####### SOPHIE.

C'est cela qui les fait courir après le bien.

####### Mme DERVAL.

Ah! vouloir par surprise entrer dans ma famille!...
C'en est trop; je veux voir cette petite fille,
L'interroger, enfin lui parler comme il faut :
Je lui ferai sentir qu'elle aspire un peu haut.

####### SOPHIE.

Comptez-vous l'aller voir?

Mme DERVAL.

Qui? moi? me compromettre?
Oh! non.

SOPHIE.

J'y vais aller, si vous voulez permettre.

Mme DERVAL.

Soit. Dis-lui de ma part de venir un instant.

SOPHIE.

Bon. J'y cours.

Mme DERVAL.

Parle-lui poliment, cependant.

SOPHIE.

Sans doute; j'aime assez tout ce petit manége :
Il nous réveillera.

Mme DERVAL.

Va donc.

SOPHIE, *à part.*

Et puis, que sai-je?
En parlant d'amoureux, je vais revoir le mien,
Un jardinier, d'accord; cela vaut mieux que rien.
(*Elle sort, pendant que Henri entre.*)

SCÈNE V.

Mme DERVAL, HENRI.

Mme DERVAL.

Ah! ah! c'est vous, monsieur!

HENRI.

Oui. Permettez, ma mère.
(*Il lui baise la main.*)

Mme DERVAL.

C'est fort bien. Dites-moi...

HENRI.

Votre santé, j'espère...

Mme DERVAL.

Est assez bonne. Eh! mais, vous paroissez bien tard :
Pourquoi, mon fils? où donc étiez-vous, par hasard?

HENRI.

Je craignois... j'attendois le moment de paroître,
Et je me promenois...

Mme DERVAL, *montrant le côté du pavillon.*

De ce côté, peut-être?

HENRI.

Oui...

(N. B. *Ici l'on apporte le thé, et le déjeuner a lieu pendant cet entretien.*)

Mme DERVAL.

Vous avez du goût pour tous ces alentours :
Je vous y vois souvent.

HENRI.

En effet, je parcours
Ces vallons...

Mme DERVAL.

A juger par vos longues absences,
Vous avez fait ici d'aimables connoissances.

HENRI.

Moi, ma mère?... fort peu, du moins dans les châteaux :
J'erre plus volontiers dans les champs, les hameaux.

Mme DERVAL.

Ah!

HENRI.

J'aime à visiter ces paisibles chaumières.

Mme DERVAL.
Fort bien!

HENRI.
J'ai trouvé là des mœurs hospitalières,
Des traits de bonhomie et de simplicité,
Qu'on ne voit point ailleurs, et qui m'ont enchanté.

Mme DERVAL.
Pour les petites gens, bon Dieu! quelle tendresse!

HENRI.
Il est tout naturel que leur sort m'intéresse :
Je suis plus riche qu'eux, mais pas beaucoup plus grand.

Mme DERVAL.
Bon!

HENRI.
D'ailleurs, ils n'ont point l'air triste ni souffrant.
Je n'ai rien vu chez eux qui sentît la misère :
Ils paroissent contents; et l'on diroit, ma mère,
Qu'un bon génie, ou bien qu'un mortel généreux,
Est là qui les protège, et qui veille sur eux.

Mme DERVAL.
Voilà de quoi mon fils uniquement s'occupe!

HENRI.
Mais on est trop heureux...

Mme DERVAL.
Quand on n'en est pas dupe.

HENRI.
Dupe?

Mme DERVAL.
Eh! oui; ces hameaux, ces chaumières, Henri,
Ces bonnes gens enfin, ne sont pas loin d'ici.
Un si tendre intérêt, ce charitable zéle,
Mérite un autre nom, et la cause en est belle.

HENRI.

Ma mère !...

Mme DERVAL.

Digne choix de maîtresse et d'amis !
Est-ce ainsi que devroit se conduire mon fils ?
Vous, jeune et riche, à tout quand vous pouvez prétendre,
Quand nous montons enfin, vous voudriez descendre !

SCÈNE VI.

Les mêmes, ALINE.

Mme DERVAL, *à Aline, qui paroît.*

Ah ! ah ! c'est vous ; fort bien.

ALINE.

Madame, l'on m'a dit
Que vous me demandiez.

Mme DERVAL.

Oui. — Mon fils, il suffit ;
Nous en reparlerons.

HENRI.

Permettez-moi, de grace...

Mme DERVAL.

Sera-ce vous, ou moi, qui céderai la place ?
Il seroit singulier...

HENRI.

Ah ! ma mère, pardon.

(*à part, en sortant.*)

O ciel ! Aline ici !

SCÈNE VII.

Mme DERVAL, ALINE.

ALINE, *à part.*
Que me veut-elle donc ?
Mme DERVAL, *à part.*
Il faut humilier la petite voisine.
(*haut, et assise, à Aline, qui est debout.*)
Hé bien !... c'est vous, je crois, que l'on appelle *Aline ?*
ALINE.
Mon père ainsi me nomme.
Mme DERVAL.
Oui ?
ALINE.
Ne puis-je savoir
Quel motif vous a fait desirer de me voir,
Madame ?
Mme DERVAL.
Vous pouvez le deviner, ma chère.
Belmont, n'est-ce pas là le nom de votre père ?
ALINE, *souriant.*
Vous savez assez bien ce que vous demandez.
Mme DERVAL.
Que je le sache ou non, n'importe ; répondez.
On m'assure à l'instant...
ALINE.
J'étois fort loin de croire
Que je vinsse subir un interrogatoire.
Mme DERVAL.
J'en ai le droit : bientôt vous saurez mes raisons.

On m'a communiqué quelques petits soupçons...
Vous pouvez vous asseoir.

ALINE.

Il n'est pas nécessaire,
Car je n'ai qu'un instant...

Mme DERVAL.

Au moins, soyez sincère.

ALINE.

Je ne mentis jamais; et très sincèrement
J'avouerai que j'éprouve un peu d'étonnement.

Mme DERVAL.

J'ai bien aussi le mien : écoutez-moi.

ALINE.

J'écoute.

Mme DERVAL.

On dit, mademoiselle, et cependant j'en doute,
Que vous voyez souvent mon fils.

ALINE.

Oui, quelquefois :
Il visite en effet mon père; et je le vois.

Mme DERVAL.

Votre père? fort bien; sûrement, je l'honore.
D'où connoît-il mon fils? voilà ce que j'ignore.

ALINE.

Vous ignorez pourquoi, madame? le voici.

Mme DERVAL.

Voyons.

ALINE.

J'avois un frère : il eut monsieur Henri
Pour compagnon d'étude et pour ami sincère.
A ses derniers moments, hélas! mon pauvre frère
En a reçu des soins tendres, compatissants :

ACTE I, SCÈNE VII.

Il est permis, je crois, d'être reconnoissants.

Mme DERVAL.

Vous me citez un fait étonnant, ce me semble ;
Mon fils et votre frère être élevés ensemble !

ALINE.

Je n'ai pas sur ce point pris d'informations ;
Je fus toujours discrète en fait de questions.

Mme DERVAL.

Ah! ah! sur tout ceci je ne prends point le change ;
Et cette liaison n'en est pas moins étrange.

ALINE.

En quoi, madame ?

Mme DERVAL.

En quoi ? je cherche le rapport
Qui vous peut réunir ; car enfin...

ALINE.

Mais d'abord
L'estime mutuelle auroit suffi, je pense.

Mme DERVAL.

Soit. Vous n'ignorez pas, j'espère, la distance
Que la fortune a mise entre mon fils et vous.

ALINE.

Que monsieur votre fils soit plus riche que nous,
Qu'est-ce que cela fait ?

Mme DERVAL.

Ah! plaisante demande!
Cette distinction est pourtant assez grande...

ALINE.

Pour moi, je ne connois qu'une distinction ;
C'est celle qu'entre nous met l'éducation.
La bonté, la candeur, l'aménité si rare,
Voilà ce qui rapproche ou bien ce qui sépare ;

Et dans monsieur Henri je n'ai vu que cela.

Mme DERVAL.

On peut vous inspirer de ces principes-là ;
Moi, je pense autrement, et parle d'autre style.

ALINE.

Je le vois bien, madame.

Mme DERVAL.

Un mot, mais très utile :
Votre père peut-être a sur monsieur Henri
Des projets très profonds, dont j'ai d'abord souri.
Mais il seroit fâcheux qu'ils vous eussent frappée ;
Car c'est un fol espoir qui vous auroit trompée.
Aline, je vous donne en passant cet avis.

ALINE.

Si vous le réserviez pour monsieur votre fils,
Madame, il le pourroit recevoir d'une mère.
Il me suffit pour moi des leçons de mon père :
Son exemple sur-tout est ma règle et ma loi.

Mme DERVAL, *se levant.*

Ainsi, vous comptez donc voir mon fils malgré moi ?

ALINE.

Je n'ai sur ce sujet rien de plus à vous dire,
Madame ; permettez qu'enfin je me retire.

Mme DERVAL.

Demeurez, je vous prie, Aline ; je prétends...

ALINE.

Pardonnez ; je ne puis m'arrêter plus long-temps.
Mon père se plaindroit, je crains, de mon absence :
Il m'attend ; à lui seul je dois obéissance.

(*Elle sort avec politesse et dignité.*)

Mme DERVAL, *seule.*

Mais voyez donc un peu sa petite fierté !

Vraiment! elle se donne un air de dignité.
Et cela n'a pourtant presque rien en partage.
De la richesse alors où seroit l'avantage,
Si le pauvre avec nous faisoit comparaison,
Et contre nous jamais osoit avoir raison?
Ah! Dubois!...

SCÈNE VIII.

M.me DERVAL, DUBOIS.

M.me DERVAL.
Mon mari n'est pas très loin, peut-être.
DUBOIS.
Non, madame; j'annonce et précède mon maître.
M.me DERVAL.
Bien portant?
DUBOIS.
A merveille.
M.me DERVAL.
Enfin donc, le voici!
DUBOIS.
Ma foi, madame, il a quelque mérite ici:
S'il a pu s'échapper, c'est vraiment un miracle.
Chaque jour, nous partions; et toujours quelque obstacle,
Affaires ou plaisirs.
M.me DERVAL.
Fort bien! moi, je l'attend...
DUBOIS.
Et nous ne perdons pas, d'honneur! un seul instant,
Même en courant: tenez, mon maître, je vous jure,
A fait un marché d'or en sortant de voiture.

Mme DERVAL.

Bon!

DUBOIS.

Voilà trois grands jours que nous sommes en course,
Calculant en voyage aussi-bien qu'à la Bourse.
Nous venons de Nevers, où monsieur a du bien,
A, c'est-à-dire avoit; car il n'en reste rien.

Mme DERVAL.

Quoi! mon mari vendroit?...

DUBOIS.

Oh! qu'il sait bien s'y prendre!
Il vend pour acheter, il achète pour vendre;
C'est un plaisir, madame; enfin, vive monsieur
Pour tourmenter ses fonds!

Mme DERVAL.

Et quel est l'acquéreur?

DUBOIS.

C'est quelqu'un qui vaut bien mon maître, ce me semble;
Monsieur Duchemin.

Mme DERVAL.

Bon!

DUBOIS.

Ils arrivent ensemble.

Mme DERVAL.

Ah! fort bien.

DUBOIS.

Si l'on peut juger de leurs propos,
Par tout ce qu'ils disoient en changeant de chevaux;
Ils n'ont parlé que bois, toujours bois; somme toute,
Le marché n'a fini qu'à la fin de la route.

Mme DERVAL.

Je les reconnois bien l'un et l'autre à ces traits:

ACTE I, SCÈNE VIII.

Eh!... mais, où sont-ils donc?

DUBOIS.

Madame, ici tout près.
De voiture, à cent pas, ils ont voulu descendre,
Pour mieux voir...

Mme DERVAL.

Au château je m'en vais les attendre.
(*Elle sort.*)

SCÈNE IX.

DUBOIS, *seul, s'asseyant.*

Et moi, j'attends ici. Je suis las à mourir.
Devant une voiture, et jour et nuit, courir!
Quel métier! je suis bien dégoûté du service.
Il est temps, par ma foi, que tout cela finisse.
Tel a fait son chemin; je puis faire le mien;
Pourquoi pas? je commence un peu tard, j'en convien;
Car, en fait de fortune, on ne va plus si vite.
N'importe; du moment il faut que je profite.
(*Il rit.*)
Mais où l'ambition va-t-elle se nicher?
Par-tout, de l'antichambre au siège du cocher.
Ce n'est qu'en attendant qu'on se fait domestique;
Le marchand est pressé de quitter sa boutique,
Le commis son bureau, l'artisan son métier;
Chacun se pousse;... enfin jusqu'au pauvre portier
Qui veut être concierge; et, convoitant sa loge,
Le Savoyard attend que le portier déloge.
Je vois mon maître : allons, Dubois, mon cher ami,

Servez, en attendant que vous soyez servi.
(*Il sort d'un côté, pendant que ces messieurs entrent de l'autre.*)

SCÈNE X.

M. DERVAL, M. DUCHEMIN, HENRI.

M. DERVAL.

Avouez, Duchemin, que cette terre est belle.

M. DUCHEMIN.

Assez, mais en petit.

M. DERVAL.

C'est une bagatelle,
Cinq cents arpents!

M. DUCHEMIN.

Bon Dieu! c'est merveilleux! Cinq cents!...
Mais je ne compte pas garder cela long-temps.

M. DERVAL.

D'accord.

HENRI.

Votre santé paroît bonne, mon père.

M. DERVAL.

Oui, fort bonne.

(*à M. Duchemin.*)
Ces bois peuvent compter, j'espère.

M. DUCHEMIN.

Cela n'approche pas de vos bois de Nevers.

M. DERVAL.

Des bois superbes!

M. DUCHEMIN.

Oui, superbes, mais fort chers.

ACTE I, SCÈNE X.

M. DERVAL.

Vous voulez tout avoir pour rien, c'est un peu rude.

M. DUCHEMIN.

Peut-être; et c'est tout simple : affaire d'habitude.
(*Il a, pendant toute la pièce, l'habitude de rire lourdement.*)

M. DERVAL.

Mais tout est bien changé.

M. DUCHEMIN.

Soit.

M. DERVAL.

Et ce nouveau plant?

HENRI.

Déja donne un ombrage!...

M. DUCHEMIN.

Ombrage est excellent.

(*à Henri.*)

Je ne viens point ici m'asseoir au pied des hêtres. Ombrage!

HENRI.

Vous verriez des sites si champêtres!

M. DERVAL.

Ah! voilà bien Henri.

HENRI.

L'air est pur!...

M. DUCHEMIN.

Oui, mon cher?

(*à M. Derval.*)

Ce pauvre enfant! il croit que l'on achète l'air.

(*gros rire.*)

M. DERVAL.

Oui; laisse-nous, mon fils.

HENRI.

J'obéis ; mais j'espère
Que je vous puis bientôt annoncer à ma mère..

M. DERVAL.

Dans un instant.

(*Henri sort.*)

SCÈNE XI.

M. DERVAL, M. DUCHEMIN.

M. DERVAL.

Hé bien, mon cher, qu'en dites-vous?

M. DUCHEMIN.

Que vous dirai-je? il est bien naïf, entre nous.
Il m'amusoit avec... son air pur, son ombrage...

M. DERVAL.

Oui, peut-être ; mais quoi ! c'est l'effet du jeune âge.
Il n'a que dix-neuf ans. Il est joli garçon,
Convenez-en.

M. DUCHEMIN.

D'accord, il a bonne façon ;
Mais, à voir sa candeur et son air d'innocence,
Il n'ira pas très loin en affaires, je pense.

M. DERVAL.

Bon ! vous le formerez. Ah ! mon cher Duchemin !
Si de votre Henriette il obtenoit la main,
Cela feroit, je crois, un couple bien aimable.

M. DUCHEMIN.

Eh ! mais, il est certain... qu'il seroit agréable...

M. DERVAL.

Cet hymen, mon ami, combleroit tous mes vœux.

ACTE I, SCÈNE XI.

M. DUCHEMIN.

(*à part.*)

Je le crois bien ; mais, moi, j'espère trouver mieux.
(*haut.*)
Nous verrons ; nous avons tout le temps, ce me semble.

M. DERVAL.

Nous avons fait déja tant d'affaires ensemble !...

M. DUCHEMIN.

Eh ! oui, nous avons fait tous deux d'assez bons coups :
Mais je vais encor mieux, moi tout seul, qu'avec vous.

M. DERVAL.

Comment ?

M. DUCHEMIN.

Vous n'allez pas franchement en affaires :
Vous avez de l'esprit ; mais vos petits mystères,
Vos finesses, vous font du tort, mon pauvre ami ;
Et vous n'avez jamais réussi qu'à demi.

M. DERVAL.

Qu'à demi, Duchemin ? cela vous plaît à dire.
De plus d'une entreprise assez bien je me tire.
L'affaire *Saint-Léger* est-ce un demi-succès ?

M. DUCHEMIN.

A la bonne heure ; au fait...

M. DERVAL.

La terre des Orsais,
Terre superbe, immense, elle n'est pas trop chère
Pour vingt-cinq mille francs de rente viagère :
L'homme est mort dans l'année.

M. DUCHEMIN.

Eh ! oui, c'est être heureux

M. DERVAL.

Je promis de payer des créanciers nombreux,

D'accord : ils sont payés aussi, mais Dieu sait comme
Chacun d'eux a touché dix pour cent de sa somme :
J'acquitte un million avec cent mille francs.

M. DUCHEMIN.

Ils jettent les hauts cris, ainsi que les parents :
Cela n'est pas fini.

M. DERVAL.

Bon, bon ! je suis en règle :
Je ne crains rien.

M. DUCHEMIN.

Hum... hum... pour moi, sans être un aigle,
J'agis ouvertement, je vais droit mon chemin.
J'entreprends, je fournis, j'achète à toute main :
Vingt châteaux démolis furent pour moi des mines ;
J'ai bâti ma fortune à force de ruines ;
Enfin de tout, mon cher, j'ai grossi mon trésor :
Fer, plomb, cuivre, en mes mains tout sait se fondre en or.

M. DERVAL.

Fort bien. Mais revenons au point qui m'intéresse,
A nos enfants ; j'espère...

M. DUCHEMIN.

Eh ! bon Dieu ! rien ne presse.
Je n'entreprends jamais qu'une affaire à-la-fois.
Commençons par la vente.

M. DERVAL.

Oui, volontiers ; je crois
Que l'objet vous plaira.

M. DUCHEMIN.

Bon, bon ! plaira ! qu'importe ?
Je ne veux que savoir combien l'objet rapporte.

M. DERVAL.

Mon château, cependant...

ACTE I, SCÈNE XI.

M. DUCHEMIN.

En achetant un bien,
Le château, vous savez, nous le comptons pour rien.
Je l'abattrai peut-être.

M. DERVAL.

A votre aise, sans doute;
Mais il me coûte, à moi...

M. DUCHEMIN.

Qu'importe ce qu'il coûte?
Il s'agit seulement de ce qu'il vaut pour moi.

M. DERVAL, *à part.*

J'enrage; il est plus riche; il me fera la loi.

M. DUCHEMIN, *aussi à part.*

Il faudra qu'il me cède; il est forcé de vendre.
(*haut.*)
Tout comme il vous plaira; mais vous pouvez comprendre
Que de ses fonds jamais on n'est embarrassé.

M. DERVAL.

Si je vends, ce n'est pas que je sois bien pressé;
Car enfin... grace au ciel... Mais allons voir ma femme.

M. DUCHEMIN.

Assurément... charmé de saluer madame...
Mais notre affaire.

M. DERVAL.

Eh! oui; vous y pouvez compter:
Je suis ici pour vendre.

M. DUCHEMIN.

Et moi, pour acheter.
(*Ils vont ensemble au château.*)

FIN DU PREMIER ACTE.

ACTE SECOND.

SCÈNE I.

M. ET Mme DERVAL, M. DUCHEMIN.

Mme DERVAL.
Quoi, monsieur Duchemin, cette triple avenue,
Et ce château superbe, et cette immense vue,
Ce bel ensemble enfin, selon vous, n'est donc rien?
M. DUCHEMIN.
Mais si fait; tout cela, madame, est assez bien.
M. DERVAL.
Votre éloge est modeste.
M. DUCHEMIN.
Oh! je n'admire guères:
Je ne vois que l'utile, et songe à mes affaires.
Mme DERVAL.
Voilà bien vos calculs! vos affaires!... comment!
Vous en faites, dit-on, même en route.
M. DUCHEMIN.
Oui, vraiment.
Je viens d'en conclure une, et j'en vais faire une autre;
(*regardant M. Derval.*)
Et si dès aujourd'hui nous terminons la nôtre,
Je pars demain.
M. DERVAL.
Demain?

LES RICHES.

Mme. DERVAL.
Sitôt?

M. DUCHEMIN.
Je suis surpris
D'être depuis trois jours éloigné de Paris ;
Car déja cette absence a pu m'être fatale.
Eh! oui, point de salut hors de la capitale :
C'est là le rendez-vous important, s'il en fut !...
Pour nous, s'entend : c'est là que l'on est à l'affût
De tout ce qui se vend, de tout ce qui s'achète :
C'est là qu'on exécute aussitôt qu'on projette :
Car on y connoît bien le prix d'un seul instant ;
On y sait ce que vaut sur-tout l'argent comptant.
On le travaille, aussi !... Dieu sait comme on calcule,
Comme chacun s'agite, et s'intrigue, et spécule !...
Comme avec promptitude on sait tirer parti
Du moindre mouvement dont on est averti !...
Dans ce pays vivant, pas un instant de vide ;
Et je puis en parler, moi ; je songe au solide :
Je suis rond ; mais je vais à mon but sans détour :
Je fais un marché d'or pendant qu'on dit bonjour.
Vive Paris, enfin ! il est temps que j'y rentre.

Mme DERVAL.
Ah! oui ; car l'opulence est bien là dans son centre.
Mais vous ne nous montrez ce Paris qu'à moitié :
Et le plaisir, monsieur ! l'avez-vous oublié ?
Le plaisir !... je ne parle ici que d'une femme.
De tout son alentour la femme riche est l'ame.
Sa moindre fantaisie est le vœu général.
Elle n'a qu'à paroître, et donner le signal ;
Tout s'arrange, repas, concert, bal, jeu, spectacle ;
Elle dirige tout ; jamais un seul obstacle :

Elle est riche, il suffit; et croyez que par-tout
Où l'entraînent sans cesse et la mode et son goût,
Ce n'est pas le plaisir uniquement qu'elle aime,
Tout attrayant qu'il est : son délice suprême,
C'est de briller, eh! oui, d'éclipser, d'écraser,
D'humilier enfin tout ce qui peut oser
Lui disputer de luxe et de magnificence.
Voilà sa passion, voilà sa jouissance.

M. DERVAL, *à sa femme.*

Je vois comme à Paris tous deux vous jouissez :
Il gagne de l'argent, et vous en dépensez.

M. DUCHEMIN.

C'est tout simple : à propos... pardon, je vous supplie,
Madame... dites donc quelle est cette folie,
Derval, d'avoir loué ce petit pavillon?

M. DERVAL.

Ce n'est point à loyer qu'il est occupé.

M. DUCHEMIN.

Bon!
Que veut dire cela?

M. DERVAL.

Je ne puis vous le taire :
Celui qui le possède en est propriétaire.

M. DUCHEMIN.

Pas possible, mon cher?

Mme DERVAL.

Hélas! rien n'est plus vrai.

M. DUCHEMIN, *à M. Derval.*

Et vous achetez, vous, l'un sans l'autre? il est gai!

M. DERVAL, *prenant Duchemin à part.*

Parlons plus bas : de loin, moi, j'ai fait cette affaire;
Et l'homme au pavillon ne veut point s'en défaire.

ACTE II, SCÈNE I.

M. DUCHEMIN, *baissant la voix.*

Bon! il s'en défera.

M. DERVAL, *de même.*

Je crains...

M. DUCHEMIN, *de même.*

J'en suis fâché,
Mon cher; mais sans cela pourtant point de marché.

Mme DERVAL.

Vous êtes occupés, messieurs; je vous dérange.

M. DERVAL.

Eh! non, madame.

Mme DERVAL, *à son mari.*

Aussi, c'est une chose étrange
Que vous ne puissiez pas oublier un moment
Vos affaires.

M. DUCHEMIN.

Si fait. Vous êtes sûrement
Trop aimable... il faudroit être bien insensible...
(*se retournant vers Derval, et bas.*)
Vous sentez, mon ami, qu'il ne m'est pas possible
D'avoir un tel voisin, dans mon parc, à dix pas...
Il faut absolument qu'il déloge.

M. DERVAL, *bas.*

En ce cas,
Je verrai l'homme.

M. DUCHEMIN, *bas.*

Bon.

Mme DERVAL.

C'est donc une gageure?
Vous retombez encor...

M. DUCHEMIN.

Pardon, je vous conjure...

Quand on a quelque chose en tête... Adieu, je sors.
 (*à M. Derval.*)
Je vais revoir ce bois, cet enclos, les dehors...

Mme DERVAL.

Vous nous quittez, monsieur?

M. DUCHEMIN.

      Oui; librement j'en use:
Il faut que je travaille, ou bien que je m'amuse.

Mme DERVAL, *souriant.*

Fort bien!

M. DERVAL.

 Je ne peux pas le rendre un peu poli.

M. DUCHEMIN.

Vous vous y prenez tard, Derval; j'ai pris mon pli:
Et puis, la politesse et les belles manières,
Tout cela ne sert pas de beaucoup en affaires.
Je ne vois de polis que les gens ruinés;
Voilà mon sentiment: madame, pardonnez.
 (*bas, à M. Derval.*)
Vous allez donc voir l'homme en question?

M. DERVAL, *bas.*

        Sans doute.

M. DUCHEMIN, *bas.*

Songez-y; car je veux ce bien, coûte qui coûte.
 (*haut.*)
Serviteur.

SCÈNE II.

M. et M.me DERVAL.

M.me DERVAL.

Est-il brusque et familier! Vraiment!
Il n'a nulle mesure et nul ménagement;
Il faut qu'il ait été mal élevé.

M. DERVAL.

Qu'importe?

Il est riche.

M.me DERVAL.

D'accord : cette raison est forte ;
Mais quand il y joindroit un peu de tact, de goût...

M. DERVAL.

Bon! en seroit-il mieux chéri, fêté par-tout?
Que l'homme sans fortune ait l'esprit agréable;
Rien de plus juste : il est obligé d'être aimable.
Mais nous, de tous ces frais nous sommes dispensés,
Duchemin plus qu'un autre ; et vous voyez assez
Qu'on le comble à l'envi de caresses, d'éloges,
Afin de partager sa voiture et ses loges.

M.me DERVAL.

Je le sais bien ; eh! mais, il vous parloit tout bas
De marché... qu'est-ce donc?

M. DERVAL.

Ah! vous ne savez pas :
Il vient pour acheter cette terre.

M.me DERVAL.

Qu'entend-je?

Vous vendez?...

M. DERVAL.
Oui.

Mme DERVAL.
Comment?

M. DERVAL.
Eh! qu'a cela d'étrange?
N'ai-je pas de la sorte acheté, revendu,
Cent fois? à ce métier ai-je donc tant perdu?

Mme DERVAL.
Se défaire sitôt d'un château magnifique!

M. DERVAL.
Magnifique! eh! c'est bien cela dont je me pique!

Mme DERVAL.
Et vous vendez encor tous vos bois de Nevers!

M. DERVAL.
Je les ai bien vendus.

Mme DERVAL.
Mais pourquoi? je m'y perds.

M. DERVAL.
J'ai mes raisons : j'éprouve une fâcheuse crise,
Une gêne; et voilà pourquoi je réalise.

Mme DERVAL.
Aussi vous embrassez trop d'objets, je le vois :
Cent fois je vous l'ai dit...

M. DERVAL.
Et moi, j'ai dit cent fois
Que vos airs de hauteur et de magnificence
M'entraînoient dans un luxe et dans une dépense...

Mme DERVAL.
Mais ce n'est qu'en brillant que l'on peut parvenir :
Qui paroît avoir peu ne sait rien obtenir.
Telle fête, en causant une grande surprise,

A souvent décidé la plus belle entreprise!...
Le pauvre est toujours pauvre; et roulât-on sur l'or,
En paroissant plus riche, on s'enrichit encor.

M. DERVAL.

Fort bien; mais cependant, si ma prompte richesse
Alloit se perdre encore avec plus de vitesse?
Si dans cet instant même, et quand nous triomphons?...

Mme DERVAL.

Comment?...

M. DERVAL.

Oui, j'ai placé les trois quarts de mes fonds
Dans une affaire... oh! mais, superbe; et, je l'avoue,
Un succès me mettroit au plus haut de la roue.

Mme DERVAL.

Hé bien donc?

M. DERVAL.

Mais aussi, si l'affaire manquoit,
Je suis perdu : jugez si je suis inquiet!

Mme DERVAL.

Peut-être votre crainte est-elle mal fondée.

M. DERVAL.

D'accord; mais ma fortune est au moins hasardée.
Voilà pourquoi je vends... si je peux, ce manoir :
Ce maudit pavillon, Duchemin veut l'avoir.
Sa demande est très juste, il faut que j'en convienne;
Mais je crains, entre nous, que ce Belmont ne tienne...

Mme DERVAL.

Je le crains plus que vous; car je sais son motif.
Pour sa fille Henri sent un penchant très vif;
Oui, pour la jeune Aline : elle est jolie.

M. DERVAL.

Il l'aime?

Mme DERVAL.

Il l'adore; j'apprends ce fait à l'instant même.

M. DERVAL.

Je reconnois mon fils à ces beaux sentiments.

Mme DERVAL.

Ce jeune homme en effet m'étonne à tous moments.
Il ne ressemble à rien, il est d'un autre monde;
Il n'aime que la paix, l'obscurité profonde...

M. DERVAL.

Quelle étrange apathie! elle nous fait un tort!...
Je vais encor sur lui faire un dernier effort;
Car j'ai de grands projets: en ce moment, je traite
D'une affaire!... fort bien, mais il faut qu'il s'y prête.
J'en doute.

Mme DERVAL.

Ces enfants, nous faisons tout pour eux:
Ils ne font rien pour nous, les ingrats!

M. DERVAL.

C'est affreux.
Mais j'entends qu'à mon gré notre fils se marie.
Le voici; laissez-nous ensemble, je vous prie.

Mme DERVAL.

Bon.

(*à Henri qui entre.*)

Je vous laisse auprès d'un bon père; écoutez,
Mon fils; sachez enfin répondre à nos bontés.

(*Elle sort.*)

SCÈNE III.

M. DERVAL, HENRI.

HENRI.

Ah! pouvez-vous douter que Henri ne s'empresse
De vous prouver, mon père, et respect et tendresse?

M. DERVAL.

C'est par vos actions que vous les prouverez.

HENRI.

Oui.

M. DERVAL.

J'espère d'abord que vous m'expliquerez
Vos liaisons avec... ce voisin, qui se nomme
Bel... fond..., Belmont, je crois. Qu'est-il?

HENRI.

Un honnête homme.

M. DERVAL.

Ah! Son état? son rang? Oui, que fait-il enfin?

HENRI.

Il élève sa fille, il cultive un jardin,
Et vit content.

M. DERVAL.

Fort bien: un homme très utile!

HENRI.

J'ai cru qu'on pouvoit l'être aux champs comme à la ville.

M. DERVAL.

Comment! c'est un emploi très beau, sans contredit;
Un jardin! Vous aimez sa fille, à ce qu'on dit;
C'est-à-dire qu'au fait vous la trouvez jolie.

HENRI.
Ah! bien mieux que cela; je la trouve accomplie:
Son père à ses progrès veille avec tant de soin!...
M. DERVAL.
De tels amis, monsieur, vous mèneront très loin!
HENRI.
S'ils menoient au bonheur, ce seroit quelque chose.
M. DERVAL.
Sûrement. Tout cela finira, je suppose;
A de si chers voisins vous pouvez dire adieu:
Nous partons pour Paris, demain peut-être.
HENRI.
O Dieu!
M. DERVAL.
Je vous place d'abord chez un de mes confrères;
Car il est temps, mon fils, d'entrer dans les affaires,
De vous faire un état, en un mot d'exister.
HENRI.
Mon père, tous mes vœux sont de vous contenter;
Mais je crains...
M. DERVAL.
Quoi?
HENRI.
Pardon; je crois me bien connoître;
Je ne présume pas que le ciel m'ait fait naître...
M. DERVAL.
J'en suis fâché, monsieur; mais c'est un parti pris.
HENRI.
Il faut donc oublier ce qu'en dix ans j'appris?
M. DERVAL.
Pourquoi?

ACTE II, SCÈNE III.

HENRI.

Dans cet état, quel usage en ferai-je?

M. DERVAL.

Eh! mais... sans doute, il faut oublier le collége.
C'est peu d'étudier, mon fils; il faut agir.
Il n'est qu'une science, et c'est de s'enrichir.

HENRI.

Je ne l'aurois pas cru. Mais alors, quand j'y pense,
Ceux à qui vous avez confié mon enfance,
Nous trompoient donc tous deux; car enfin, nos auteurs,
Mon père, historiens, poëtes, orateurs,
Ne m'ont rien dit de l'art d'augmenter sa richesse.
Ils m'ont parlé vertu, courage, honneur, sagesse.
Les poëtes charmants m'ont sans cesse vanté
La retraite, la paix, la médiocrité,
L'âge d'or, en un mot.

M. DERVAL.

Insensé que vous êtes!
Laissez votre âge d'or, vos auteurs, vos poëtes,
Ces poëtes sur-tout, romanesques, Dieu sait!
« Cinq et quatre font neuf; ôtez deux, reste sept. »
Voilà l'unique vers que d'eux je me rappelle.
La richesse, mon fils!... moi, je ne connois qu'elle.

HENRI.

Mais lorsqu'on la possède?

M. DERVAL.

On l'arrondit encor;
On la grossit toujours : l'or est l'aimant de l'or.

HENRI.

Que de temps j'ai perdu!

M. DERVAL.

N'en perds donc plus; écoute:

Ton sort est dans tes mains ; te voilà dans la route.
C'est Duchemin chez qui je prétends te placer.
Dans plus d'une entreprise il va t'intéresser ;
Et que sais-je ? tu peux entrer dans sa famille,
Et posséder l'emploi, la fortune et la fille :
Tout cela dans un an peut être exécuté.

HENRI.

Mon père !...

M. DERVAL.

Mais il faut un peu d'activité.
Je ne travaille ici que pour toi seul ; je t'aime ;
Je te conseille enfin ce que j'ai fait moi-même,
Et je t'ouvre à ton tour le chemin du bonheur.

HENRI, *avec timidité.*

Vous êtes donc heureux ?

M. DERVAL.

Il est plaisant, d'honneur !
Si je suis heureux, moi ?

HENRI.

J'ai cru voir le contraire.
Souvent de vos soucis rien ne peut vous distraire.
De nuages alors votre front est chargé :
Cela même pour vous m'a tout bas affligé.

M. DERVAL, *un peu déconcerté.*

Mes affaires, mon fils, ne sont point encor faites...
Je ne suis pas content.

HENRI.

Hélas ! si vous ne l'êtes,
Qui le sera, mon père ?

M. DERVAL.

Eh ! mais...

HENRI.

Moi, je serois,
J'ose le croire, heureux, content, à moins de frais.
Je me dis quelquefois : « O Henri ! si ton père
« Te permettoit de vivre en un coin de sa terre !
« Là, tu vivrois en paix, exempt de tout souci... »

M. DERVAL, *montrant le côté du pavillon.*

Dans ce canton, sans doute?

HENRI.

Oui, vous avez ici
Une ferme charmante...

M. DERVAL.

Ah ! j'entends : je devine ;
Et ta fermière alors seroit la chère Aline :
Car d'un coup-d'œil je vois, j'embrasse ton beau plan.
La belle ambition ! se faire un paysan !
Voilà le noble but que mon fils se propose !
De mes chagrins encore il demande la cause !

HENRI.

Mon père !...

SCÈNE IV.

LES MÊMES, M. BELMONT.

M. DERVAL, *à M. Belmont, qui paroît.*

Et c'est l'effet, monsieur, de vos avis,
De votre exemple.

M. BELMONT.

Ah ! ah ! comment ?

M. DERVAL.

Eh ! oui ; mon fils

Va vous voir, vous entendre, et vous prend pour modéle :
Je le dispenserois, pour moi, d'un si beau zéle ;
Car vous pouviez garder vos principes pour vous,
Sans lui communiquer de si funestes goûts.

HENRI.

Ah! mon père!...

M. DERVAL.

Tais-toi.

M. BELMONT.

Ce ton doit le surprendre ;
Et je ne venois pas moi-même pour entendre...
J'apprends que du château quelqu'un... c'est vous, je croi,
Monsieur, a pris le soin de se rendre chez moi,
Et desire me voir pour affaire importante.
Je viens, et suis un peu trompé dans mon attente,
Lorsque vous me tenez ces étranges propos.

M. DERVAL.

Oh! c'est une autre affaire à traiter en deux mots.
Mais ceci me révolte, et j'ai voulu vous dire
Ce que j'ai sur le cœur.

M. BELMONT.

Moi, je veux bien en rire ;
Car un pareil début pourroit nous mener loin.
J'ai regret seulement que Henri soit témoin...
Il doit souffrir...

M. DERVAL.

Je souffre encore davantage :
Ses rapports éternels avec votre ermitage,
L'accueil très obligeant qu'on lui fait, je le voi,
Tout cela doit blesser un homme tel que moi.

M. BELMONT.

Eh! mais, monsieur... alors peu de chose vous blesse.

Un homme... tel que vous m'a fait, je le confesse,
Trop d'honneur en prenant ces informations
Et sur mon ermitage et sur mes actions :
Oui, j'estime Henri ; je dirai mieux, je l'aime.

M. DERVAL.

Je le crois bien, monsieur ; mais la tendresse extrême,
L'estime que mon fils a su vous inspirer,
Ont des motifs secrets que je crois pénétrer.

M. BELMONT, *près d'éclater.*

Si je vous répondois... comme il convient peut-être,
Il me seroit aisé de vous faire connoître
Que vous vous oubliez : au fait, en tout ceci,
Il n'est pas question de moi, mais de Henri.
Si les soins prévenants qu'il se plaît à nous rendre
Vous blessent, vous avez le droit de les défendre ;
Et je m'en priverai, monsieur, quoiqu'à regret.
C'en est assez, je crois, sur un pareil sujet :
Voyons ce que d'ailleurs vous avez à me dire.

M. DERVAL.

Sur ce point-là, j'espère, un mot saura suffire :
(*à Henri.*)
Sors.

HENRI.

Jugez mieux monsieur : si vous saviez combien
Je m'instruis, je me forme en son noble entretien !
Il orne mon esprit, il élève mon ame ;
Son exemple sur-tout et m'éclaire et m'enflamme ;
Et s'il étoit besoin, auprès de lui j'apprends,
Mon père, à respecter, à bénir mes parents.

M. DERVAL.

L'effort est généreux !

HENRI.

Que ce débat m'afflige !
Il me seroit si doux de vous voir !...

M. DERVAL.

Sors, te dis-je.
(*Henri sort.*)

SCÈNE V.

M. DERVAL, M. BELMONT.

M. DERVAL, *encore ému.*

Mais voyez donc !...

M. BELMONT, *d'un air très calme.*

Enfin, monsieur, vous me direz,
J'espère, ce qu'ici de moi vous desirez.

M. DERVAL.

C'est pour ce pavillon que dans mon voisinage
Vous possédez.

M. BELMONT.

Hé bien ?

M. DERVAL.

De mon vaste apanage
Il est fort étonnant de le voir détaché ;
Et cela me déplaît.

M. BELMONT.

Monsieur, j'en suis fâché :
Mais enfin, c'est un droit qu'a tout propriétaire ;
Et vous le saviez bien en achetant la terre.

M. DERVAL.

Il est vrai ; mais enfin c'est un désagrément
Que chaque instant me fait sentir plus vivement :

ACTE II, SCÈNE V.

Ce désagrément-là, je desire qu'il cesse.
M. BELMONT.
Cela n'est pas aisé ; pour moi, je le confesse,
Ma maison me suffit : tout eu le trouvant beau,
Je ne sens nul desir d'acheter ce château.
M. DERVAL, *avec un sourire dédaigneux.*
Sans que vous l'eussiez dit, je le croirois sans peine :
Mais c'est moi, possesseur du reste du domaine,
Qui voudrois arrondir un bien si divisé,
Et réunir...
M. BELMONT.
Cela n'est guère plus aisé :
Je ne puis ni ne veux vendre mon ermitage.
M. DERVAL.
Vous y tenez beaucoup?
M. BELMONT.
On ne peut davantage.
M. DERVAL.
Quel si grand prix ce bien a-t-il donc à vos yeux?
M. BELMONT.
Mais comment pour vous-même est-il si précieux?
M. DERVAL.
Pour vous dédommager, on peut ici vous faire
Des offres...
M. BELMONT.
Qui, je crois, ne me toucheroient guère.
M. DERVAL.
Sachez que je suis homme à vous payer, monsieur...
M. BELMONT.
Eh! pourriez-vous jamais me payer mon bonheur?
M. DERVAL.
Franchement... un manoir si petit que le vôtre...

Dans mon parc... en un mot, nous nous gênons l'un l'autre.

M. BELMONT.

Mais je ne m'en plains pas, monsieur; imitez-moi.

M. DERVAL.

Hé bien, moi, je me plains; je suis de bonne foi.

M. BELMONT.

C'est un effort auquel il faudra vous contraindre:
Encore, à cet égard, qu'avez-vous tant à craindre?
Vous visitez si peu ce champêtre manoir,
Qu'à peine pourrez-vous ici m'apercevoir.

M. DERVAL.

Mon cher monsieur Belmont! cette plaisanterie...

M. BELMONT.

Mon cher monsieur Derval! calmez-vous, je vous prie :
Bien plus mal-à-propos ici vous vous fâchez.

M. DERVAL.

Je viens vendre ma terre, et vous m'en empêchez.

M. BELMONT.

Vous venez vendre?...

M. DERVAL.

Eh! oui.

M. BELMONT.

Vous en êtes le maître.

M. DERVAL.

Eh! non; car l'acquéreur va tout rompre, peut-être :
Il a passé chez vous.

M. BELMONT.

C'est pour un étranger
Que vous vouliez ainsi me faire déloger?

M. DERVAL.

Et cette occasion, grace à vous, est perdue.

M. BELMONT.

Eh non ; dix fois ainsi la terre fut vendue.
Un autre achètera ce bien, si ballotté,
De même qu'avant lui vous l'aviez acheté :
Mais après tout, monsieur, ce n'est point mon affaire.
Quant à mon pavillon, je ne puis m'en défaire ;
J'y reste ; je n'achète enfin, ni je ne vends :
Je garde ce que j'ai.

M. DERVAL.

Fort bien ; je vous entends.
Vous tenez, c'est tout simple, à notre voisinage.
Tel amour vous inspire un assez doux présage :
Je conçois vos raisons et vos petits calculs ;
Mais j'ai, de mon côté, de quoi les rendre nuls.

(*Il sort brusquement.*)

SCÈNE VI.

M. BELMONT, *seul.*

(*avec un mouvement de colère.*)
L'insolent !

(*se remettant.*)
Il me prête un fort beau caractère.
Que m'importe ? Henri, voilà quel est ton père !
Pauvre enfant ! je te plains.

(*Il réfléchit, et sourit.*)
Quand j'y songe pourtant,
Cet opulent d'hier, au ton dur, important,
Qui va même avec moi jusqu'à l'impertinence,
D'un grand étonnement seroit frappé, je pense,
Se repentiroit fort, s'il venoit à savoir

Qui je suis, et le bien qu'au fond je puis avoir.
O comme il changeroit de ton et de langage !
Je le verrois bientôt presqu'à mes pieds, je gage.
Mais chut.

(*Il rêve un moment.*)

Ma fille même ignore mon secret.
Je ne me repens pas d'avoir été discret :
On sait toujours trop tôt qu'on a de la fortune.
Que perd-elle ? un vain luxe, une foule importune
D'adorateurs, épris seulement de son bien.
Je veux pour son bonheur, peut-être pour le mien,
Un cœur honnête, pur, et digne de ma fille.
J'avois cru le trouver : mais Dieu ! quelle famille !
Faudra-t-il à ce prix ?...

SCÈNE VII.

M. BELMONT, MATHURIN.

MATHURIN.

Monsieur !...

M. BELMONT.

Quoi ? Mathurin ?...
Mais qu'as-tu ? je te trouve...

MATHURIN.

Ah ! j'ai bien du chagrin.

M. BELMONT.

Toi, du chagrin ?

MATHURIN.

Sans doute.

M. BELMONT.

A quel sujet ? seroit-ce

ACTE II, SCÈNE VII.

Quelque plante, mon cher, qui meurt de sécheresse?

MATHURIN.

Oh! non; j'arrose: enfin, mon jardin va très bien;
Mais je crains qu'avant peu ce ne soit plus le mien.

M. BELMONT.

Pourquoi donc?

MATHURIN.

Tout-à-l'heure, un monsieur, l'un des maîtres,
Alloit, venoit, rôdoit autour du bois de hêtres,
Et considéroit tout d'un air très curieux:
Il arpentoit, toisoit et mesuroit des yeux,
Comme on voit d'ordinaire un acheteur s'y prendre:...
Est-ce que par hasard vous songeriez à vendre?

M. BELMONT.

Eh! non. Tu prends l'alarme ici mal-à-propos:
Je ne vends rien, mon cher; ainsi, reste en repos.
Que ce monsieur là-bas mesure, toise, arpente;
Je reste ici, je garde une maison charmante;
Je tiens du fond du cœur à mon petit jardin,
A mes fleurs, à mon bois, à toi, cher Mathurin.

MATHURIN.

Ah! tant mieux; dans mon sang vous remettez du baume:
Mon jardin, voyez-vous? c'est mon petit royaume.

M. BELMONT.

Eh! c'est aussi le mien: va, va, retourne-s-y;
Ratisse, arrose, et crois que nous mourrons ici.

(*Il sort.*)

MATHURIN, *seul.*

Bon maître! je vais donc redoubler de courage,
Et semer pour l'hiver: j'ai le cœur à l'ouvrage.
Je veux que mon jardin soit un bijou.

SCÈNE VIII.

MATHURIN, DUBOIS.

DUBOIS, *de loin.*

Bravo !
Monsieur le jardinier, ce projet est fort beau.

MATHURIN.

Ah !... trouvez-vous ? hé bien, nous avons tous les nôtres.

DUBOIS.

Mais il m'est revenu que vous en avez d'autres.

MATHURIN.

Bon ! lesquels donc ?

DUBOIS.

Eh ! oui, vous soupirez, tout bas,
Pour certaine Sophie.

MATHURIN.

Eh ! monsieur, pourquoi pas ?
Comme ailleurs, nous aimons ici les belles choses.

DUBOIS.

Vous lui donnez, dit-on, de beaux bouquets, des roses ?...

MATHURIN.

Je donne ce que j'ai.

DUBOIS.

Fort bien : ces cadeaux-là,
Cet amour me déplaît.

MATHURIN.

Eh ! pourquoi donc cela ?

DUBOIS.

J'ai des prétentions sur cette demoiselle ;

ACTE II, SCÈNE VIII.

Et je ne veux pas, moi, qu'on soit amoureux d'elle.
MATHURIN.
Ah! vous ne voulez pas?
DUBOIS.
Non, pas du tout.
MATHURIN.
Tant pis:
Il falloit m'avertir plus tôt.
DUBOIS.
Je t'avertis.
MATHURIN.
Il est bien tard.
DUBOIS.
Bien tard!... Sais-tu?...
MATHURIN.
Point de colère:
Si vous pouvez, tâchez mieux que moi de lui plaire.
DUBOIS.
Voyez ce paysan qui voudroit plaire!
MATHURIN.
Eh! mais!...
Un paysan, je pense, aussi-bien qu'un laquais.
DUBOIS.
Plaît-il?...
MATHURIN.
Vous m'attaquez.
DUBOIS.
Ce seroit bien dommage;
Vous êtes sûrement le coq de ce village.
MATHURIN.
A la tête toujours vous me jetez ici
Mon village; et peut-être en êtes-vous sorti.

DUBOIS.

Pour jamais, je m'en vante.

MATHURIN.

Oui, je vous le conseille.
Si chacun avoit fait escapade pareille,
Les champs et les jardins seroient bien cultivés.

DUBOIS.

Les cultiver, voilà tout ce que vous pouvez:
Trop lourds pour exercer un autre ministère,
Bêtes de somme! allez, bêchez, grattez la terre:
Laissez aux gens d'esprit des soins plus délicats.

MATHURIN.

Bien délicats, bien fins, et dont on fait grand cas!
Frotter la chambre, ouvrir et fermer des fenêtres,
Assister au lever, au coucher de vos maîtres,
Garder une antichambre, un escalier; sur-tout
Derrière une voiture être perchés debout;
Messieurs les gens d'esprit, voilà ce que vous faites.

DUBOIS.

Insolent!

MATHURIN.

Mais c'est vous, tout le premier, qui l'êtes.

DUBOIS.

Au reste, il est permis d'être grossier aux champs.

MATHURIN.

Aux champs comme à Paris, qu'on soit honnêtes gens,
Tous les états alors peuvent être honorables:
Mais ne nous traitez pas comme des misérables;
Et fussions-nous encor plus lourds et plus grossiers,
Fainéants! respectez vos pères nourriciers.

DUBOIS, *déconcerté.*

Mais...

MATHURIN.

Mon jardin m'attend : c'est mon bonheur, ma gloire :
Je vais donc arroser ; allez verser à boire.

(*Ils sortent chacun de son côté.*)

FIN DU SECOND ACTE.

ACTE TROISIÈME.

SCÈNE I.

ALINE, HENRI.

HENRI.
C'en est fait, chère Aline, il faut vous dire adieu.
ALINE.
Quoi!...
HENRI.
Mon père l'ordonne; il m'arrache à ce lieu,
A ce lieu si paisible, où, trop digne d'envie,
J'ai passé les moments les plus doux de ma vie.
ALINE.
Vous nous quittez? sitôt?
HENRI.
Je suis au désespoir:
Je vais être privé du bonheur de vous voir.
ALINE.
Ce sera pour mon père une triste nouvelle.
HENRI.
Et vous, me plaignez-vous un peu, mademoiselle?
ALINE.
En doutez-vous? mais quoi! pouvions-nous espérer
Qu'un semblable bonheur dût bien long-temps durer?
HENRI.
Ah! pour moi, l'avenir me causoit peu d'alarmes:
J'étois tout au présent; il avoit tant de charmes!

J'espérois vivre ainsi...
ALINE.
Chimériques projets!
L'un pour l'autre, Henri, nous ne sommes point faits.
HENRI.
L'un pour l'autre? eh! fût-il plus douce sympathie?
Quelle union des cœurs étoit mieux assortie?
ALINE.
Nos goûts, nos sentiments, avoient quelque rapport;
Mais cela suffit-il? vous le savez, le sort
A mis entre nos biens un intervalle immense.
Votre mère m'a fait sentir cette distance,
Même un peu durement; et, malgré leur fierté,
Ces reproches ont bien un peu de vérité.
Elle le croit du moins; c'est assez.
HENRI.
Quoi? ma mère
Auroit pu vous parler d'un ton dur et sévère?
Pardonnez, bonne Aline, à ce moment d'humeur.
ALINE.
Aussi je lui pardonne, et du fond de mon cœur.
Mais vos parents un jour me rendant mieux justice,
Verront de mes devoirs s'il faut qu'on m'avertisse;
Et vous-même de loin vous me justifierez;
Oui, bientôt, je l'espère...
HENRI.
Eh! quoi? vous espérez?...
Ainsi donc, loin de vous vous m'ordonnez de vivre?
ALINE.
Votre père l'exige, et vous devez le suivre.
HENRI.
Vivre à Paris! qui? moi? je me verrois jeté

Dans ce séjour de luxe et de cupidité?
Qu'y ferois-je? bon Dieu! Sans détours, sans adresse,
Je n'ai point cet esprit d'intrigue, de souplesse;
Et je n'estime point assez tous ces grands biens
Pour les vouloir grossir par d'indignes moyens.

ALINE.

Hé bien! augmentez-les par des moyens honnêtes.
Pourquoi vous prévenir ainsi que vous le faites?
Il sembleroit vraiment qu'on ne peut s'enrichir
Que par des procédés dont on doive rougir!
Ah! vous reconnoîtrez avant peu le contraire,
Et par plus d'un exemple: « On peut, m'a dit mon père,
« Être tout à-la-fois, et riche et vertueux;
« Et l'on a le pouvoir de faire plus d'heureux. »

HENRI.

Des heureux! mais d'abord, il faut l'être soi-même.
Je ne le serai plus.

ALINE.

    Quelle foiblesse extrême!
Mais ce bonheur, si rare, ah! vous devez savoir
Qu'on ne peut l'obtenir qu'en faisant son devoir.
Henri fera le sien: il va, plein d'un beau zèle,
Remplir le nouveau poste où ce devoir l'appelle.
Mon père et moi de loin nous suivrons ses progrès;
Nous nous réjouirons toujours de ses succès.

HENRI.

A des succès brillants quand je pourrois prétendre,
Vaudroient-ils cette paix, l'amitié douce et tendre?...
Tout à-la-fois m'accable en ce cruel instant.
Si vous saviez quel sort dans ce Paris m'attend!
C'étoit peu d'exiger cet odieux voyage:
On me parle déja...

ACTE III, SCÈNE I.

ALINE.

De quoi?

HENRI.

De mariage.
D'une riche héritière on me promet la main:
C'est la fille, en un mot, de monsieur Duchemin;
Tel est l'arrêt fatal que mon père prononce.
Hé bien?

ALINE, *avec émotion*.

N'attendez pas sur ce point de réponse.
La personne, monsieur, dont il est question
Est digne sûrement d'une telle union.
Sa fortune d'ailleurs s'accorde avec la vôtre...

HENRI.

Eh! qu'ai-je besoin, moi, des richesses d'une autre,
Quand les miennes pouvoient, d'accord avec mon cœur,
De la vertu modeste assurer le bonheur?
O chère Aline!... Eh! quoi? vous gardez le silence.
De grace...

ALINE, *plus émue*.

Il faut souvent se faire violence,
Étouffer un penchant bien pur, bien naturel:
Un tel effort sans doute est pénible, cruel;
Mais s'il est nécessaire?

HENRI.

Et s'il est impossible?
Si notre cœur, hélas! trop foible, trop sensible,
Profondément blessé, craignant d'être guéri,
Gémit, souffre en secret?

ALINE.

Adieu, monsieur Henri.
Soyez heureux; croyez que l'honneur, l'innocence,

Tôt ou tard avec soi portent leur récompense.
(*Elle sort précipitamment.*)

HENRI, *seul*.

Elle fuit, et bientôt va m'oublier; pourquoi?
Parceque je suis riche : est-ce ma faute, à moi?
Que je suis malheureux !

SCÈNE II.

M. DERVAL, M. DUCHEMIN, HENRI.

M. DERVAL, *à Henri*.
Que fais-tu, là ?

HENRI.
Mon père,
J'allois...

M. DUCHEMIN.
Il respiroit son air si pur !

M. DERVAL.
J'espère
Qu'il l'oubliera bientôt en revoyant Paris.

M. DUCHEMIN.
Je ne sais... de ses champs il paroît bien épris.

M. DERVAL.
Ah ! quand il connoîtra la charmante Henriette...
Le bonheur de mon fils n'a rien qui m'inquiète ;
Et je suis sûr...

M. DUCHEMIN.
Fort bien : c'est ce que nous verrons.
Je vous l'ai déja dit, jamais je n'interromps
Une affaire entamée...

(à Henri.)

Ainsi, je vous en prie...

HENRI.

Ah! pardon.

(*Il sort.*)

SCÈNE III.

M. DERVAL, M. DUCHEMIN.

M. DUCHEMIN.

Quelle est donc cette plaisanterie?
Ce voisin ne veut pas nous céder son manoir?

M. DERVAL.

Non.

M. DUCHEMIN.

Non? vous n'avez pu le lui faire vouloir?

M. DERVAL.

Impossible.

M. DUCHEMIN.

Impossible?

M. DERVAL.

Oui, ce simple ermitage
Fait son bonheur, dit-il.

M. DUCHEMIN.

Son bonheur!... mais je gage
Qu'avec lui sur le prix vous aurez marchandé.

M. DERVAL.

Non, le prix n'y fait rien; cet homme est décidé.

M. DUCHEMIN.

Nous verrons. moi, jamais je n'ai manqué d'affaires:
J'ai des moyens auxquels on ne résiste guères.

M. DERVAL.

On va, je crois, ici vous résister.

M. DUCHEMIN.

Parbleu !
Cela seroit nouveau : vous me piquez au jeu.
Je vais...

SCÈNE IV.

Les mêmes, DUBOIS.

DUBOIS, *à M. Derval.*

Voilà quelqu'un, monsieur, qui vous demande.

M. DERVAL.

Qui donc ?

DUBOIS.

C'est un fermier.

M. DERVAL.

Un fermier ? qu'il attende.

DUBOIS.

Oui ; mais ce pauvre diable a beaucoup de travail.
Il vient renouveler son bail.

M. DERVAL.

Ah ! c'est un bail ?
C'est différent.
(*à M. Duchemin.*)
Ceci plus que moi vous regarde ;
Car...
(*à Dubois.*)
A-t-il dit son nom ?

DUBOIS.

Oui, le père *La Garde.*

M. DERVAL.

(*à M. Duchemin.*)
C'est lui... dont nous causions tout-à-l'heure.

M. DUCHEMIN.

Ah ! j'entend :
Parlons-lui ; nous aurons terminé dans l'instant.

M. DERVAL.

Mais...

M. DUCHEMIN.

Je sais tout.

(*à Dubois.*)

Qu'il vienne.

M. DERVAL.

Allons...

(*Dubois sort.*)

M. DERVAL.

Mais soyez ferme :
C'est un ancien fermier, et qui tient à sa ferme.

M. DUCHEMIN.

Soit. Moi, j'ai mon principe en fait de nouveaux baux :
Je dis la même chose, et dans les mêmes mots,
Derval, à tout fermier des terres que j'achète.

M. DERVAL.

Bon.

SCÈNE V.

Les mêmes; LE FERMIER.

LE FERMIER.

Messieurs, excusez l'instance que j'ai faite :
J'ai si peu de loisir !

M. DUCHEMIN.

Rien n'est plus naturel.

LE FERMIER.

Je crains de me tromper : je ne sais pas lequel
De ces messieurs...

M. DERVAL.

C'est moi... c'est-à-dire...

LE FERMIER.

Ah ! mon maître !
Je suis bien enchanté...

M. DERVAL.

Mais je cesse de l'être.

LE FERMIER.

Comment ?...

M. DERVAL.

Je vends ce bien ; monsieur vient l'acheter :
Ainsi, c'est avec lui que vous allez traiter.

LE FERMIER.

Alors c'est différent.

M. DERVAL.

Eh ! non, c'est tout de même,
Mon cher ; monsieur et moi, nous n'avons qu'un système.

LE FERMIER.

J'entends bien ; mais pourtant...

ACTE III, SCÈNE V.

M. DUCHEMIN.

Abrégeons ce détail:
Bon homme, vous venez renouveler un bail?

LE FERMIER.

Oui, monsieur: il expire à la saison prochaine.
On m'a toujours remis; et même cela gêne,
D'autant...

M. DUCHEMIN.

Votre fermage est de?...

LE FERMIER.

Cinq mille francs.
C'est beaucoup pour l'objet; et si je le reprends,
Je...

M. DUCHEMIN.

D'avance je sais ce que vous m'allez dire;
Mais voici ma réponse, et qui doit vous suffire.
Je veux quinze cents francs de plus que ce que j'ai:
Des contributions vous serez seul chargé;
Je reprends tous les bois; et, sans plus de paroles,
Pour pot-de-vin j'aurai comptant trois cents pistoles.

LE FERMIER.

Quoi? vous voulez?...

M. DUCHEMIN.

Je veux qu'ici nous finissions:
Garderez-vous ma ferme à ces conditions?

LE FERMIER.

Monsieur ne parle pas sérieusement...

M. DUCHEMIN.

Père!
Jamais je ne plaisante en traitant d'une affaire.

LE FERMIER.

Quoi? ces conditions?...

M. DUCHEMIN.

Je n'y puis rien changer.

LE FERMIER.

De votre ferme alors pourrois-je me charger?

M. DUCHEMIN.

Non ? tant pis.

LE FERMIER.

Il faudroit y mettre trop du nôtre.

M. DERVAL.

Bon! si ce n'est pour lui, ce sera pour un autre.

LE FERMIER.

D'accord; mais, pour cela, vous n'en serez pas mieux.
Car il ne manque point de gens ambitieux :
Il en est au village aussi-bien qu'à la ville.
Ils vont sur le marché d'autrui, c'est bien facile;
Mais quand il s'agira d'acquitter son loyer...

M. DUCHEMIN.

C'est mon affaire, à moi; je me ferai payer.

LE FERMIER.

Je payois, je peux dire, et même avant le terme.

M. DUCHEMIN.

Le jour suffit.

LE FERMIER.

Je quitte à regret cette ferme,
Je l'avouerai; j'y suis depuis bientôt trente ans;
Je suis devenu père ici de dix enfants,
Dont sept vivants; j'allois y marier ma fille...

M. DUCHEMIN.

Je ne me mêle point d'affaires de famille.

M. DERVAL, *au fermier.*

De votre fille, lui, doit-il payer la dot?

ACTE III, SCÈNE V.

LE FERMIER, *piqué, à M. Derval.*

Monsieur!...

M. DUCHEMIN.

J'ai dit mon prix, et c'est le dernier mot.

LE FERMIER.

Comment? c'est là, monsieur, le dernier mot?...

M. DUCHEMIN.

Sans doute.
Et les faisances donc que j'oubliois!... J'ajoute
Deux cents livres de beurre et trois milliers de foin;
Et même...

LE FERMIER, *souriant.*

Ah! doucement, n'allez donc pas plus loin;
Car vous augmenteriez de minute en minute.

M. DUCHEMIN.

Mais c'est mon bien, je crois.

LE FERMIER.

Aussi, point de dispute,
Monsieur; je vous le laisse.

M. DERVAL.

Eh! oui; chacun chez soi.

LE FERMIER.

Je vais me retirer dans une ferme à moi...

M. DUCHEMIN.

Fort bien.

LE FERMIER.

Qu'en mariage à mon fils j'ai donnée.
Ils ont été grêlés encore cette année.
Ils auroient tout perdu, les pauvres malheureux!
Sans les secours d'un homme... oh! mais, bien généreux:
Ce brave monsieur-là ne s'est pas fait connoître;
Mais j'ai toujours pensé que c'étoit l'ancien maître,

Celui d'avant...

M. DERVAL.

Qu'importe?

M. DUCHEMIN.

Oui, nous avons tout dit :
Puisque tu ne veux pas de ma ferme, il suffit.

LE FERMIER.

J'ai bien regret...

M. DUCHEMIN.

J'entends ; mais j'ai d'autres affaires,
Et point de temps à perdre.

LE FERMIER.

Et moi, je n'en ai guères.
Serviteur.

M. DUCHEMIN.

Adieu donc.

LE FERMIER.

Ah! si par-tout ailleurs
On ne traitoit pas mieux les pauvres laboureurs,
Adieu l'agriculture, et ce seroit dommage.

M. DERVAL.

Ah! vraiment! on vouloit augmenter son fermage ;
Il va quitter sa ferme ; alors tout est perdu.

M. DUCHEMIN.

Oui! j'en ai dit assez.

LE FERMIER.

Et moi, trop entendu.
(*Il sort en haussant les épaules.*)

SCÈNE VI.

M. DERVAL, M. DUCHEMIN.

M. DERVAL.

Hé bien! ils voudroient tous avoir pour rien nos terres.

M. DUCHEMIN.

Oui; c'est que je vais, moi, rondement en affaires.

M. DERVAL.

Puis, vous manquerez bien d'autres fermiers!

M. DUCHEMIN.

Eh! non.
Mais quoi? je perds mon temps; et l'homme au pavillon!
J'y vais; je veux le voir, et lui parler moi-même.

M. DERVAL.

Je l'aperçois tout près : c'est un bonheur extrême.
Car on est bien plus fort sur son terrain.

M. DUCHEMIN.

J'entends.

M. DERVAL.

Je vais vous l'envoyer, mon cher.

M. DUCHEMIN.

Bon. Je l'attends,
Et j'en réponds, fût-il mille fois plus tenace.

(*M. Derval sort.*)

SCÈNE VII.

M. DUCHEMIN, seul.

Je lui fais un pont d'or, pour qu'il cède la place.
J'emporterai bientôt la petite maison;
Eh! oui: quand on est riche, on a toujours raison.
Je l'ai bien éprouvé: Dieu sait que de conquêtes,
En tout genre, avec l'or, et par l'or seul, j'ai faites!
Qui me résiste? rien; car moi-même j'en ris.
Je suis prôné, fêté, par mille beaux esprits;
Les gens du plus haut rang me font la cour; nos belles,
J'en ai, sans me vanter, trouvé peu de cruelles.
   (*élevant la voix.*)
Il seroit bien plaisant qu'un petit campagnard,
Pauvre, et dans mon chemin se trouvant par hasard,
Osât me tenir tête... Ah! je le vois paroître.

SCÈNE VIII.

M. DUCHEMIN, M. BELMONT.

M. DUCHEMIN.
(*de loin, et sans regarder.*)
C'est donc vous qui voulez?...
         (*reconnoissant M. Belmont, à mi-voix.*)
             Ah! Dieu! mon ancien maître!...
   (*Il reste confus et muet.*)
M. BELMONT, *le regardant avec attention, et souriant.*
Je ne me trompe pas; non, c'est lui-même.

ACTE III, SCÈNE VIII.

M. DUCHEMIN.

Eh! quoi?
Est-il bien vrai, monsieur? c'est vous!

M. BELMONT.

Eh! oui, c'est moi,
Qui ne m'attendois pas, il faut que j'en convienne...
Je vois que ta surprise est égale à la mienne.
Quoi, mon pauvre Lépine!... eh! mais, monsieur, pardon;
Car vous avez ici sans doute un autre nom.

M. DUCHEMIN.

Oui, j'ai repris le mien; c'est celui de mon père,
Le nom de Duchemin.

M. BELMONT.

A merveille; et j'espère
Qu'un nouveau nom d'abord, et d'autres changements,
Sont la suite d'heureux, de grands événements.

M. DUCHEMIN.

Fort heureux, je l'avoue; et j'éprouvai sans doute...
Mais retrouver monsieur de Roselmond!...

M. BELMONT.

Écoute:
Je ne m'appelle plus monsieur de Roselmond;
Car j'ai changé moi-même: on me nomme Belmont;
Souviens-t'en.

M. DUCHEMIN.

Il suffit. Et moi, qui vous aborde
D'un ton si familier!

M. BELMONT.

En effet, ton exorde
M'a paru...

M. DUCHEMIN.

Bien étrange? ah! mille fois pardon.

M. BELMONT.

Tu ne m'attendois pas ici, mon cher?

M. DUCHEMIN.

Oh! non:
Et même de ce bien je n'eus point connoissance...

M. BELMONT.

J'y suis né cependant. J'y passai mon enfance;
Mais je l'avois quitté dès l'âge de douze ans,
Et n'y suis revenu qu'à-peu-près vers le temps...
Où nous avons cessé de demeurer ensemble.
Depuis ce temps, voilà du nouveau, ce me semble :
Je t'en fais compliment.

M. DUCHEMIN.

Monsieur, sans contredit...
Je ne sais que répondre, et suis tout interdit.

M. BELMONT.

Interdit? et de quoi? d'avoir fait ta fortune?
Allons! c'est une chose aujourd'hui si commune!
Tâche de te remettre, et couvre-toi d'abord.

(*Il s'assied sur le banc de gazon.*)

Conte-moi ton histoire; elle me plaira fort;
Car, monsieur Duchemin! vous aurez fait des vôtres.
Voyons.

M. DUCHEMIN, *restant debout.*

Monsieur... j'ai fait... j'ai fait comme tant d'autres.
Ne me demandez point un récit du passé :
Je m'en souviens à peine. Au fait, j'ai commencé
Par trouver sur ma route une bonne entreprise,
Une meilleure après; le sort me favorise;
Je sais en profiter, et je vais plus grand train;
Puis, impossible alors de m'arrêter; enfin,
J'étois pauvre et suis riche, et voilà mon histoire.

ACTE III, SCÈNE VIII.

M. BELMONT.
Elle est fort simple au fond, et très facile à croire.

M. DUCHEMIN.
Mais ce que je sais bien, et je m'en fais honneur,
C'est votre argent, monsieur, qui m'a porté bonheur :
Voilà de mes grands biens la première origine ;
Et Lépine toujours...

M. BELMONT, *se levant*.
Allons, plus de *Lépine*.
Tout est fini ; je sais ce que l'on doit d'égard,
Même, je le dirai, de respect au hasard ;
(*sur ce mot, il ôte son chapeau, en souriant.*)
Car il fut de tout temps grand faiseur de miracles.
Du reste, à vos projets je ne mets point d'obstacles :
Achetez ce château, s'il vous convient.

M. DUCHEMIN.
Qui? moi?
Oh! c'en est fait, monsieur, j'y renonce.

M. BELMONT.
Et pourquoi?

M. DUCHEMIN.
Eh! mais... on sent... d'ailleurs, ma surprise est extrême ;
Car enfin, ce château vous convient à vous-même.

M. BELMONT.
Pas trop. Puis, savez-vous si j'en ai le moyen?

M. DUCHEMIN.
Vous, monsieur? ah!...

M. BELMONT.
Comment?

M. DUCHEMIN.
Eh! oui, je sais trop bien...
Ce procès que perdit monsieur votre grand-père,

Dont monsieur votre père appela...
M. BELMONT.
Quoi?
M. DUCHEMIN.
J'espère
Qu'il est gagné : je crois ne m'être pas trompé.
Le nom de Roselmond dans le temps m'a frappé.
Alors ce jugement aura dû, mon cher maître,
Vous faire enfin rentrer dans tous vos biens.
M. BELMONT.
Peut-être.
Mais je veux qu'on l'ignore et cherche à l'oublier :
Eh! oui, je fus toujours tant soit peu singulier;
Vous le savez.
M. DUCHEMIN.
Ah! Dieu!
M. BELMONT.
Je suis peut-être avare.
Au siècle où nous vivons, ce défaut devient rare.
M. DUCHEMIN.
Oh! très rare; on n'est pas curieux d'amasser;
On gagne de l'argent, mais pour le dépenser :
On vit au jour le jour.
M. BELMONT.
Imprudents que vous êtes!
Que vous restera-t-il, à tous?
M. DUCHEMIN.
Eh! mais, des dettes.
Je parle en général, monsieur; car Duchemin
N'aura pas, j'en réponds, fait sa fortune en vain.
Je ne suis pas si sot : je place en fonds de terre.

ACTE III, SCÈNE VIII.

M. BELMONT.

Fort bien. Vous allez donc placer ici, j'espère?

M. DUCHEMIN.

Oh! non.

M. BELMONT.

Vraiment?

M. DUCHEMIN.

Monsieur, je n'aurai point ce tort.

M. BELMONT.

Allons! tout est changé.

M. DUCHEMIN.

Par-tout ailleurs, d'accord:
Mais près de vous... enfin, cela n'est pas possible.

M. BELMONT.

Hé bien... à ce trait-là, mon cher, je suis sensible.

M. DUCHEMIN.

C'est tout simple.

M. BELMONT.

Toujours je vous ai connu tel:
J'aimois, il m'en souvient, votre heureux naturel.

M. DUCHEMIN.

Ah! monsieur!...

M. BELMONT.

Seulement votre ardeur inquiète
Sembloit, auprès de moi, n'être pas satisfaite.

M. DUCHEMIN.

Il est certain... j'avois en tête... je ne sai...
Mais enfin...

M. BELMONT.

En effet, vous étiez déplacé.
J'aurois à vos talents donné peu de matière:
Vous auriez végété chez moi la vie entière.

Vous avez eu sans doute un instinct des meilleurs,
Quand vous êtes allé chercher fortune ailleurs.
Elle s'offrit à vous; vous fîtes tout pour elle :
A sa vocation il faut être fidèle.

M. DUCHEMIN, *riant à demi.*

Monsieur aime toujours, je vois, à plaisanter.

M. BELMONT, *d'un ton très solennel.*

Mais monsieur Duchemin peut à jamais compter
Sur ma discrétion, sur mon profond silence.

M. DUCHEMIN.

Ah! je vous crois : toujours l'homme par excellence.

M. BELMONT.

Vous, de votre côté, ne me trahissez pas.

M. DUCHEMIN.

Non, je vous le promets.

M. BELMONT.

On vient; parlons plus bas :
Des manières sur-tout franches et naturelles;
Sans gêne.

M. DUCHEMIN, *bas.*

J'obéis.

SCÈNE IX.

Les mêmes, M. DERVAL.

M. DERVAL, *de loin.*

Hé bien! quelles nouvelles!
Avez-vous à monsieur fait entendre raison?

M. DUCHEMIN, *fort embarrassé dans cette scène.*

Eh! mais... monsieur persiste à garder sa maison.

ACTE III, SCÈNE IX.

M. DERVAL.

Bon! jamais, disiez-vous, vous ne manquez d'affaires.

M. DUCHEMIN.

A tout ce que j'ai vu je ne m'attendois guères.
Puis vous n'aviez pas, vous, bien débuté, Derval.

M. BELMONT.

En effet: avec moi, monsieur s'y prenoit mal.

M. DERVAL.

C'est dommage : il falloit vous supplier, sans doute !

M. BELMONT.

Quand on veut obtenir, c'est le moins qu'il en coûte.

M. DUCHEMIN.

Oui, ma foi.

M. DERVAL, *à M. Belmont.*

Vous allez me donner des leçons !

M. BELMONT.

Je n'en donnai jamais... d'inutiles.

M. DUCHEMIN.

Allons...

(*à M. Derval.*)

Point d'humeur ; car enfin, il faut de la justice.
Nous demandions peut-être un trop grand sacrifice ;
Autrement... j'ai l'honneur de connoître monsieur :
Je le retrouve ici ; jugez !...

M. DERVAL.

Oh ! quel bonheur !
Son refus à nos plans ne change rien ; j'espère ?

M. DUCHEMIN.

Voilà ce qui vous trompe ; et ceci rompt l'affaire.

M. DERVAL.

Quoi ? vous reviendriez sur l'acquisition ?

M. DUCHEMIN.

J'y mis expressément cette condition.

M. DERVAL.

Un si foible incident pourroit être la cause ?!...

M. DUCHEMIN.

Cet incident pour moi n'est point si peu de chose.
Comment ? j'achéterois ce beau château pour voir,
Tout près de moi, monsieur dans son petit manoir ?...
Ce spectacle vraiment seroit insupportable.

(à M. Belmont.)

Pardon, monsieur.

M. BELMONT.

Ma vue est bien désagréable :
Je suis pour tout le monde un voisin importun.

M. DUCHEMIN.

Ah ! Dieu ! mais bon ! j'aurai quatre châteaux pour un...

M. DERVAL.

Bien obligé.

(à M. Belmont.)

Monsieur, voilà ce que me coûte
Votre obstination !...

M. DUCHEMIN.

Ah ! Derval !

M. DERVAL.

Mais sans doute.

M. BELMONT, à M. Duchemin.

A monsieur sur ce point j'ai déja pardonné :

(à M. Derval.)

Mais qui donc, je vous prie, est le plus obstiné,
De celui qui, content de son modeste asile,
Le garde, ou de celui qui d'un voisin tranquille
Convoite la demeure, et veut l'en arracher ?

ACTE III, SCÈNE IX. 343

M. DUCHEMIN.

En effet, à monsieur que peut-on reprocher?

M. DERVAL.

Oh! rien assurément... que de certaines vues
Que vous ignorez, vous, et qui me sont connues :
Mais je les déjouerai, car je pars dès demain;
Et j'espère, au refus de monsieur Duchemin,
Que ma vente à Paris sera bientôt conclue.

M. BELMONT, *souriant légèrement.*

Sans adieu, Duchemin.

(*à M. Derval.*)

Monsieur, je vous salue.

M. DERVAL.

(*avec affectation.*)

Ah! votre serviteur.

(*de loin, à M. Belmont qui sort.*)

Tout ensemble, en ces lieux,
Et du père et du fils recevez les adieux.

M. BELMONT, *se retournant.*

Que Henri soit heureux autant qu'il le mérite.

SCÈNE X.

M. DERVAL, M. DUCHEMIN.

M. DUCHEMIN.

Quoi? son refus, mon cher, à ce point vous irrite?

M. DERVAL.

J'ai tort!

M. DUCHEMIN.

Mais oui : chacun dispose de son bien;
Si vous vendez le vôtre, il peut garder le sien.

M. DERVAL.

Courage! maintenant vous prenez sa défense!

M. DUCHEMIN.

Non. Mais monsieur Belmont ne vous fait nulle offense.
Je ne vois pas pourquoi vous le traitiez ainsi.

M. DERVAL.

Allez, je m'entendois : il m'entendoit aussi.
Nous nous connoissons...

M. DUCHEMIN.

Oui? sans me vanter, peut-être
Tout aussi-bien que vous je pense le connoître.
Assez long-temps, je crois, près de lui j'ai vécu.
C'est le plus galant homme!...

M. DERVAL.

Oh! j'en suis convaincu.
Puisqu'il est votre ami, vous connoissez sa fille?

M. DUCHEMIN.

Oui, je l'ai vue enfant : toute cette famille...

M. DERVAL.

Est charmante! le père a de l'esprit;... enfin,
J'ai su le pénétrer.

M. DUCHEMIN, *vivement*.

Vous êtes donc bien fin;
Car il est fort discret.

M. DERVAL.

Sans peine on peut comprendre,
Entre nous, que mon fils lui conviendroit pour gendre.
Ma petite fortune...

M. DUCHEMIN, *de même*.

Il en a grand besoin!

M. DERVAL.

Oh! point du tout : de lui ces calculs sont si loin!

M. DUCHEMIN.

Moi, je ne connois point d'ame plus généreuse.

M. DERVAL, *riant.*

Généreuse? ah !...

M. DUCHEMIN, *encore plus vivement.*

Derval ! l'apparence est trompeuse.

(*à part.*)

Ah ! diable ! taisons-nous.

M. DERVAL.

Bon ! trompeuse ! en quoi donc?

M. DUCHEMIN.

Je parle en général.

M. DERVAL.

Comment monsieur Belmont
Pourroit-il?...

M. DUCHEMIN.

Mais en rien.

M. DERVAL.

Vous vouliez, ce me semble...

M. DUCHEMIN.

Eh ! oui ; moi, je voudrois... vous voir... là... bien ensemble,
Parceque je l'estime.

(*à part.*)

Il faut être discret.

M. DERVAL.

Belmont cacheroit-il par hasard un secret?

M. DUCHEMIN.

Un secret, dites-vous? eh ! mais, non, que je sache :
Brave homme ! quel secret voulez-vous donc qu'il cache?

M. DERVAL.

Cependant, vous disiez ..

M. DUCHEMIN.

Moi, je ne disois rien...
Sinon que c'est au fond le plus homme de bien !
Je ne parlois ici que de son caractère.
Mais je vais le rejoindre ; adieu.

(*à part, en s'en allant.*)

J'ai su me taire.

SCÈNE XI.

M. DERVAL, *seul.*

Que veut-il dire ? eh ! mais, quel changement soudain ?
Quel ton mystérieux il prend, ce Duchemin !
Il est près de parler, puis garde le silence,
Et semble, en se taisant, se faire violence.
Belmont cacheroit-il quelque secret ?... mais bon !
Quelle apparence, enfin ?... n'importe ; que sait-on ?
Puis, Duchemin m'a dit : « l'apparence est trompeuse ; »
« Belmont, dit-il encore, a l'ame généreuse... »
Eh ! mais... s'il affectoit, par singularité,
De paroître réduit presqu'à la pauvreté ?...
En effet, à travers cet air de bonhomie,
Son maintien distingué, sa physionomie...
Et puis ce Duchemin, si brusque avec nous tous,
Près de monsieur Belmont étoit honnête, doux :
Or, Duchemin n'est pas un homme à politesses ;
Et quand il fait sa cour, c'est qu'il sent des richesses.
Mille choses enfin m'ont d'abord su frapper.
O Dieu ! s'il étoit vrai ?... mais je puis me tromper :
Ce ne sont encor là que simples conjectures.
Ne pourrois-je acquérir quelques preuves plus sûres ?

ACTE III, SCÈNE XI. 347

Revoyons Duchemin ; c'est le meilleur témoin :
Ah ! oui ; de lui peut-être aurai-je grand besoin,
S'il faut que de Belmont ici je me rapproche,
Moi qui me suis tantôt permis plus d'un reproche...
Que j'ai regret !...

SCÈNE XII.

M. ET Mme DERVAL.

Mme DERVAL.

Ah ! bon : je vous cherchois.

M. DERVAL, *très agité.*

Pourquoi, Madame ?

Mme DERVAL.

Notre fils est encore, je croi,
Chez ces voisins...

M. DERVAL.

Eh bien ! pourquoi pas ? est-ce un crime ?
Il est tout naturel que Henri les estime.

Mme DERVAL.

Comment ?...

M. DERVAL.

Eh ! oui, contre eux vous m'aviez prévenu ;
Car l'un et l'autre, à moi, ne m'étoit point connu.
Vous n'avez pas daigné leur faire une visite :
Ils sont pauvres, dès-lors ils n'ont aucun mérite ;
Ainsi vous raisonniez.

Mme DERVAL.

Eh ! mais, à quel propos ?...

M. DERVAL.

A quel propos, madame?... apprenez en deux mots
Que ce monsieur Belmont...

Mme DERVAL.

Hé bien.

M. DERVAL.

Hé bien! peut-être
N'est-il rien moins au fond que ce qu'il veut paroître;
Entendez-vous?

Mme DERVAL.

Bon Dieu! mais que seroit-il donc?

M. DERVAL.

Avec l'air simple, uni, si ce monsieur Belmont...
Étoit?...

Mme DERVAL.

Quoi?

M. DERVAL.

Je soupçonne...

Mme DERVAL.

Expliquez-vous, de grace.

M. DERVAL.

Bientôt je saurai tout; car je suis sur la trace.
(*d'un ton mystérieux.*)
La fortune peut-être est près de nous; rentrons:
Dissimulons, madame, observons, espérons.

FIN DU TROISIÈME ACTE.

ACTE QUATRIÈME.

SCÈNE I.

SOPHIE, DUBOIS.

SOPHIE.

Eh! mais, mon cher Dubois, qu'est-ce donc qu'a ton maître?

DUBOIS.

Rien.

SOPHIE.

Il semble inquiet, soucieux...

DUBOIS.

Oui, peut-être:
Cela n'est pas nouveau; par-tout il est ainsi:
Riches et gens d'affaire ont toujours du souci.
Dès que la soif de l'or une fois les tourmente,
Plus ils boivent, Sophie, et plus leur soif augmente.

SOPHIE.

C'est une maladie.

DUBOIS.

Hé bien, je l'avouerai,
Pour cette pluie aussi je suis fort altéré.

SOPHIE.

Toi, mon pauvre Dubois? tout le monde s'en mêle.

DUBOIS.

Mais quelqu'un dont ici j'admire le beau zèle,
C'est ta maîtresse.

SOPHIE.

En quoi?

DUBOIS.

D'honneur! moi, je m'y perds.
Madame, qui toujours avoit de si grands airs,
S'humanise; comment? aller faire visite
A ces pauvres voisins, au père, à la petite!
Grand pouvoir de l'ennui!

SOPHIE.

Bon! ne t'y trompe pas:
C'est un autre motif qui la conduit là-bas.

DUBOIS.

Lequel donc?

SOPHIE.

Ils ont peur que Henri n'aime Aline,
Ne l'épouse sur-tout; et voilà, j'imagine,
Pourquoi l'on va, l'on vient...

DUBOIS.

J'en suis fâché pour eux;
Mais ils rendront leur fils encor plus amoureux.

SOPHIE.

Avec son air bon homme et sa philosophie,
Belmont songe au solide.

DUBOIS.

Eh! pourquoi pas, Sophie?
Le pauvre peut, je crois, exercer son talent
Pour amasser du bien, puisque l'homme opulent
Se donne tant de mal pour être encor plus riche.

SOPHIE.

Oui, c'est un jeu, Dubois, où bien du monde triche.
Vois, cet argent que l'un gagna... Dieu sait comment!
L'autre se l'approprie aussi subtilement.

DUBOIS.

Chut.

SCÈNE II.

Les mêmes, M. DERVAL.

M. DERVAL, *à Sophie.*
Ah! votre maîtresse est-elle revenue?
SOPHIE.
Pas encor.
(*Elle regarde au-dehors.*)
Je la vois au bout de l'avenue.
DUBOIS.
Oui, Germain la conduit. Madame vient, je crois,
De chez ces bonnes gens du pavillon...
M. DERVAL.
Dubois!
Est-ce monsieur Belmont dont tu parles?
DUBOIS.
Sans doute,
Du voisin si fâcheux et si tenace!...
M. DERVAL.
Écoute,
(*à Sophie.*)
Et vous aussi; parlez d'un ton plus circonspect,
De ce digne voisin, et même avec respect.
Il a peu de fortune: en eût-il moins encore,
L'indigence, à mes yeux, n'a rien qui déshonore;
Et tel pauvre souvent, s'il est riche en vertus,
Surpasse de beaucoup l'égoïste Crésus.
J'entends qu'en ma maison personne ne l'oublie;
Allez.

DUBOIS, *bas à Sophie, en s'en allant.*
Monsieur humain, et madame polie!
SOPHIE, *de même.*
Ce changement m'étonne et n'est pas naturel.

(*Ils sortent ensemble.*)

SCÈNE III.

M. DERVAL, *seul.*

Ce nouveau plan me cause un embarras cruel.
O Dieu! pour s'enrichir que de peine il en coûte!...
Mais c'est qu'il faut du bien, et beaucoup; c'est la route
Qui seule peut conduire aux honneurs, au crédit.
O que si ma fortune un beau jour s'arrondit!
Si je puis dire enfin: « C'est assez! » je m'arrête;
A vivre heureux en paix comme alors je m'apprête!
Encor cette entreprise: oui, je me trompe fort,
Ou cette affaire-ci va me conduire au port.
Voici ma femme; bon.

SCÈNE IV.

M. ET Mme DERVAL.

M. DERVAL.

Hé bien, quoi? l'as-tu vue?

Mme DERVAL.

Je la quitte; et d'abord ma visite imprévue
L'a bien déconcertée un peu, l'aimable enfant.

M. DERVAL.

Sans doute: hé bien?

ACTE IV, SCÈNE IV.

Mme DERVAL.

J'ai, moi, tout naturellement,
Paru de ce matin lui rendre sa visite ;
Et j'ai su par degrés rassurer la petite,
Très sensible après tout à mon honnêteté.

M. DERVAL.

Fort bien : ensuite ?

Mme DERVAL.

Elle est charmante, en vérité :
Il paroît que son père avec soin l'a formée :
Il est tout naturel que Henri l'ait aimée.

M. DERVAL.

Oui. Qu'avez-vous appris sur l'état, sur le bien ?

Mme DERVAL.

Par malheur, elle sait très peu de chose ou rien.

M. DERVAL.

Bon ! elle ignoreroit ?...

Mme DERVAL.

Eh ! oui, de sa fortune
Elle n'a nul soupçon, en cas qu'elle en ait une.

M. DERVAL.

Vous n'avez pas du moins ?...

Mme DERVAL.

Sans trop l'interroger,
Sans m'humilier trop, je vous laisse à juger
Si je fus pour Aline et tendre et caressante !
D'ailleurs, par elle-même elle est intéressante.

M. DERVAL.

Ah ! oui.

Mme DERVAL.

J'ai témoigné le desir de la voir.

M. DERVAL.

Bon.

Mme DERVAL.

Et je me promets de la bien recevoir.

M. DERVAL.

A merveille, madame : excellente visite !
Je vous en remercie et vous en félicite.

Mme DERVAL.

Je crains bien d'avoir fait cette démarche en vain.

M. DERVAL.

Le grand malheur ! pour moi, j'ai revu Duchemin :
Mais j'en ai peu tiré de nouvelles lumières.
Je l'ai pressé pourtant de toutes les manières ;
N'importe : cette fois, Duchemin n'a rien dit.

Mme DERVAL.

C'est qu'il n'a rien à dire ; eh ! non, sans contredit.
Je ne croirai jamais que l'on puisse être riche,
Et cacher avec soin ce que tel autre affiche.
Un tel déguisement est trop bizarre aussi.

M. DERVAL.

Eh ! qu'importe, après tout, si l'homme est fait ainsi ?
Moi, je veux profiter de ses bizarreries :
J'ai même à tout hasard dressé mes batteries ;
Car il s'agit de faire oublier à Belmont
Mes dédains de tantôt : Duchemin en répond.
Il espère avant peu nous bien remettre ensemble :
Il vient d'y retourner ; et voilà, ce me semble,
Un bon médiateur entre Belmont et moi.

Mme DERVAL.

En vérité, monsieur, dans tout ceci, je croi,
Vous allez un peu loin : voilà bien des finesses,
Bien des petits moyens, et même...

ACTE IV, SCÈNE IV.

M. DERVAL.

Des bassesses,
Tranchez le mot, madame; encor de vos fiertés!

Mme DERVAL.

Eh! non; c'est que vraiment vous nous compromettez.

M. DERVAL.

Bon!

Mme DERVAL.

Envers ce voisin jouer ainsi de ruse,
Vous réconcilier, lui faire presque excuse,
Et pour médiateur choisir un Duchemin!...

M. DERVAL.

Oui, s'il peut me servir.

Mme DERVAL.

J'entends bien, mais enfin...
A voir Aline, moi, si je me suis prêtée,
C'est qu'après tout tantôt je l'avois maltraitée.
C'étoit comme un devoir de l'aller consoler:
Mais se contraindre encor, toujours dissimuler!...

M. DERVAL.

Vous conviendrez qu'ici la chose en vaut la peine.

Mme DERVAL.

Et vous courez peut-être après une ombre vaine:
Que dis-je?... ce seroit une réalité,
Que l'argent à ce prix seroit trop acheté.

M. DERVAL.

Ah!... comme si l'argent pouvoit jamais trop l'être!
Mais, malgré la hauteur que vous faites paroître,
Vous qui craignez ici de vous trop abaisser,
Cet argent, vous savez fort bien le dépenser:
Aidez-moi donc du moins à le gagner, madame.

Mme DERVAL.

Mais à notre Henri vous destiniez pour femme
L'enfant de Duchemin : y renoncez-vous ?

M. DERVAL.

Oui,
Si son ami Belmont est plus riche que lui.

Mme DERVAL.

A la bonne heure ; moi, dans un tel mariage,
De mon fils seulement je verrois l'avantage.

M. DERVAL.

C'est ce que j'envisage aussi ; ce cher enfant !...
J'en suis charmé pour lui... mais quel événement !
Et je fais cette utile et rare découverte,
Lorsque j'étois peut-être à deux doigts de ma perte !
Car je ne te disois mes craintes qu'à demi.

Mme DERVAL.

Est-il possible ? alors...

M. DERVAL.

Mais j'aperçois Henri :
Chut ; car il faut qu'ici je change de système.

Mme DERVAL.

Allons ! dissimulez avec votre fils même !

M. DERVAL, *baissant la voix.*

Il le faut bien.

SCÈNE V.

LES MÊMES, HENRI.

M. DERVAL, *à Henri.*
C'est toi.
HENRI, *fort ému et triste.*
Mon père!...
Mme DERVAL.
Qu'as-tu donc,
Mon cher Henri?
HENRI.
Je sors de chez monsieur Belmont;
(*à son père.*)
Vous me l'aviez permis.
M. DERVAL.
Oui; je suis raisonnable:
Cette visite même étoit indispensable.
HENRI.
Fidèle à me donner toujours de bons avis,
Cet excellent voisin m'a fait sentir qu'un fils
Doit se faire un bonheur d'obéir à son père.
Cet avertissement n'étoit pas nécessaire;
Mais dans mes bons desseins je me sens affermi:
Disposez donc de moi.
Mme DERVAL.
Fort bien, mon cher ami.
M. DERVAL.
(*bas, à sa femme.*)
Laissez donc.

(*haut, à Henri.*)
Je ne puis que t'approuver, sans doute ;
Mais je ne prétends pas, mon cher fils, qu'il t'en coûte...
Je n'abuserai point de ta docilité ;
Non.

HENRI.
Vous m'avez instruit de votre volonté ;
Il suffit : à Paris vous m'ordonnez de vivre,
Mon père ; c'en est fait, je suis prêt à vous suivre.

M. DERVAL.
Tu ne partiras pas peut-être de sitôt.

HENRI.
Hélas, je partirai dès ce soir s'il le faut.

M. DERVAL, *avec un peu d'embarras.*
L'affaire en question est beaucoup moins pressée :
Paris vous convient peu ; j'ai changé de pensée.
Au fait, vous n'avez point cette émulation,
Cette énergie, enfin la noble ambition
Qui fait que dans ce monde on parvient, on se pousse.

Mme DERVAL.
Non : mon fils est formé d'une trempe plus douce.

HENRI.
A vos desirs Henri doit conformer le sien.

M. DERVAL.
D'accord ; mais, moi... d'ailleurs, je garderai ce bien,
Probablement ; tes soins m'y pourront être utiles.
Nous ne pouvons pas tous demeurer dans les villes.

HENRI.
Ah ! mon père !... croyez... s'il ne m'est plus permis
De voir ces bons voisins, de si dignes amis,
Ce séjour, loin de vous, n'a plus de quoi me plaire.

ACTE IV, SCÈNE V.

M. DERVAL, *toujours plus embarrassé.*
J'entends : à cet égard ;... oui... je fus trop sévère :
J'arrivois ; et peut-être un peu préoccupé,
Sur ce monsieur Belmont je puis m'être trompé.
Mon ami Duchemin en fait un cas extrême :
Il le connoît beaucoup : je dois l'en croire ; et même
J'espère, dès ce soir, me rapprocher ;... ainsi,
Plus de Paris, mon cher ; tu resteras ici.

HENRI.
Quel heureux changement !

M. DERVAL.
Il peut bien te surprendre.
(*Il regarde au loin, et apérçoit quelqu'un.*)
Mais ta mère, Henri, va te faire comprendre
Les motifs... Au château tous deux pouvez aller ;
Moi, j'aperçois quelqu'un à qui je veux parler.
(*bas, à madame Derval*)
C'est Mathurin ; le sort à propos me l'adresse ;
Il pourra m'éclaircir le point qui m'intéresse.

Mme DERVAL.
(*bas, à son mari.*)
Ah ! j'entends.

M. DERVAL.
Allez donc ; dans l'instant je vous suis.

Mme DERVAL.
Bon. Viens, mon fils.

HENRI.
Ah ! oui ; trop heureux que je suis !

M. DERVAL, *seul, un moment.*
(*Il appelle.*)
Eh ! Mathurin ! cet homme aime beaucoup son maître :
Il paroît franc, naïf ; il jasera peut-être.

Je doute encore un peu.
(*élevant la voix.*)
Venez donc, Mathurin.

SCÈNE VI.

M. DERVAL, MATHURIN.

MATHURIN.
Monsieur m'appelle !...

M. DERVAL.
Hé bien, mon cher, votre jardin,
Vous l'avez donc quitté?

MATHURIN.
J'avois fini ma tâche.

M. DERVAL.
En effet, il faut bien prendre un peu de relâche :
Puis, vous avez un maître et si bon et si doux !

MATHURIN.
Ah ! oui ; c'est le meilleur des hommes, voyez-vous ?

M. DERVAL.
C'est ce que j'ai cru voir.

MATHURIN.
Aussi, comme je l'aime !

M. DERVAL.
Il paroît obligeant, humain.

MATHURIN.
Généreux même.

M. DERVAL, *souriant.*
Généreux ?...

MATHURIN.
Il n'est point de cœur comme le sien.

ACTE IV, SCÈNE VI.

Quel dommage, monsieur, qu'il ait si peu de bien!

M. DERVAL.

Oui, je ne lui crois pas une très grande aisance.

MATHURIN.

Mais... il n'y paroît guère, à voir sa bienfaisance :
Car, dans notre maison, nous sommes tous, ma foi,
Bien nourris, bien vêtus; mais, moi sur-tout, mais moi!
Il soutient mon grand-père, et mes sœurs et mon frère;
Et je ne conçois pas comment monsieur peut faire :
Car, comme je disois, il a si peu de bien!...

M. DERVAL.

Oui, j'ai peine à comprendre... Au reste, j'en convien,
La charité n'est pas seulement dans la bourse.

MATHURIN.

Ah! c'est vrai; chez monsieur, c'est bien là qu'est la source.
        (*Il pose la main sur son cœur.*)

M. DERVAL.

Mais cependant...

MATHURIN.

            Tenez, dans ce village-ci,
Quand mon maître est venu s'établir, Dieu merci...

M. DERVAL.

Est-ce depuis long-temps?

MATHURIN.

                Depuis sept ans peut-être.

M. DERVAL.

Ah! mais vous, Mathurin, vous devez le connoître...

MATHURIN.

Depuis peu, par malheur, ce cher monsieur Belmont!
Voilà deux ans bientôt... Comme je disois donc,
On voyoit bien des gens ici dans la misère :
Les maîtres du château ne s'en informoient guère;

Puis ils changeoient toujours : hé bien, depuis ce temps,
On ne voit presque plus de pauvres, d'indigents;
Grace à qui?

M. DERVAL.

Je comprends, et redouble d'estime...

MATHURIN.

Monsieur cache un bienfait comme on feroit un crime.
S'il assiste quelqu'un, c'est toujours en secret :
Il donneroit le double afin qu'on fût discret.

M. DERVAL.

C'est charmant !

MATHURIN.

Je le vois souvent qui s'achemine,
Le soir, tout seul; il va de chaumine en chaumine,
Enfin, par-tout où peut loger un indigent :
Il donne de grand cœur le peu qu'il a d'argent,
Et s'enfuit; il auroit une plus forte somme,
Ce seroit tout de même.

M. DERVAL.

O Dieu! l'excellent homme !
(*avec attention.*)
Que n'a-t-il des trésors, en secret !

MATHURIN.

Hélas! oui :
Si les riches étoient bienfaisants comme lui,
Les pauvres en seroient un peu mieux dans ce monde :
Mais bon! le cœur est sec où la fortune abonde;
Et ceux qui donneroient les trois quarts de leur bien,
Comme monsieur Belmont, n'ont rien ou presque rien.

M. DERVAL.

Tu juges sans savoir, Mathurin; vois ton maître :
Tel oblige de même en silence.

MATHURIN.

Oui, peut-être!
Et même, il est des gens plus secrets en ce cas;
Car, s'ils font quelque bien, on ne s'en doute pas.

M. DERVAL.

Oui? Mathurin a donc le petit mot pour rire?

MATHURIN.

J'aperçois mon bon maître : eh! mais, que va-t-il dire
De me voir là? Monsieur, gardez-moi le secret :
Ce cher monsieur Belmont, combien il m'en voudroit!
Bon Dieu!

M. DERVAL.

Ne craignez rien : moi, vous nuire? au contraire,
Je voudrois vous servir s'il étoit nécessaire.

SCÈNE VII.

Les mêmes, M. BELMONT, M. DUCHEMIN.

M. BELMONT.

Ah! Mathurin ici!

MATHURIN, *avec embarras.*

C'est vrai, monsieur... j'allois...
J'ai rencontré monsieur; et moi, je lui parlois...
De mon jardin...

M. DERVAL.

Eh! oui, j'use du voisinage;
Votre bon Mathurin parle bien jardinage
Et sa naïveté m'intéresse vraiment.

MATHURIN.

Ah! c'est trop de bonté, monsieur;... assurément...

M. BELMONT.
(à M. Derval.) (à Mathurin.)
Vous lui faites honneur; mais va: tes fleurs t'attendent;
Et tu sais, mon ami, ce qu'elles te demandent.

MATHURIN.
Oui, je sais bien; j'y cours.

(*Il sort.*)

SCÈNE VIII.

M. DERVAL, M. BELMONT, M. DUCHEMIN.

M. DERVAL.
Il est brave homme.

M. BELMONT.
Eh! oui,
Un peu bavard.

M. DERVAL.
Il m'a tout-à-fait réjoui.
(à M. Belmont.)
Quoi? c'est donc vous, monsieur!

M. DUCHEMIN.
Vous voyez, je l'amène;
Mais à le décider je n'ai point eu de peine.

M. BELMONT.
Non; j'avois un motif trop puissant, j'en conviens.
(à part.)
C'est pour toi seul, Henri, pour toi, que je reviens.

M. DERVAL.
Sans doute, à ce bonheur j'étois loin de m'attendre,
Après l'accueil si brusque!...

M. DUCHEMIN, *à M. Derval.*

Allons!... j'ai fait entendre
A votre cher voisin le regret bien amer
Que vous sentiez...

M. DERVAL.

Ah! oui, vous le savez, mon cher:
Méconnoître, affliger un homme respectable!

M. DUCHEMIN.

Je sens bien votre peine.

M. DERVAL.

Elle est inexprimable.

M. BELMONT.

Cessez donc d'en parler.

M. DUCHEMIN, *à M. Belmont.*

Oui, Derval se trompoit,
Voilà tout : j'étois sûr que mieux instruit du fait,
Dès qu'il vous connoîtroit... je dis votre mérite,
De sa prévention il guériroit bien vite,
Parceque...

M. BELMONT.

De vos soins je vous sais très bon gré.

M. DERVAL.

C'est un trait que, pour moi, jamais je n'oublierai.

M. DUCHEMIN.

Je le crois; je conçois votre reconnoissance :
Elle est bien naturelle; et dans la circonstance
J'en ferois tout autant; lorsqu'on a le bonheur...
Enfin, mon cher ami, cela vous fait honneur.

M. BELMONT.

Il suffit, Duchemin; tout cela va sans dire :
Mais ne deviez-vous pas en ce moment écrire?

M. DUCHEMIN.

Ah! vraiment j'oubliois. Le courrier va passer;
Il vient le soir ici. Je vais donc vous laisser:
D'ailleurs, cet entretien n'a rien qui m'inquiète;
Et je vois qu'entre vous la connoissance est faite.
Au revoir donc, messieurs.

(*Il sort, en riant sous cape.*)

SCÈNE IX.

M. DERVAL, M. BELMONT.

M. DERVAL, *à part.*

Bon. Allons, pas à pas,
Et voyons s'il est riche, ou bien s'il ne l'est pas.

M. BELMONT, *à part aussi.*

Il faut le voir venir.

M. DERVAL, *haut.*

En vérité, je l'aime,
Ce Duchemin; c'est bien la franchise elle-même.

M. BELMONT.

Oui: rare qualité!

M. DERVAL.

Mais... comme on se prévient!
J'en suis honteux vraiment.

M. BELMONT.

Aussi, comme on revient!
Il vous suffit d'un mot, et qu'on vous avertisse...

M. DERVAL.

Ma femme désormais vous rendra bien justice.

M. BELMONT.

Prévention encore.

ACTE IV, SCÈNE IX.

M. DERVAL.

Oh! non.

(*à part.*)

Allons au fait.

(*haut.*)

Le vrai mérite est tout. Eh! qu'importe, en effet,
Que l'on ait un peu plus, un peu moins de fortune?

M. BELMONT.

Ah! cela fait beaucoup.

M. DERVAL.

Hai... moi, j'en possède une
Assez considérable; est-ce que j'en vaux mieux?

M. BELMONT.

Pour cela, non, peut-être.

M. DERVAL.

En suis-je plus heureux?

M. BELMONT.

Je ne le pense pas.

M. DERVAL.

Non; ce refus étrange
De l'ami Duchemin me gêne, me dérange.

M. BELMONT.

Tant pis.

M. DERVAL.

C'étoit pourtant un excellent marché
Pour lui; car avec vous je n'ai rien de caché.
Pressé, comme je suis, de vendre cette terre,
Avec moi l'on feroit une excellente affaire.

M. BELMONT.

Oui?

M. DERVAL, *regardant avec attention M. Belmont.*

Si, dans ce moment, quelqu'un avoit des fonds,

Il obtiendroit de moi, monsieur, je vous réponds...
Oh! les termes les plus avantageux!...

M. BELMONT.

Seroit-ce,
Par aventure, à moi que ce discours s'adresse?

M. DERVAL.

A vous?... non... je parlois en général, monsieur.

M. BELMONT.

J'entends.

M. DERVAL.

Vous savez mieux vous connoître en bonheur.
Avec l'esprit solide, et cette ame si pure,
Des goûts sages, enfin tous ceux de la nature...

M. BELMONT.

Monsieur!...

M. DERVAL.

L'aimable Aline est bien digne de vous.
Sa grace, sa candeur, son maintien noble et doux...
Ce sera, j'en suis sûr, une femme accomplie.

M. BELMONT.

Oui, si j'ai le bonheur de la voir établie.
Eût-elle tous les dons qu'en elle vous vantez,
Un défaut gâteroit toutes ces qualités.

M. DERVAL.

J'entends ; mais si de biens votre Aline est privée,
Par un excellent père elle fut élevée ;
Ce sont là de vrais biens, des trésors ; en un mot...

M. BELMONT, *vivement*.

Croyez-vous que quelqu'un l'épouseroit sans dot?

M. DERVAL.

(*hésitant.*)
On le devroit au moins.

ACTE IV, SCÈNE IX.

(*à part.*)
Il est pauvre, je gage :
Revenons sur nos pas.
(*haut.*)
Je sens que ce langage,
Cette façon de voir, ne sont pas ceux du jour.
La richesse fait tout, en affaire, en amour.
Aussi, tenez, mon fils, je puis bien vous le dire,
Pour gendre, pour époux, par-tout on le desire.
On me l'a demandé déja plus d'une fois ;
Et je n'aurai pour lui que l'embarras du choix.

M. BELMONT.

Ah ! je le crois sans peine : à tout il peut prétendre.
Je sens qu'au fond du cœur on l'eût choisi pour gendre,
Quand la fortune encor l'eût moins bien partagé.

M. DERVAL.

(*à part.*)
Bon ! touchons cette corde.
(*haut.*)
Il vous a bien jugé :
Cher Henri ! son instinct, sa douce confiance,
L'avoient mieux inspiré que mon expérience :
Et moi, je l'accusois... puis-je le répéter ?
De vous voir trop souvent, et de vous imiter !...

M. BELMONT.

J'aime son esprit droit, son ame noble et pure.
Il ne connoît point l'art, encor moins l'imposture ;
(*avec plus d'accent.*)
Et rien de tel, monsieur, que la sincérité.

M. DERVAL.

Sûrement !... cher enfant !... je l'aime !... en vérité,
Je parcours en esprit la capitale entière,

Afin de lui trouver la plus riche héritière!...
M. BELMONT.
En effet, je crois bien que c'est là votre but.
M. DERVAL.
A ce goût général il faut payer tribut.
M. BELMONT.
Voyez comme ici-bas chacun a son système!
Car j'ai le mien aussi, que je porte à l'extrême.
Pour votre fils, monsieur... et d'abord je l'ai cru,
Vous cherchez, dites-vous, une très riche bru :
Moi, c'est tout le contraire; et, dans le choix d'un gendre,
S'il dépendoit de moi... je vais bien vous surprendre :
Oui, je préférerois un homme qui n'eût rien;
Enfin, vous desirez, et moi, je crains le bien :
Voilà la différence.
M. DERVAL.
Eh! comment, je vous prie,
Pour la richesse avoir pareille antipathie?
M. BELMONT.
A force d'observer, monsieur, de réfléchir
Sur les moyens d'abord qu'on prend pour s'enrichir,
Sur cette soif de l'or qui de tout rend capable,
Par qui l'homme est si bas, quelquefois si coupable!
Sur l'abus, plus honteux encor que les moyens,
Sur cet indigne emploi de ces indignes biens...
Je parle ici de ceux ravis comme à la course :
Et lorsque l'on pourroit en épurer la source,
Et par un noble usage un jour les expier,
Chacun les prostitue; et, dans le monde entier,
Qu'ai-je vu? tour-à-tour, ridicule et scandale,
Profusion bizarre encor plus qu'immorale,
Absence de raison, de goût, d'humanité;

ACTE IV, SCÈNE IX.

Des richesses voilà ce qui m'a dégoûté.

M. DERVAL.

En effet... je conçois... d'après votre système...
Mais quoi! faut-il s'en prendre à la richesse même?...

M. BELMONT.

Non, pas toujours; d'ailleurs je puis bien m'abuser:
Mais si c'est une erreur, il la faut excuser.
Car ne semble-t-il pas qu'une fortune immense
Exerce une secrète et maligne influence,
Que c'est comme un poison qui de ses possesseurs
Change, altère les goûts, et corrompt jusqu'aux mœurs?
Presque pauvre, on étoit obligeant, secourable;
Du nécessaire même on aidoit son semblable.
Riche, du superflu l'on craint de se priver;
Et l'on s'occupe moins alors de relever
La fortune d'autrui que d'augmenter la sienne.

M. DERVAL.

J'entends bien; quelquefois... il faut que j'en convienne...
Les riches...

M. BELMONT.

Et croyez que si j'en dis du mal,
Ce n'est pas par humeur, mon cher monsieur Derval:
Car tel riche que j'ai rencontré dans ma vie
M'a fait bien plus encor de pitié que d'envie.

M. DERVAL.

Sans doute, il est certain... au fait... je sens trop bien...
(*à part.*)
Mais est-il riche ou non? ma foi, je n'en sais rien.

M. BELMONT, *aussi à part.*

Pauvre riche! vraiment son embarras m'amuse.

SCÈNE X.

Les mêmes, M. DUCHEMIN.

M. DUCHEMIN.

Messieurs, c'est encor moi, qui vous fais bien excuse :
Car je vous interromps.

M. DERVAL.

Il est vrai, mon ami,
Que de cet entretien vous me voyez ravi.

M. DUCHEMIN.

Ah! je le crois sans peine; il a bien de quoi plaire.
(*bas, à M. Derval.*)
Je vous cherche.

M. DERVAL.

Il fait mieux : il me touche, il m'éclaire
Sur tous ces vains calculs, ces soins intéressés,
Auxquels je me livrois...

M. DUCHEMIN.

Ah! vous y renoncez!

M. DERVAL.

Eh! mais...

M. DUCHEMIN, *à M. Belmont.*

S'il est ainsi, monsieur, je vous admire.

M. BELMONT.

Je ne me flatte pas...

M. DUCHEMIN, *à mi-voix, à M. Derval.*

J'ai deux mots à vous dire.

M. DERVAL, *de même.*

Bon!

ACTE IV, SCÈNE X.

M. BELMONT.
Monsieur Duchemin veut, je crois, vous parler;
Alors...

M. DUCHEMIN.
Seul au château vous voudrez bien aller,
Monsieur?

M. BELMONT.
Très volontiers.

M. DERVAL.
Puis, ma femme, je pense,
Attend votre visite avec impatience.

M. DUCHEMIN, *à M. Belmont.*
Oui : votre chère Aline, on a pour elle aussi
Des soins, des amitiés!... enfin, c'est comme ici.

M. BELMONT.
On a trop de bonté.

M. DUCHEMIN, *à part.*
Que ces Derval sont drôles!

M. BELMONT, *à part, en s'en allant.*
Cet amour de l'argent fait jouer bien des rôles.

SCÈNE XI.

M. DERVAL, M. DUCHEMIN.

M. DERVAL.
Qu'est-ce donc?

M. DUCHEMIN.
Ah! Derval! vous serez bien surpris.

M. DERVAL.
Moi? pourquoi?

M. DUCHEMIN.
Je reçois mes lettres de Paris.
M. DERVAL.
Quelle nouvelle?
M. DUCHEMIN.
Ah! ah! cette entreprise immense,
Où presque tout Paris étoit mêlé, je pense;
Oui, l'affaire *Meillac*...
M. DERVAL.
Hé bien?
M. DUCHEMIN.
Hé bien, mon cher,
Tout est fini.
M. DERVAL.
Comment?
M. DUCHEMIN.
Elle a manqué, c'est clair.
M. DERVAL.
Elle a manqué?
M. DUCHEMIN.
Tout net : enfin, elle est au diable;
Cela fait à Paris un tapage effroyable.
En voilà dix encor qui se cassent le cou!...
M. DERVAL.
Est-il possible?
M. DUCHEMIN.
Eh! oui; car tout le monde est fou.
M. DERVAL.
Vous m'annoncez cela, vous, d'un air bien tranquille!
M. DUCHEMIN.
Je ne vois rien ici qui m'échauffe la bile.

ACTE IV, SCÈNE XI.

M. DERVAL.

Vous ne savez donc pas?...

M. DUCHEMIN.

Voilà ce que je sai.

M. DERVAL.

Qu'en cette affaire, moi, j'étois intéressé?

M. DUCHEMIN.

Vous?

M. DERVAL.

Pour deux millions seulement.

M. DUCHEMIN.

Ah! qu'entends-je?
Eh! quoi! vous en étiez? quelle folie étrange!

M. DERVAL.

Qui pouvoit deviner?...

M. DUCHEMIN.

Moi; car je l'avouerai,
Dans l'entreprise aussi d'abord je me fourrai
Pour cinq cent mille francs, c'est une bagatelle :
Mais j'observe, je sens que tout cela chancelle,
Et tire doucement mon épingle du jeu.

M. DERVAL.

Allons, tant mieux pour vous. Perdre à-la-fois!... ô Dieu!

M. DUCHEMIN.

C'est votre faute aussi; voilà comme vous êtes :
Vous ne me dites rien de tout ce que vous faites.

M. DERVAL.

Il est bien temps!... j'enrage.

M. DUCHEMIN.

Il est dur, j'en convien,
De perdre ainsi d'un coup les trois quarts de son bien.
Je sens votre malheur; car enfin... Mais j'admire

Comme de l'embarras toujours je me retire !
J'aurois pu perdre aussi mon demi-million.

M. DERVAL.

Vous êtes bien heureux.

M. DUCHEMIN.

Ah ! du bonheur ! non, non ;
Mais c'est du bien joué. J'ai vu le piége ; et vite
Je me suis esquivé.

M. DERVAL.

Je vous en félicite.

M. DUCHEMIN.

Sûrement je vous plains. C'est un revers cruel :
Oh ! je sens votre peine ; et c'est bien naturel,
Entre amis tels que nous...

M. DERVAL.

Oui, j'y compte, et j'espère
Que vous me prouverez cette amitié sincère.

M. DUCHEMIN.

Ah ! soyez-en certain, Derval ; je vous réponds...
Seulement je ne puis vous aider de mes fonds,
Que je suis obligé de garder pour moi-même.
Ce moment est pour moi d'une importance extrême :
Car enfin, vous sentez qu'à Paris mille gens
Vont sans doute éprouver des embarras urgents :
C'est une occasion qu'il faut que je saisisse...
Du reste, Duchemin est à votre service.

M. DERVAL, *très piqué*.

Je n'attendois pas moins de votre attachement :
Mais ce qu'ici de vous j'espère uniquement,
C'est que sur tout cela vous voudrez bien vous taire,
Ne point ébruiter...

M. DUCHEMIN.

A quoi bon ce mystère ?
Je ne vois pas...

M. DERVAL.

Il est inutile, je croi,
D'affliger des voisins qui se trouvent chez moi.

M. DUCHEMIN.

Bon! des amis!

M. DERVAL.

Et puis, peut-être la nouvelle
N'est pas certaine...

M. DUCHEMIN.

Elle est par malheur trop réelle :
Oh! ne vous flattez pas.

M. DERVAL.

Soit. Au moins, Duchemin,
On peut tenir ceci caché jusqu'à demain.
Eh! oui, qu'est-il besoin d'en faire confidence
A ce digne Belmont?

M. DUCHEMIN.

Bon Dieu! quelle prudence!
Lui cacher? au contraire, à votre place, moi,
J'irois lui confier mon accident.

M. DERVAL.

Pourquoi?

M. DUCHEMIN.

Attachez-vous à lui : vous ne pouvez mieux faire.
Monsieur Belmont est homme à vous... tenez, j'espère...
On ne sait pas... enfin, dans un malheur pareil,
Il pourra vous donner un excellent conseil.

(*Il sort.*)

SCÈNE XII.

M. DERVAL, *seul.*

Que dit-il? à Belmont il faut que je m'attache!
Belmont a donc toujours des secrets qu'il me cache!
Et Duchemin aussi!... Mais enfin je prétends
Arracher ces secrets, pour moi trop importants.
Si mon voisin est riche, alors tout se répare :
Il paroît généreux, et même un peu bizarre;
Près de lui mon revers me servira, je croi :
(*d'un accent très prononcé.*)
Mettons toujours mon fils entre Belmont et moi.

FIN DU QUATRIÈME ACTE.

ACTE CINQUIÈME.

SCÈNE I.

M. DUCHEMIN, seul.

Oh! ma foi! la campagne est une triste chose :
Tout ceci ne va pas l'égayer, je suppose.
Moi, je suis, comme un autre, et bon et généreux,
Mais je ne puis vraiment voir des gens malheureux.
D'ailleurs, en ce château je n'ai plus rien à faire ;
Je ne puis l'acheter, d'abord : pour l'autre affaire,
Ce mariage auquel je donnois mon aveu
Par complaisance, au fait, ne peut plus avoir lieu ;
Et notre ami Derval doit le sentir lui-même :
Quant à monsieur Belmont, je le révère et l'aime ;
Mais quoi! je ne suis pas à mon aise avec lui,
Parcequ'enfin... Allons, partons dès aujourd'hui.
(Il s'arrête.)
Mais, si je pars, Derval... je connois son manège,
A son riche voisin va tendre plus d'un piège.
Il faut l'en empêcher : demeurons ; car au fond,
Je me dois avant tout à monsieur de Belmont.
Voici sa chère fille : ah! tant mieux ; avec elle
Je veux me concerter.

SCÈNE II.

M. DUCHEMIN, ALINE.

M. DUCHEMIN, *élevant la voix*.
C'est vous, mademoiselle!...
Pardon...

ALINE.
Monsieur...

M. DUCHEMIN.
Ici vous venez respirer :
On en a grand besoin.

ALINE.
J'avois cru rencontrer...

M. DUCHEMIN.
Oui, monsieur votre père ? à l'instant je le quitte.
Je l'ai bien étonné : la ruine subite
De ce pauvre Derval...

ALINE.
La ruine ?... comment ?...
Monsieur Derval ?...

M. DUCHEMIN.
Sans doute.

ALINE.
Il seroit ?...

M. DUCHEMIN.
Oui, vraiment,
Derval est ruiné, ruiné sans ressource ;
Voilà deux millions qui sortent de sa bourse.

ALINE.
Quoi, monsieur ? tout-à-coup ?

ACTE V, SCÈNE II.

M. DUCHEMIN.

Oh! rien n'est plus commun :
On en voit dix ainsi culebuter pour un...

ALINE.

Quel malheur!

M. DUCHEMIN.

Il m'afflige on ne peut davantage.

ALINE.

Pauvre monsieur Henri!

M. DUCHEMIN.

J'y pensois. Quel dommage!
Il est si bon enfant! heureusement ici
Il a, mademoiselle, un excellent ami;
Et cela me console.

ALINE.

Ah! sans doute : mon père
Lui porte une amitié bien tendre, bien sincère;
Et ce revers encor ne peut que l'augmenter.

M. DUCHEMIN.

Oh! cela, j'en suis sûr, Henri peut y compter.
Un cœur si généreux! une délicatesse!
Car celui-là sait bien employer sa richesse.

ALINE.

Sa richesse, monsieur?

M. DUCHEMIN.

Oui, je vous en répond.

ALINE.

Eh! de qui parlez-vous?

M. DUCHEMIN.

Mais, de monsieur Belmont.
Sans se piquer de luxe et de magnificence,
Il sait se procurer telle autre jouissance.

ALINE.

Mon père, dites-vous? oh! mais, vous plaisantez.

M. DUCHEMIN.

Eh! non; mais je comprends: en tout vous l'imitez:
Riches et bienfaisants, sans vouloir qu'on le sache...
Mais ce n'est pas à moi qu'un tel secret se cache.
Pourquoi dissimuler, quand je sais tout?

ALINE.

Fort bien:
Vous pouvez tout savoir; mais, moi, je ne sais rien.

M. DUCHEMIN.

Comment? vous ignorez?... Quoi! monsieur votre père
De ses immenses biens vous auroit fait mystère?

ALINE.

Moi, j'en entends parler pour la première fois.

M. DUCHEMIN.

Il se pourroit?... mais oui, cela se peut, je crois.
Il est homme à tenir cette affaire secrète.
Quelle indiscrétion, en ce cas-là, j'ai faite!
Vraiment? monsieur Belmont?...

ALINE.

Ne m'en avoit rien dit:
Il m'a bien élevée, et cela lui suffit.
Mon père est riche?

M. DUCHEMIN.

Eh! oui, plus que moi, c'est tout dire.

ALINE.

Se peut-il?...

(*à part, avec satisfaction.*)

O Henri!

M. DUCHEMIN.

Bon, je vous vois sourire:

Avouez que cela fait toujours plaisir.

ALINE.

Oui ;
Je ne m'en défends pas, mon cœur s'est réjoui.

M. DUCHEMIN.

On a beau dire, allez, c'est un grand avantage.

ALINE.

Sur-tout lorsque l'on peut en faire un digne usage.

M. DUCHEMIN.

Oui, c'est tout simple : oh bien, puisqu'un pareil aveu
Vous rend heureuse, alors je regrette fort peu
Cette indiscrétion qu'avec vous j'ai commise.
Mais n'allez pas, de grace, imiter ma franchise ;
Et que monsieur Belmont...

ALINE.

Je ne lui dirai rien,
Et je saurai jouir en silence.

M. DUCHEMIN.

Fort bien :
Je vois Henri.

ALINE.

Sur-tout gardez-vous de l'instruire...

M. DUCHEMIN.

De cette confidence? eh! cela va sans dire :
Parler trésors devant un garçon ruiné!...

SCÈNE III.

LES MÊMES, HENRI.

M. DUCHEMIN.
Hé bien! ce pauvre enfant, il est tout consterné.
HENRI.
Moi, monsieur?
M. DUCHEMIN.
C'est tout simple : on sent ce qu'il en coûte...
HENRI.
Si ce revers tomboit sur moi seul...
M. DUCHEMIN.
Ah! sans doute :
Ces chers parents! le coup est terrible pour eux.
Accoutumés au luxe, au faste, il est affreux...
Cependant, mon garçon, ne perdez pas courage.
Votre père pourra sauver de son naufrage
Quelques débris... il est pour cela des moyens...
Allez, ses créanciers n'auront pas tous ses biens.
Adieu donc.

(*Il sort.*)

SCÈNE IV.

ALINE, HENRI.

HENRI.
Les voilà, les amis de ce monde!
Et sur de tels appuis notre bonheur se fonde!
ALINE.
Il en est de meilleurs.

ACTE V, SCÈNE IV.

HENRI.

Perdre en un jour son bien !
Cette immense fortune ainsi tenoit à rien !

ALINE.

Hélas ! oui. Plus heureux, et sans doute plus sage,
Celui qui met la sienne à l'abri de l'orage !

HENRI.

Je ne pourrai survivre à ce terrible coup.

ALINE.

Que je vous plains !

HENRI.

Ah ! oui, plaignez-moi : je perds tout ;
Car je perds le pouvoir d'enrichir ce que j'aime.
C'étoit mon espérance et mon bonheur suprême.

ALINE.

Que je sens bien cela ! ce doit être en effet
Le plus doux des plaisirs et le bonheur parfait.

HENRI.

Comme je savourois cette touchante idée !
J'en sentois bien le prix.

ALINE.

J'en suis persuadée.

HENRI.

J'eusse été trop heureux : il n'y faut plus penser.

ALINE.

Se peut-il ? il seroit cruel de renoncer
A l'espoir...

HENRI.

C'est pourtant ce qu'il faut que je fasse.
Jugez !...

ALINE.

Oui, je me mets sans peine à votre place.

3. 25

Mais, malgré le revers qu'ici vous déplorez,
Croyez-vous qu'à jamais nous soyons séparés?...

HENRI.

Je ne le sens que trop.

ALINE.

Hé bien, voyez, j'espère
Que nous serons par-là rapprochés, au contraire.
Oui, je rends presque grace à ce revers fatal :
Il semble qu'entre nous tout devient plus égal.

HENRI.

Ah! voilà mon malheur! je vois ce qu'il m'en coûte :
Je ne puis désormais....

ALINE.

Il vaudroit mieux, sans doute,
Que l'un de nous fût riche, il n'importe lequel.
Dès qu'on sent l'un pour l'autre un penchant mutuel,
Il est indifférent qu'on donne ou qu'on reçoive.
« Que vous me deviez tout, ou que je vous le doive,
« (Se diroit-on alors) en l'un et l'autre cas,
« Le plaisir est égal pour des cœurs délicats. »

HENRI.

Ah! donner est encore un bien plus grand délice.

ALINE.

Recevoir est peut-être un plus grand sacrifice.

HENRI.

L'auriez-vous fait, Aline? et vous voyant sans biens,
Auriez-vous accepté le partage des miens?

ALINE.

Oui. De votre amitié j'eusse agréé ce gage.

HENRI.

Vous teniez ce matin un tout autre langage.

ALINE.

Notre sexe est timide, et dissimule un peu ;
Mais Aline eût fini par vous céder.

HENRI.

O Dieu !
Vous auriez ?...

ALINE.

Eh ! d'où vient cette surprise extrême ?
Si j'eusse par hasard été riche moi-même,
Auriez-vous, dites-moi, rougi de me devoir ?...

HENRI.

Non, d'une main chérie on peut tout recevoir.

ALINE.

N'est-ce pas ?... Hé bien, donc !

HENRI.

Ah ! quelle différence !...

ALINE.

En quoi ? ne perdons pas encor toute espérance.
Nous nous estimons bien, et nos cœurs sont d'accord ;
Voilà l'essentiel : du reste, au gré du sort,
Vous le voyez, Henri, les trésors vont et viennent ;
A divers possesseurs sans cesse ils appartiennent.
Comme on est souvent riche et pauvre tour-à-tour,
Ce que vous n'êtes plus, moi je puis l'être un jour ;
Je vous rappellerois alors votre promesse.

HENRI.

Vaine chimère !...

ALINE.

Soit ; mais elle m'intéresse.

SCÈNE V.

Les mêmes, M. BELMONT.

M. BELMONT.
Ah! ah! tous deux ici!

ALINE.
Mon père... oui... je voulois...
C'est qu'il est malheureux; moi, je le consolois.

HENRI.
Mademoiselle Aline est si compatissante!

M. BELMONT.
Eh! oui, je vois...

ALINE.
Il est naturel que l'on sente
Les peines d'un ami, que l'on sèche ses pleurs.

M. BELMONT.
(*à Henri.*)
Sûrement; je suis bien touché de vos douleurs...
Cher Henri!

ALINE.
Le malheur l'un vers l'autre nous porte:
N'est-il pas vrai, mon père? et du reste, qu'importe
Que l'on soit plus ou moins riche, pauvre?

M. BELMONT.
Oui, je crois...
En effet...

ALINE.
Vous m'avez répété mille fois,
Ou plutôt chaque jour nous l'éprouvons nous-même;

La médiocrité fait le bonheur suprême.

M. BELMONT.

Il est vrai...

ALINE, *avec un peu d'affectation.*
Nous serions plus riches...

M. BELMONT.

C'est fort bien ;
Mais Henri joue ici ton rôle, et toi le sien :
Cela n'est pas dans l'ordre. Allons, ma chère Aline,
Rentre, et dans le salon ne sois pas trop chagrine.
Moi, je veux un moment causer avec Henri.

(*Aline sort.*)

SCÈNE VI.

M. BELMONT, HENRI.

M. BELMONT, *à part.*
Jeune homme intéressant ! je me sens attendri...
(*haut.*)
Cher Henri, ce revers me touche, me pénètre.

HENRI.
Henri n'en doute pas, il sait trop vous connoître.

M. BELMONT.
Ce malheur...

HENRI.
Ah! monsieur! qui pouvoit le prévoir?

M. BELMONT.
Je sens tous vos regrets.

HENRI.
Je suis au désespoir.

M. BELMONT.

Bon Dieu! qui l'auroit cru, qu'une perte semblable
Pût vous désespérer, vous rendre inconsolable?

HENRI.

Ah! ne me croyez pas trop épris de ces biens,
Monsieur: si je regrette amèrement les miens,
C'est qu'ils pouvoient un jour... ô fortune cruelle!
Moi-même je me vois abandonné par elle.
C'en est donc fait.

M. BELMONT.

Croyez que Belmont vous entend.
Jeune homme! le destin, en vous persécutant,
Fait briller encor plus votre ame délicate.

HENRI.

Ne craignez pas pourtant qu'un tel revers m'abatte.
Non; car j'oublie, au moins pour un temps, ces projets
De vivre, ainsi que vous, dans le loisir, la paix:
C'est pour le sage heureux qu'est fait un tel délice.
J'ai des devoirs sacrés qu'il faut que je remplisse.
Oui; je vais au travail consacrer tout mon temps,
D'abord, pour soutenir, consoler mes parents...
Douce tâche qui semble agrandir tout mon être!
Puis, pour me faire un nom, un état;... et peut-être,
Si de gendre à jamais le titre m'est ravi,
Je saurai mériter celui de votre ami.

M. BELMONT, *ému.*

Crois que tu l'es déja; car une ame si belle
Mérite qu'on n'ait point de réserve avec elle.
Henri, tu m'es bien cher: oui, le ciel m'est témoin
Que, si des soins sacrés t'avoient donné de loin
A ma reconnoissance un droit si légitime,
Il s'y joint une tendre, une parfaite estime.

ACTE V, SCÈNE VI.

Je t'ai d'abord aimé, sans penser à ton bien ;
Et je t'aime encor plus depuis que tu n'as rien :
Du reste, à quelque sort que tu puisses prétendre,
Je te suivrai de loin ; nos cœurs sauront s'entendre.
Conserve ton courage, et tes mœurs et ta foi ;
Tu trouveras toujours un second père en moi.

HENRI.

O respectable !...

M. BELMONT.

Chut. Ton autre père approche.

SCÈNE VII.

Les mêmes, M. DERVAL.

M. DERVAL.

Je serois fort tenté de vous faire un reproche :
Vous nous abandonnez, et cela n'est pas bien.

M. BELMONT.

Pardon : avec Henri j'avois un entretien...

M. DERVAL.

Sur lui-même avec vous je veux être sincère.

M. BELMONT.

Oui? je vais l'être aussi. — Mais est-il nécessaire
Que Henri soit présent?...

M. DERVAL.

Eh ! monsieur, pourquoi pas ?

HENRI.

Moi, je suis bien ici ; je serois bien là-bas.

M. BELMONT.

Ah ! sans doute, il a lu dans le fond de nos ames ;
Il est tranquille : alors, s'il rejoignoit ces dames?

M. DERVAL.

(*à M. Belmont.*)
Puisque vous le voulez, va, mon cher fils.
(*Henri sort.*)

SCÈNE VIII.

M. DERVAL, M. BELMONT.

M. DERVAL, *à part.*

Enfin,
Je sais tout ; il est riche, et m'en voilà certain.
Je puis donc m'avancer, sans avoir rien à craindre.

M. BELMONT, *aussi à part.*
Que me veut il encore ? il va donc toujours feindre !

M. DERVAL, *haut.*
Pauvre enfant ! il voudroit en vain dissimuler :
Il souffre ; et c'est cela dont je viens vous parler.
Mademoiselle Aline à mon fils est bien chère :
Je l'avoue, à ses vœux je fus d'abord contraire,
Mais je l'aime ; j'entends qu'il soupire tout bas :
(*d'un accent plus prononcé*)
Monsieur ! on se devine entre gens délicats.
Voyez ici de quoi Derval vous croit capable !
J'espère tout de vous : oui, le sort qui m'accable
Doit rapprocher nos cœurs ainsi que nos moyens :
Cher Belmont, unissons entre eux nos foibles biens ;
Ne faisons désormais qu'une seule famille :
Pour mon fils j'ose, moi, demander votre fille.

M. BELMONT.
(*à part.*)
Fort bien !

ACTE V, SCÈNE VIII.

(*haut.*)
Cette demande... assurément, monsieur...
Me frappe; et le motif est pour moi très flatteur.
Mais j'y vois un obstacle.

M. DERVAL.

Un obstacle? et de grace,
Lequel?

M. BELMONT.

Henri lui-même : oui, depuis sa disgrace,
Il vous désavoueroit.

M. DERVAL.

Eh! comment donc?

M. BELMONT.

Du sort
Se voyant hors d'état de réparer le tort,
A l'objet le plus cher il n'oseroit prétendre;
C'est ce que tout-à-l'heure il me faisoit entendre.

M. DERVAL.

Eh! mais, que dites-vous de ces raffinements?

M. BELMONT.

Que je le reconnois à de tels sentiments.
Je dis plus : j'aime assez qu'un jeune homme ait de l'ame,
Oui, qu'il ne veuille enfin rien devoir à sa femme.
Votre fils est très jeune; il peut attendre encor :
Qu'il travaille, et long-temps; voilà le vrai trésor.
Que, par de lents efforts, une honnête industrie,
Il fonde sa maison en servant sa patrie.
Les biens que nous procure une sage lenteur,
Par-là même d'abord satisfont mieux le cœur,
Et sont plus à l'abri des coups de la fortune.
Votre fils, s'éloignant de la trace commune,
Trouvera tôt ou tard, en s'y prenant ainsi,

Une femme estimable.

M. DERVAL.

Il la trouvoit ici.

M. BELMONT.

Il n'est rien où Henri n'ait le droit de prétendre;
Mais dans mon cœur déja j'ai fait le choix d'un gendre.

M. DERVAL.

En ce cas, je me tais.

SCÈNE IX.

Les mêmes, M. DUCHEMIN.

M. DUCHEMIN, *de loin, à part.*

Encore avec Belmont?
Voyons, que lui dit-il?

(*haut.*)

Vous vous promenez donc,
Messieurs?

M. BELMONT.

Oui, nous causions...

M. DUCHEMIN.

Si vous parliez affaire,
Je puis vous déranger; en ce cas...

M. DERVAL.

Au contraire,
Vous venez à propos.

M. DUCHEMIN.

Bon!

M. DERVAL.

Tenez, Duchemin,
J'offrois, je proposois à mon digne voisin,

ACTE V, SCÈNE IX.

De confondre entre nous, par un bon mariage,
Sa petite fortune, et d'un fâcheux naufrage
Les débris qui, je crois, peuvent m'être restés ;
Enfin, d'unir ainsi nos médiocrités :
Hé bien, il me refuse ; il se montre inflexible.

M. DUCHEMIN.

Parbleu ! je le crois bien : la chose est impossible.

M. DERVAL.

Et par quelle raison ?

M. DUCHEMIN.

Par la raison, Derval,
Qu'entre vous et monsieur vous croyez tout égal ;
Et c'est ce qui vous trompe.

M. BELMONT.

Eh ! Duchemin !

M. DUCHEMIN.

Que diable !
Quand on entend parler d'arrangement semblable...

M. DERVAL.

Mais qu'auroit donc d'étrange ?...

M. DUCHEMIN.

Allons ! vous plaisantez,
Avec votre union de médiocrités !

M. BELMONT.

Encor?

M. DUCHEMIN, *à M. Belmont.*

Pardon, monsieur ; le naturel m'emporte.
Cette plaisanterie aussi devient trop forte :
J'ai laissé tout passer jusqu'à son accident.
Tout étoit presque égal alors ;... mais à présent !...

M. DERVAL.

Que voulez-vous donc dire ? en vérité, j'ignore...

M. DUCHEMIN.

Mais vous n'êtes plus riche, et monsieur l'est encore.

M. BELMONT, *d'un ton de reproche.*

Ah!

M. DUCHEMIN, *à M. Belmont.*

J'en suis fâché, mais...

M. DERVAL.

Quoi! monsieur?

M. DUCHEMIN.

Oui, ma foi,
Monsieur, vous dis-je, est riche, autant et plus que moi.

M. BELMONT.

Ah! quelle trahison!

M. DUCHEMIN.

Trahison? c'est justice.
(*bas, à M. Belmont.*)
Et j'empêche plutôt que l'on ne vous trahisse.

M. DERVAL.

Qu'entends-je?... il se pourroit?...

M. DUCHEMIN, *à M. Belmont.*

Sa surprise, monsieur,
Vous prouve si j'ai dû lui laisser son erreur!...

M. BELMONT.

Eh! c'est à mes dépens.

M. DUCHEMIN, *à M. Belmont.*

Excusez ma franchise:
Mais sa délicatesse étoit trop compromise.
Car enfin, raisonnons: cette offre qu'il vous fait
Est honnête, d'accord, mais ne l'est en effet
Que parcequ'il vous crut, comme lui, sans fortune.
Mais, une fois instruit que vous en avez une,
Une considérable, alors l'ami Derval

ACTE V, SCÈNE IX.

Changera de langage, ou je le connois mal.
M. DERVAL, *à M. Belmont.*
Ah ! oui, certainement, il me rend bien justice.
M. DUCHEMIN, *à M. Belmont.*
Vous voyez s'il falloit qu'ici je l'avertisse ?
M. DERVAL.
(*à M. Duchemin.*)
Je vous en remercie.
(*à part.*)
O Dieu ! quel contre-temps !...

SCÈNE X.

LES MÊMES, Mme DERVAL, ALINE.

Mme DERVAL, *à M. Belmont.*
Je n'y puis résister : ces aimables enfants
M'attendrissent, monsieur ; car enfin je suis mère :
Presque autant que mon fils, votre Aline m'est chère.
ALINE.
Madame !...
Mme DERVAL.
Vous voyez ; je trahis son secret :
Tous deux souffrent ; d'un mot on les consoleroit.
M. DERVAL, *à sa femme.*
C'est moi qui vais d'un mot vous réduire au silence.
Vous croyez monsieur pauvre ; il est dans l'opulence :
Je l'apprends à l'instant.
M. DUCHEMIN, *à madame Derval.*
A l'instant seulement,
Ainsi que vous ; jugez de son étonnement !

M. DERVAL.

Qui pouvoit deviner?

M. DUCHEMIN.

Eh! oui! quelle apparence!

M. DERVAL, *à sa femme.*

En un mot, vous voyez qu'il n'est plus d'espérance.

Mme DERVAL.

Eh! pourquoi donc cela? parcequ'un même jour
Voit monsieur riche, et nous dépouillés sans retour?
Oui, sans doute, je crois qu'un revers de fortune
Peut changer les calculs de telle ame commune...
(*Elle jette un coup-d'œil sur M. Duchemin.*)
Avare, qui, d'autrui par soi-même jugeant,
Croit que l'on n'est plus rien dès qu'on n'a plus d'argent.
Le vulgaire ainsi pense, et ne m'étonne guères.

M. DUCHEMIN.

Madame, il est beaucoup de ces esprits vulgaires.

Mme DERVAL.

Oui, monsieur Duchemin; mais auprès de quelqu'un
Délicat, généreux, au-dessus du commun,
Richesse et pauvreté sont de peu d'importance.
Il voit uniquement, dans cette circonstance,
Une fille sensible, un gendre vertueux,
Et l'honnête penchant qui les unit tous deux.

M. DERVAL.

Certes, je rends justice, ainsi que vous, madame,
A la délicatesse, à la noblesse d'ame
Du voisin respectable...

M. BELMONT.

Ah! n'allez pas plus loin:
Reposez-vous tous deux; vous en avez besoin.
C'est trop long-temps aussi vous gêner, vous contraindre:

Et dans le fond du cœur je sens qu'il faut vous plaindre.
Car enfin, que de mal vous êtes-vous donné
Depuis que, par malheur, vous m'avez soupçonné!
Vous ne respirez plus : à l'envi, Dieu sait comme
Vous vous évertuez! Je suis simple, bon homme ;
Mais j'ai quelque bon sens, j'ai des yeux ; je vous voi
Sans cesse aller, venir, tourner autour de moi.
Et pourquoi ces détours, ces peines, ces intrigues?
Pour atteindre à ce but où, sans tant de fatigues,
Vous pouviez arriver tout naturellement.
Ce but étoit... il faut s'expliquer franchement,
De me faire l'honneur d'entrer dans ma famille.
Pour Henri vous tâchiez de ménager ma fille ;
Et moi, de mon côté, je la lui destinois :
Vous vouliez la surprendre, et je vous la donnois.

Mme DERVAL.

Ciel!

M. DERVAL.

Qu'entends-je?

SCÈNE XI.

LES MÊMES, HENRI.

M. BELMONT.

Oui, jeune homme, oui, c'est vous qu'un bon père
A choisi pour l'époux d'une fille si chère.

HENRI.

Se peut-il?...

M. BELMONT.

Si, du moins, mon Aline est d'accord...

ALINE.

Pour moi, j'en fais l'aveu, je l'estimai d'abord,
Mon père; en ce penchant par vous je fus guidée.
Sa richesse, il est vrai, m'avoit intimidée :
Mais il la perd, et moi je me trouve du bien;
Dès-lors à mon bonheur il ne manque plus rien.

M. BELMONT.

Chère Aline !

M. DUCHEMIN.

La fille est bien digne du père.

HENRI, *à Aline.*

Quoi ? c'est vous !...

ALINE.

Qui suis riche, et voilà le mystère.

HENRI.

Pourrai-je accepter ?...

ALINE.

Oui, vous me l'avez promis.

HENRI.

Mais...

ALINE.

Ne sommes-nous pas convenus qu'entre amis,
N'importe qui des deux a le bien en partage :
Henri ! m'envieriez-vous un si doux avantage ?

HENRI.

Hélas ! je n'ose...

M. BELMONT.

Allons ! la refuseras-tu ?
Mon ami, n'outrons rien, pas même la vertu.

M. DERVAL, *à M. Belmont.*

Je suis confus...

ACTE V, SCÈNE XI.

M. BELMONT, *à M. Derval.*

De grace, un mot de vos affaires :
Elles ne peuvent plus, monsieur, m'être étrangères.
Vous vendrez aisément cette terre à Paris...
Duchemin s'en fait fort.

M. DUCHEMIN.

Oh! sûrement.

M. BELMONT, *toujours à M. Derval.*

Le prix
Au plus pressé, je crois, pourra suffire.

M. DUCHEMIN.

Oui, certes.

M. BELMONT.

Vous vous consolerez quelque jour de vos pertes ;
Et s'il vous reste au moins un peu d'aisance, alors
Vous serez plus heureux qu'avec de grands trésors :
Croyez-moi, j'essuyai, monsieur, mille traverses,
Et j'ai bien éprouvé des fortunes diverses,
Tour-à-tour aisé, riche, indigent même, hé bien,
Je reconnois, je sens que l'état mitoyen,
Loin de la pauvreté comme de l'opulence,
Est celui du bonheur, le sort par excellence.

M. DERVAL.

Oui, vous avez raison.

Mme DERVAL.

La médiocrité!...

M. DUCHEMIN.

Ma foi, moi-même ici je serois bien tenté...
Ma petite fortune, au fait, doit me suffire :
Encor deux ou trois ans, et puis je me retire.

M. BELMONT, *à M. Duchemin, en souriant.*

Oui, si vous ne changez d'avis, chemin faisant.

(*prenant la main de Henri et d'Aline.*)
Mais pour nous, nous saurons jouir dès à présent :
Trop heureux d'échapper aux regrets, à l'envie,
De faire un peu de bien, et de cacher sa vie !

FIN DU TOME TROISIÈME.

TABLE DES PIÈCES

CONTENUES

DANS LE TROISIÈME VOLUME.

Le Vieillard et les Jeunes gens, comédie en cinq actes et en vers. page 1

Malice pour malice, comédie en trois actes et en vers. 113

Il veut tout faire, comédie épisodique en un acte et en vers. 211

Les Riches, comédie en cinq actes et en vers. 263

FIN DE LA TABLE DU TROISIÈME VOLUME.

www.ingramcontent.com/pod-product-compliance
Lightning Source LLC
Chambersburg PA
CBHW052033230426
43671CB00011B/1637